LE GUIDE ILLUSTRÉ DU

FENG SHUI

3e édition revue et corrigée

GUY TRÉDANIEL ÉDITEUR
65, rue Claude-Bernard
75005 PARIS

LILLIAN TOO

風水

LE GUIDE ILLUSTRÉ DU FENG SHUI

Je dédie ce beau livre à ma fille Jennifer Too, qui fut la première grande bénédiction que le Feng Shui nous fit, à moi et à mon mari; depuis son arrivée dans nos vies, notre situation n'a jamais cessé de s'améliorer...

First published as *The Complete Illustrated Guide to Feng Shui* in Great Britain in 1996
by
ELEMENT BOOKS LIMITED
Shaftesbury, Dorset SP7 8BP

Conçu et réalisé avec The Bridgewater Book Company

Imprimé en Grande Bretagne
par Butler & Tanner Ltd

ELEMENTS BOOKS LIMITED
Directeur Editorial : **Julia McCutchen**
Directeur : **Caro Ness**
Directeur de la Production: **Roger Lane**
Production : **Sarah Golden**

THE BRIDGEWATER BOOK COMPANY
Directeur Artistique : **Terry Jeavons**
Maquettiste : **John Christopher**
Directeur : **Anne Townley**
Recherche Iconographique : **Bella Grazebrook**
Modélisation 3D : **Mark Jamieson**
Studio Photographique : **Guy Ryecart**
Illustrations : **Andrew Kulman, Lorraine Harrison and Alan Bridgewater**

ISBN : 2-85707-973-7

Traduit de l'anglais par Bernard Dubant

TABLE DES MATIERES

AVANT-PROPOS

Le Feng Shui est une méthode permettant de mener une vie en harmonie avec l'environnement terrestre, et avec ses lignes d'énergie. Si vous le pratiquez, votre chance de succès dans de nombreux domaines de votre vie, y compris votre famille, votre carrière et vos affaires, sera considérablement accrue.

Il y a de nombreuses façons d'aborder le Feng Shui, et le propos de ce livre, c'est d'être un guide accessible, permettant au lecteur de mener à bien les pratiques, grâce à des conseils fondés sur une expérience profonde.

La première partie du livre décrit la philosophie du Feng Shui, et la deuxième porte son regard sur les principes du Feng Shui. La troisième partie expose les applications pratiques du Feng Shui, qui concernent la situation de votre demeure, sa disposition et sa décoration intérieures. La quatrième partie décrit comment on peut utiliser le Feng Shui pour améliorer ses relations personnelles.

La pratique du Feng Shui est examinée tout au long du livre, avec un texte clair, simple, et des exemples pratiques illustrés et expliqués avec de nombreuses images exceptionnelles.

MAQUETTES ILLUSTRANT LA PRATIQUE DU FENG SHUI

EXPLICATIONS CLAIRES DES FORMULES DU FENG SHUI ET CONSEILS PRATIQUES POUR LEUR APPLICATION

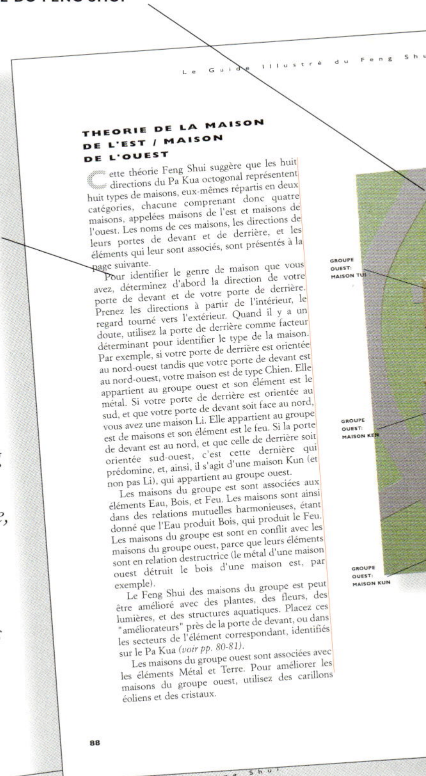

Le Guide Illustré du Feng Shui

THEORIE DE LA MAISON DE L'EST / MAISON DE L'OUEST

Cette théorie Feng Shui suggère que les huit directions du Pa Kua octogonal représentent huit types de maisons, eux-mêmes répartis en deux catégories, chacune comprenant donc quatre maisons, appelées maisons de l'est et maisons de l'ouest. Les noms de ces maisons, les directions de leurs portes de devant et de derrière, et les éléments qui leur sont associés, sont présentés à la page suivante.

Pour identifier le genre de maison que vous avez, déterminez d'abord la direction de votre porte de devant et de votre porte de derrière. Prenez les directions à partir de l'intérieur, le regard tourné vers l'extérieur. Quand il y a un doute, utilisez la porte de derrière comme facteur déterminant pour identifier le type de la maison. Par exemple, si votre porte de derrière est orientée au nord-ouest tandis que votre porte de devant est au nord-ouest, votre maison est de type Chien. Elle appartient au groupe ouest et son élément est le métal. Si votre porte de derrière est orientée au sud, et que votre porte de devant soit face au nord, vous avez une maison Li. Elle appartient au groupe est de maisons et son élément est le feu. Si la porte de devant est au nord, et que celle de derrière soit orientée sud-ouest, c'est cette dernière qui prédomine, et, ainsi, il s'agit d'une maison Kun (et non pas Li), qui appartient au groupe ouest.

Les maisons du groupe est sont associées aux éléments Eau, Bois, et Feu. Les maisons sont ainsi dans des relations mutuelles harmonieuses, étant donné que l'Eau produit Bois, qui produit le Feu. Les maisons du groupe est sont en conflit avec les maisons du groupe ouest, parce que leurs éléments sont en relation destructrice (le métal d'une maison ouest détruit le bois d'une maison est, par exemple).

Le Feng Shui des maisons du groupe est peut être amélioré avec des plantes, des fleurs, des lumières, et des structures aquatiques. Placez ces "améliorateurs" près de la porte de devant, ou dans les secteurs de l'élément correspondant, identifiés sur le Pa Kua *(voir pp. 80-81)*.

Les maisons du groupe ouest sont associées avec les éléments Métal et Terre. Pour améliorer les maisons du groupe ouest, utilisez des carillons éoliens et des cristaux.

88

DES TYPES D'IMMEUBLES RECONNAISSABLES SONT ANALYSES

Le Guide Illustré du Feng Shui

LE FENG SHUI A L'OEUVRE EN OCCIDENT

Plusieurs sociétés occidentales, qui ont des filiales à Hong Kong, pratiquent le Feng Shui: On compte parmi elles Citibank, N.M. Rothschild, Shelle, et Sime Darby. Même s'ils sont sceptiques au début, les cadres expatriés finissent par succomber à la puissance pénétrante qu'un bon positionnement Feng Shui apporte à leurs organisations. Certains d'entre eux appliquent même le Feng Shui à leur demeure. Cela arrive quand le scepticisme initial a été transformé en croyance saine.

Certains finissent par devenir des défenseurs si déterminés des pratiques qui leur sont devenues familières, qu'ils restent en contact leurs consultants de Feng Shui même après leur départ de la colonie, tandis que d'autres essaient de se rappeler et de pratiquer les principes fondamentaux qu'ils ont appris pendant leur séjour en Orient. Ainsi, la connaissance du Feng Shui s'est petit à petit frayé un chemin vers l'Occident.

Les grands bâtiments avec des angles nombreux et des arêtes aiguës dispensent des énergies négatives. Arrondir les angles est une démarche amicale, parce que cela fait en sorte que le bâtiment ne crée pas de Chi nuisible à ses voisins.

L'IMPORTANCE DES PORTES ET DES ENTREES

Les architectes occidentaux ont beaucoup à apprendre du Feng Shui, en ce qui concerne le plan et la position des portes, facteurs qui ont des implications importantes pour la qualité des courants et les mouvements du Chi à l'intérieur d'une pièce ou d'un bâtiment.

Lorsque la porte principale de votre maison, boutique, bureau, jouit d'un bon Feng Shui, sans rien qui la menace ni de l'intérieur ni de l'extérieur, les forces sont bien équilibrées, et un Sheng Chi (souffle cosmique) favorable entre dans la maison, apportant une bonne influence.

En revanche, quand la porte principale souffre d'un Feng Shui défectueux, les habitants sont en butte à Shar Chi – ce que les Chinois appellent le "souffle qui tue". Il est facile de venir à bout de Shar Chi: il est souvent provoqué par la disproportion de la porte par rapport aux dimensions de l'édifice. Une autre cause est la présence de structures aiguës, pointues visant directement la porte, formant des "flèches empoisonnées". Une façon de résoudre ce problème, c'est de renvoyer ces flèches en utilisant des matériaux réfléchissants.

16

Qu'est-ce que le Feng Shui

ECHECS HISTORIQUES

Si les principes du Feng Shui avaient été connus et pratiqués en Occident avant notre époque, certaines décisions architecturales désastreuses auraient pu être évitées, et le mauvais sort aurait pu être prévenu.

Un bâtiment fameux, à Londres, par exemple, fait face à une avenue longue et droite. Il ne s'agit de rien de moins que le Palais de Buckingham, qui se dresse au bout de la rue appelée The Mall. Cette rue est une flèche empoisonnée classique et le Feng Shui des résidents royaux ne peut manquer d'en être affecté.

Heureusement, le Queen Victoria Memorial, qui est sis au centre du rond-point juste en face du Palais, sert à renvoyer certains effets terribles du souffle qui tue, mais l'absence totale de plantes dans l'avant-cour juste devant le bâtiment, apporte d'autres désiquilibres et influences mauvaises à la Famille royale.

La rue menant au Palais de Buckingham crée une flèche empoisonnée directement dirigée sur l'entrée de devant; cependant, ses effets nuisibles sont quelque peu dissipés quand le Chi négatif circule autour du rond-point. Une barrière qui détournerait le Chi négatif fournirait une meilleure protection contre la flèche empoisonnée.

CONCEPTS EXPLIQUES GRACE A DES MAQUETTES DE PLATRE

LE FENG SHUI DEMONTRE GRACE A UN EVENTAIL D'EXEMPLES COMMENT DIFFERENTS STYLES D'ARCHITECTURE PEUVENT ETRE FAVORABLES OU DEFAVORABLES.

Formules Supérieures

Les fleurs et les plantes peuvent améliorer le Feng Shui des maisons du groupe Est.

LES MAISONS EST

Nom	Direction de la porte de devant	Direction de la porte de derrière	Elément
Li	Nord	Sud	Feu
Kan	Sud	Nord	Eau
Chen	Ouest	Est	Bois
Sun	Nord-Ouest	Sud-Est	Bois

LES MAISONS OUEST

Nom	Direction de la Porte de devant	Direction de la Porte de derrière	Elément
Chien	Sud-Est	Nord-Ouest	Métal
Kun	Nord-Est	Sud-Ouest	Terre
Ken	Sud-Ouest	Nord-Est	Terre
Tui	Est	Ouest	Métal

L'une des méthodes les plus pratiquées par les maîtres actuels de Feng Shui, est la théorie de la maison de l'est/maison de l'ouest. La direction de la maison est déterminée par la direction des portes de devant et de derrière.

89

89

LILLIAN TOO

Lillian Too a commencé à s'intéresser au Feng Shui au début des années 70, quand elle est devenue disciple de Maître Yap Cheng Hai. Il lui avait raconté des histoires fascinantes sur le Feng Shui et son effet puissant sur les familles et les ménages. Elle entreprit alors une recherche sur ce sujet, ce qui la conduisit à mener une étude passionnante de la gamme variée de la pratique culturelle chinoise, qui s'intensifia dans les années 80.

Elle utilisa activement le Feng Shui pour apporter une amélioration à sa vie professionnelle et familiale, essayant toujours des méthodes de remplacement si quelque chose n'a pas marché, et donnant toujours à sa pratique un fondement scientifique.

DES TABLEAUX DONNENT UNE VUE D'ENSEMBLE DES DIRECTIONS ET DES LOCALISATIONS FAVORABLES

DES IMAGES ENCADREES PRESENTENT DES CONSEILS DETAILLES

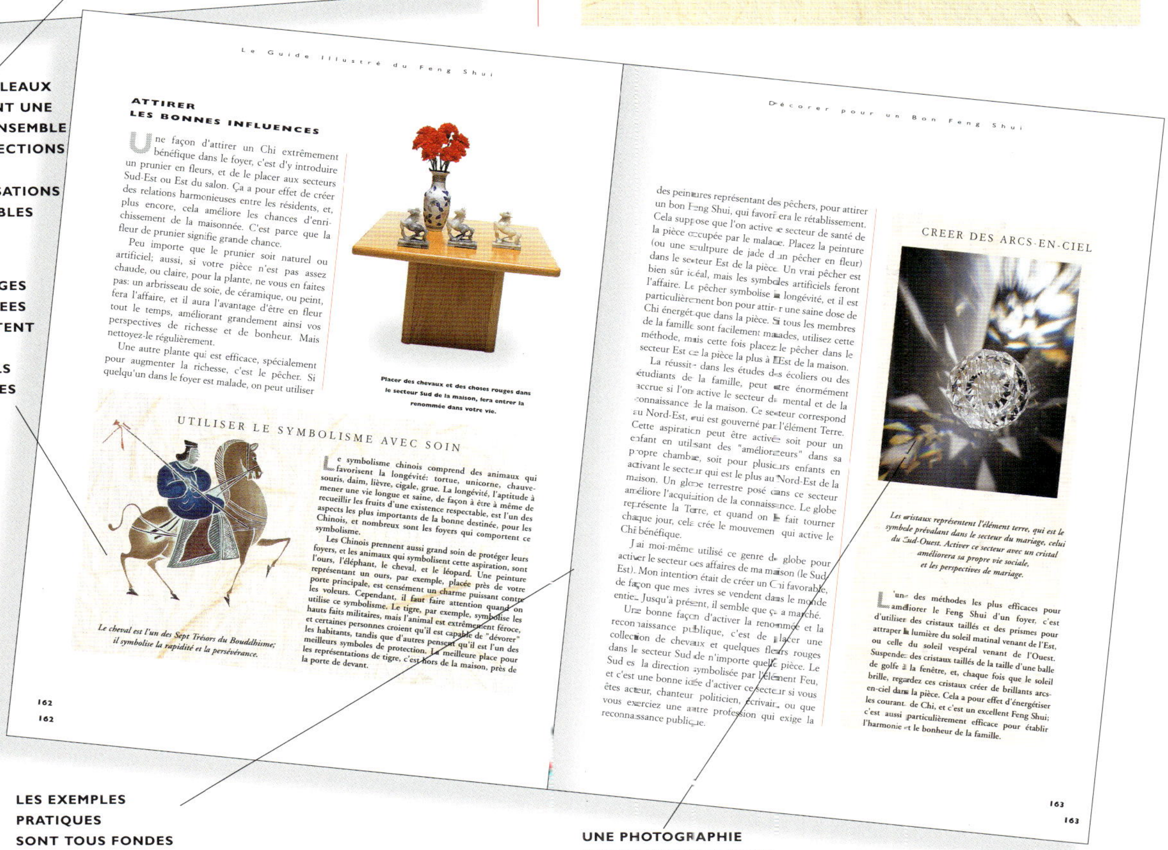

Le Guide illustré du Feng Shui

ATTIRER LES BONNES INFLUENCES

Une façon d'attirer un Chi extrêmement bénéfique dans le foyer, c'est d'y introduire un prunier en fleurs, et de le placer aux secteurs Sud-Est ou Est du salon. Ça a pour effet de créer des relations harmonieuses entre les résidents, et, plus encore, cela améliore les chances d'enrichissement de la maisonnée. C'est parce que la fleur de prunier signifie grande chance.

Peu importe que le prunier soit naturel ou artificiel; aussi, si votre pièce n'est pas assez chaude, ou claire, pour la plante, ne vous en faites pas: un arbrisseau de soie, de céramique, ou peint, fera l'affaire, et il aura l'avantage d'être en fleur tout le temps, améliorant grandement ainsi vos perspectives de richesse et de bonheur. Mais nettoyez-le régulièrement.

Une autre plante qui est efficace, spécialement pour augmenter la richesse, c'est le pêcher. Si quelqu'un dans le foyer est malade, on peut utiliser

Placer des chevaux et des choses rouges dans le secteur Sud de la maison, fera entrer la renommée dans votre vie.

UTILISER LE SYMBOLISME AVEC SOIN

Le symbolisme chinois comprend des animaux qui favorisent la longévité: tortue, unicorne, chauve-souris, daim, lièvre, cigale, grue. La longévité, l'aptitude à mener une vie longue et saine, de façon à être à même de recueillir les fruits d'une existence respectable, est l'un des aspects les plus importants de la bonne destinée, pour les Chinois, et nombreux sont les foyers qui comportent ce symbolisme.

Les Chinois prennent aussi grand soin de protéger leurs foyers, et les animaux qui symbolisent cette aspiration, sont l'ours, l'éléphant, le cheval, et le léopard. Une peinture représentant un ours, par exemple, placée près de votre porte principale, est censément un charme puissant contre les voleurs. Cependant, il faut faire attention quand on utilise ce symbolisme. Le tigre, par exemple, symbolise les hauts faits militaires, mais l'animal est extrêmement féroce, et certaines personnes croient qu'il est capable de "dévorer" les habitants, tandis que d'autres pensent qu'il est l'un des meilleurs symboles de protection. La meilleure place pour les représentations de tigre, c'est hors de la maison, près de la porte de devant.

Le cheval est l'un des Sept Trésors du Bouddhisme; il symbolise la rapidité et la persévérance.

162

162

Décorer pour un Bon Feng Shui

des peintures représentant des pêchers, pour attirer un bon Feng Shui, qui favorisera le rétablissement. Cela suppose que l'on active le secteur de santé de la pièce occupée par le malade. Placez la peinture (ou une sculpture de jade d'un pêcher en fleur) dans le secteur Est de la pièce. Un vrai pêcher est bien sûr idéal, mais les symboles artificiels feront l'affaire. Le pêcher symbolise la longévité, et il est particulièrement bon pour attirer une saine dose de Chi énergétique dans la pièce. Si tous les membres de la famille sont facilement malades, utilisez cette méthode, mais cette fois placez le pêcher dans le secteur Est de la pièce la plus à l'Est de la maison.

La réussite dans les études des écoliers ou des étudiants de la famille, peut être énormément accrue si l'on active le secteur du mental et de la connaissance de la maison. Ce secteur correspond au Nord-Est, qui est gouverné par l'élément Terre. Cette aspiration peut être activée soit pour un enfant en utilisant des "améliorateurs" dans sa propre chambre, soit pour plusieurs enfants en activant le secteur qui est le plus au Nord-Est de la maison. Un globe terrestre posé dans ce secteur améliore l'acquisition de la connaissance. Le globe représente la Terre, et quand on le fait tourner chaque jour, cela crée le mouvement qui active le Chi bénéfique.

J'ai moi-même utilisé ce genre de globe pour activer le secteur des affaires de ma maison (le Sud-Est). Mon intention était de créer un Chi favorable, de façon que mes livres se vendent dans le monde entier. Jusqu'à présent, il semble que ça a marché.

Une bonne façon d'activer la renommée et la reconnaissance publique, c'est de placer une collection de chevaux et quelques fleurs rouges dans le secteur Sud de n'importe quelle pièce. Le Sud est la direction symbolisée par l'élément Feu, et c'est une bonne idée d'activer ce secteur si vous êtes acteur, chanteur, politicien, écrivain, ou que vous exerciez une autre profession qui exige la reconnaissance publique.

CREER DES ARCS-EN-CIEL

Les cristaux représentent l'élément terre, qui est le symbole prévalant dans le secteur du mariage, celui du Sud-Ouest. Activer ce secteur avec un cristal améliorera sa propre vie sociale, et les perspectives de mariage.

L'une des méthodes les plus efficaces pour améliorer le Feng Shui d'un foyer, c'est d'utiliser des cristaux taillés et des prismes pour attraper la lumière du soleil matinal venant de l'Est, ou celle du soleil vespéral venant de l'Ouest. Suspendez des cristaux taillés de la taille d'une balle de golf à la fenêtre, et, chaque fois que le soleil brille, regardez ces cristaux créer de brillants arcs-en-ciel dans la pièce. Cela a pour effet d'énergétiser les courants de Chi, et c'est un excellent Feng Shui; c'est aussi particulièrement efficace pour établir l'harmonie et le bonheur de la famille.

163

163

LES EXEMPLES PRATIQUES SONT TOUS FONDES SUR L'EXPERIENCE

UNE PHOTOGRAPHIE SPECIALEMENT CONÇUE MONTRE COMMENT REALISER LE FENG SHUI

PREMIERE PARTIE

INTRODUCTION AU FENG SHUI

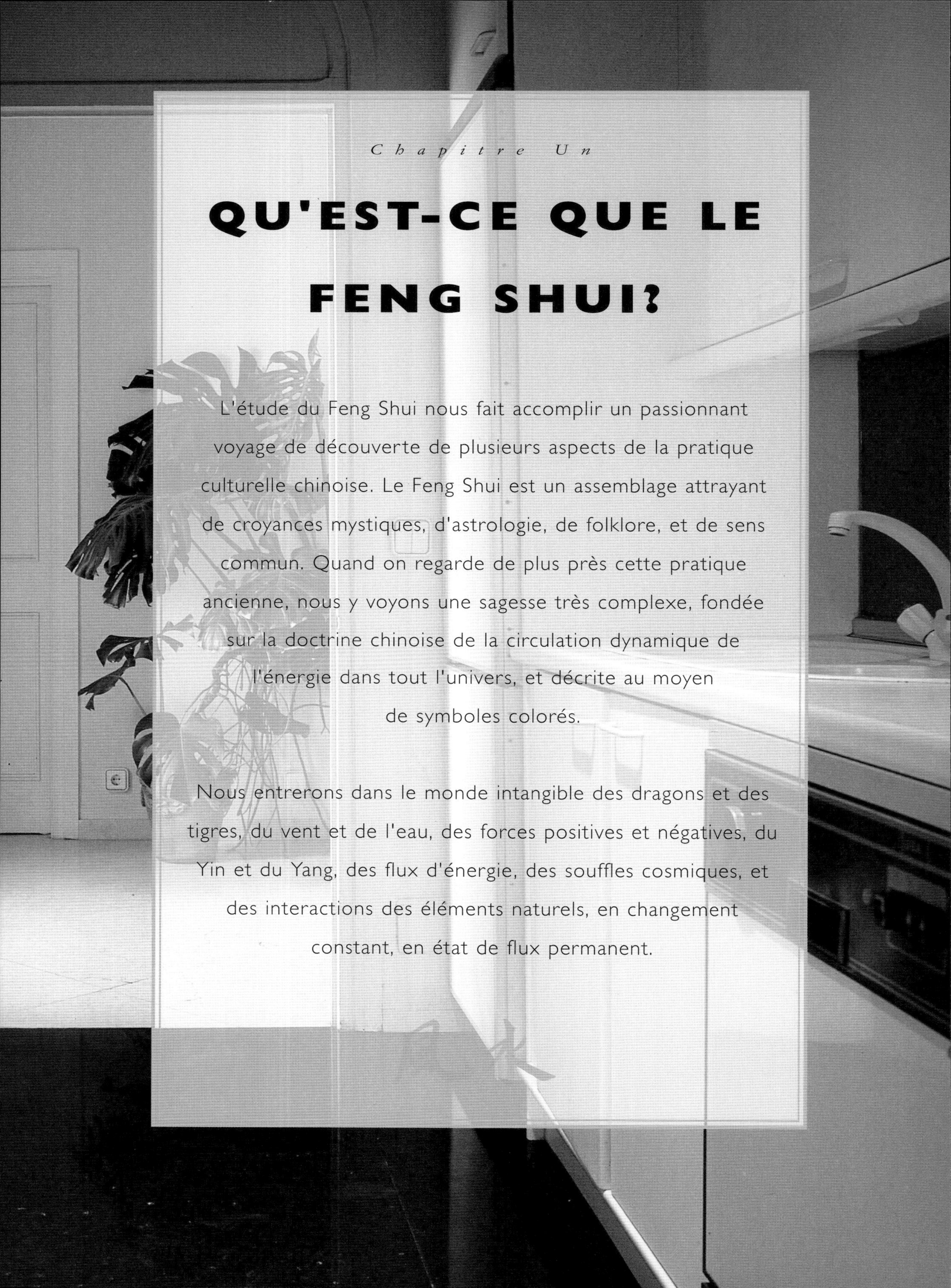

Chapitre Un

QU'EST-CE QUE LE FENG SHUI?

L'étude du Feng Shui nous fait accomplir un passionnant voyage de découverte de plusieurs aspects de la pratique culturelle chinoise. Le Feng Shui est un assemblage attrayant de croyances mystiques, d'astrologie, de folklore, et de sens commun. Quand on regarde de plus près cette pratique ancienne, nous y voyons une sagesse très complexe, fondée sur la doctrine chinoise de la circulation dynamique de l'énergie dans tout l'univers, et décrite au moyen de symboles colorés.

Nous entrerons dans le monde intangible des dragons et des tigres, du vent et de l'eau, des forces positives et négatives, du Yin et du Yang, des flux d'énergie, des souffles cosmiques, et des interactions des éléments naturels, en changement constant, en état de flux permanent.

Feng Shui signifie "vent et eau". Au sens littéral, cela s'applique à la topographie de la terre, aux montagnes, aux vallées, aux cours d'eau, dont la dimension et la forme, la direction et les niveaux, sont créés par l'interaction continuelle de ces deux puissantes forces de la nature. Pour les gens d'origine chinoise, dans quelque pays qu'ils se trouvent, le Feng Shui est une pratique mystique qui intègre l'antique sagesse à la tradition culturelle, un corps de connaissances qui pose des directives pour les différentes situations de la vie.

On se sert, par exemple, des lois du Feng Shui, pour faire la distinction entre lieux favorables et sites défavorables, et elles donnent des indications pour positionner les maisons, et disposer les pièces de manière que la qualité de vie des propriétaires soit améliorée, de façon surprenante et spectaculaire.

Dans la maison familiale, un bon positionnement Feng Shui crée une relation harmonieuse entre mari et femme, entretient une bonne santé, attire l'abondance et la prospérité, et contribue à établir une bonne réputation. Dans la culture chinoise, où la vie familiale et l'honneur sont très importants, un bon Feng Shui est considéré comme aidant le couple à avoir beaucoup de bons et beaux enfants, qui feront honneur au nom de la lignée.

Dans les affaires, observer les règles du Feng Shui pour le choix et la disposition de vos bâtiments est un moyen profond de créer des occasions de croissance, d'améliorer votre profil et votre standing dans la communauté, d'attirer des clients, d'augmenter vos profits, et d'accroître le chiffre d'affaires. Les employés resteront loyaux et une aura pénétrante de bonne volonté créera des relations de travail sans heurt.

En revanche, un mauvais Feng Shui apporte maladie et désastre, accidents et perte financière. Un mauvais Feng Shui établit des occasions d'effritement, de disparition de carrière, de gaspillage d'argent, d'effondrement de réputation. Par-dessus tout, un mauvais Feng Shui cause un grave malheur, et parfois a même des conséquences tragiques pour la famille et son bien-être.

LA RENAISSANCE DU FENG SHUI

La pratique du Feng Shui connaît une renaissance spectaculaire dans son pays d'origine. Les plans des nouveaux bâtiments et des immenses aménagements de propriétés en Chine du Sud et dans de nombreuses villes côtières de cette région, témoignent de l'intervention des praticiens du Feng Shui. Comme leurs compatriotes de Hong-Kong, Taiwan, Singapour, etc, un nombre croissant de Chinois ont recours au Feng Shui, pour qu'il leur donne un supplément d'efficacité dans leurs affaires.

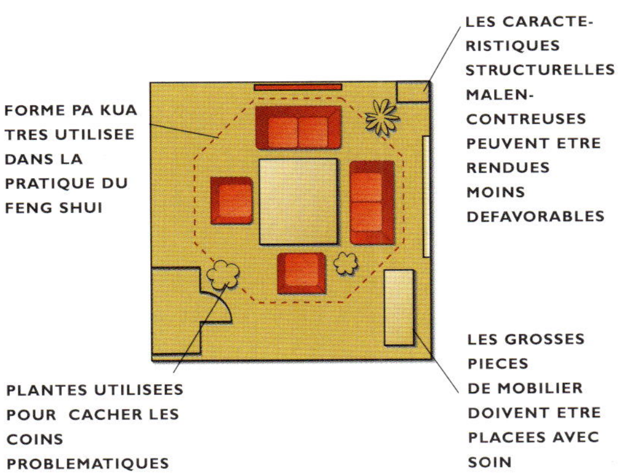

A GAUCHE **Faire de petits ajustements dans la disposition de vos pièces, selon les directives du Feng Shui, peut améliorer vos relations familiales.**

CI-CONTRE **L'antique science du Feng Shui peut avoir des résultats avantageux, quand elle est appliquée à un intérieur moderne.**

LIGNES D'ENERGIE

Le Feng Shui recommande de vivre en harmonie avec l'environnement terrestre et ses lignes d'énergie, de façon qu'il y ait un équilibre entre les forces de la nature. Le Feng Shui soutient que l'environnement est peuplé de lignes d'énergie, invisibles mais puissantes – cetaines, favorables, d'autres, pernicieuses – et qu'elles apportent harmonie ou discorde, santé ou maladie, prospérité ou pauvreté.

Le propos de la pratique du Feng Shui, c'est d'utiliser les lignes d'énergie favorables – ce que les Chinois appellent "le Souffle cosmique du Dragon" (Sheng Chi). Les lignes d'énergie favorables décrivent des méandres. Mais le Feng Shui a aussi pour vocation d'éviter les lignes d'énergie qui représentent le "Souffle qui tue" (Shar Chi). Les experts en Feng Shui mettent en garde contre le fait de dormir, s'asseoir, travailler, manger, vivre, dans des lieux qui ont en butte aux attaques de ce souffle "tueur", pernicieux et invisible, qui est communément comparé à des "flèches empoisonnées".

Les huit avenues qui partent de l'Arc de Triomphe créent un excellent Feng Shui pour Paris, avec une énergie capable de circuler le long de la large Avenue des Champs Elysées, jusqu'au grand espace découvert qu'est la Place de la Concorde.

L'énergie qui circule le long des deux branches de la bifurcation en Y devant l'immeuble Flatiron à New York pourrait être accablante. La forme triangulaire du bâtiment même suggère un Feng Shui défavorable, mais il est quelque peu mitigé par les coins arrondis.

Le souffle qui tue est causé par la présence d'objets ou de structures aigus, pointus, qui canalisent le mauvais Feng Shui. Les personnes sont blessées à leur insu s'il advient que ces flèches empoisonnées sont dirigées directement sur les portes principales, ou les pièces, les sièges, les bureaux, ou les lits où elles sont assises ou allongées.

FLECHES EMPOISONNEES

Les structures des flèches meurtrières peuvent être des routes droites, les arêtes tranchantes des lignes de faîte des toitures, un arbre isolé, les pylones électriques, les rebords des grands édifices, une croix, un coin saillant, une poutre de plafond, ou tout objet ayant une apparence menaçante. L'énergie mauvaise qui émane des flèches empoisonnées voyage en ligne droite, amenant avec elle le mauvais destin, les désastres.

Si la porte principale, ou le lieu où l'on s'assoit ou s'allonge, se trouve directement sur le chemin de ces forces, on croit qu'il en ressortira quelque chose de très négatif, et parfois de désastreux, causant un grand malheur à la personne concernée.

CONSEQUENCES FUNESTES

Plus aiguë et plus nocive est la flèche empoisonnée, plus épouvantables sont les conséquences de son impact. Le destin funeste causé par ces flèches prend la forme de la maladie, des occasions manquées, des procès, des querelles, des pertes financières, et de maint autre type de malchance. Le Feng Shui présente une variété de solutions pour combattre ou éviter les flèches empoisonnées, et la connaissance du Feng Shui rend celui qui le pratique, à même de diagnostiquer les situations de mauvais Feng Shui, et de trouver les moyens de prendre des précautions contre leurs effets maléfiques.

Les conséquences des flèches empoisonnées peuvent être démontrées très clairement. Beaucoup d'importants bâtiments publics très en évidence sont exposés aux flèches empoisonnées, simplement parce que, dans l'architecture et l'urbanisme occidentaux, il est considéré comme bon d'avoir une avenue droite conduisant directement à la grande entrée. Tel est le cas de la Maison Blanche à Washington, où l'énergie négative est canalisée par la 16è Avenue, allant donner droit dans la porte du logis présidentiel. Il en va de même pour le Palais de Buckingham à Londres, la demeure de la famille royale britannique, et de nombreuses demeures officielles en Grande-Bretagne.

Est-il alors si étonnant que l'influence américaine dans le monde soit en déclin (si l'on compare avec les pays riverains du Pacifique et de l'Orient, qui montent), et que les Britanniques évoquent la fin de la monarchie et la réforme de la Chambre des Lords?

SYMBOLES DE PROSPERITE

Un bon Feng Shui est associé à certains objets à cause de leurs couleurs ou du matériau dont ils sont faits, ou parce que leur nom en chinois est semblable à celui d'un état désirable, comme la tranquillité ou la longévité. La présence de ces objets dans votre foyer, ou de peintures accrochées au mur, représentant ces objets, aidera à conférer un bon destin. Certains des objets les plus importants, et leur symbolisme, évoquent:

- **La richesse, qui est symbolisée par l'or, les monnaies anciennes, et la présence d'eau pure, claire, ondoyante.**

La grue symbolise la longévité

L'éléphant symbolise la sagesse

- **La Sagesse est représentée par l'éléphant, qui est considéré avec beaucoup de respect dans de nombreux pays d'Asie.**
- **La Longévité et la Santé, qui sont représentées par le bambou, les pins, et les grues, qui apparaissent souvent dans l'art chinois. Les pêchers symbolisent aussi la longévité.**

LE FENG SHUI A L'ŒUVRE EN ORIENT

Le Feng Shui est une composante essentielle et passionnante de la sagesse de Chine ancienne – une science vieille au moins de 4000 ans, qui remonte aux empereurs et aux légendes mythiques.

Qu'il ait traversé les sicèles, et qu'il soit aujourd'hui pratiqué par les hommes d'affaires à Hong-Kong, Taiwan, Singapour, et en Malaisie, cela atteste fortement son efficacité et sa puissance. Dans de nombreuses parties de l'Asie, le Feng Shui est considéré comme une partie essentielle de la vie quotidienne. Les cadres supérieurs, les humbles marchands à l'étalage, les magnats, et les chauffeurs de taxi, croient tous au Feng Shui, et le pratiquent.

Peu nombreux sont les habitants de Hong-Kong qui se risqueraient à avoir un mauvais Feng Shui. On ne saurait acheter un nouveau logis, déplacer un bureau, ou redisposer l'agencement d'un étage, sans avoir auparavant pris la peine de consulter un expert en Feng Shui. Les maîtres de Feng Shui compétents sont très affairés, donnant des consultations aux riches comme aux pauvres, déterminant leurs honoraires selon la surface de l'espace qu'ils examinent. Il va sans dire que les honoraires varient aussi selon la richesse et le statut du client.

LA PROSPERITE DE HONG-KONG

Les habitants de Hong-Kong croient que l'ancienne colonie continuera à prospérer, malgré le

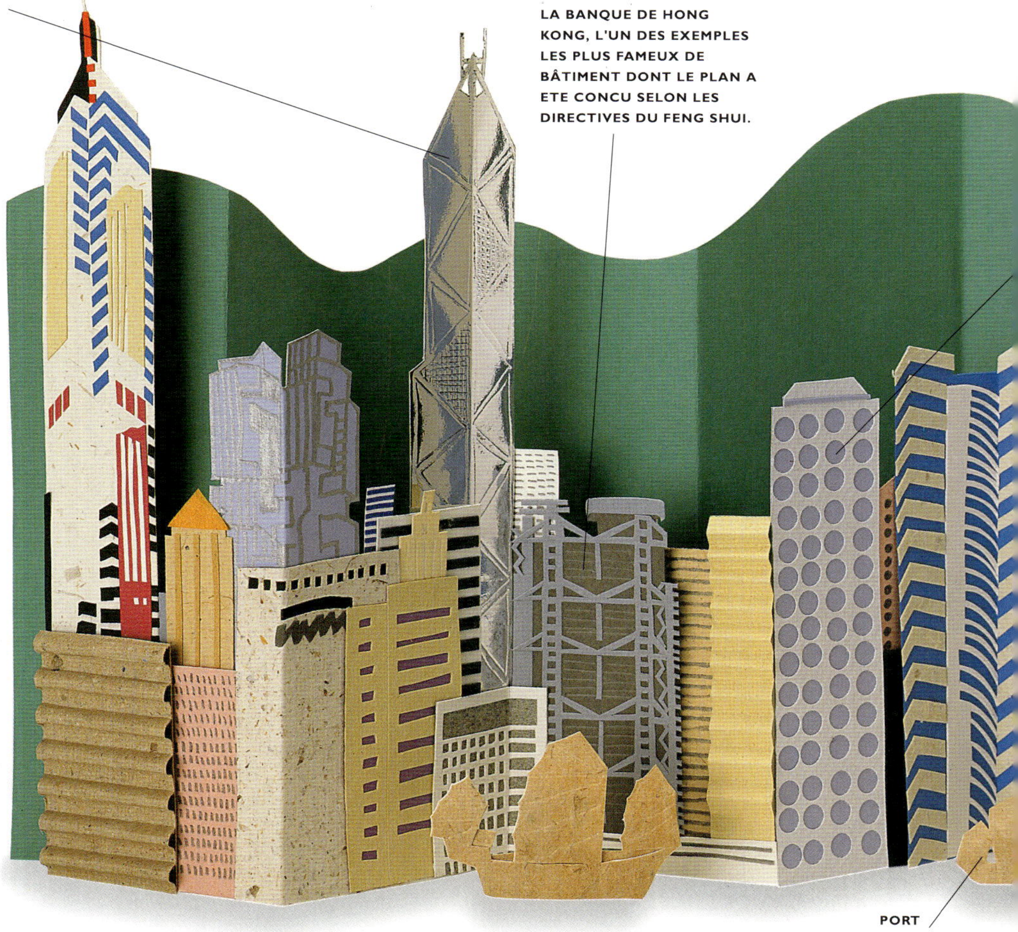

Presque chaque bâtiment élevé de Hong-Kong a des traits architecturaux qui ont été déterminés par de bonnes pratiques de Feng Shui. Souvent, un maître de Feng Shui travaille de concert avec l'architecte et l'ingénieur, dans la phase initiale de la conception du plan. Si une affaire bien établie chute, on peut avoir recours aux services d'un expert en Feng Shui, qui procède à une vérification du bâtiment, et qui suggère des changements pour améliorer la circulation de l'énergie de prospérité.

retour à la Chine qui a eu lieu en juin 1997. Ils croient que Hong Kong aura toujours un bon Feng Shui parce que, disent-ils, la forme de son port ressemble à un sac d'argent. La "bouche" de ce sac d'argent est si petite que, quelle que soit la prospérité qui a été atteinte, quelle que soit l'abondance des richesses accumulées, elles resteront à jamais dans le sac. Les habitants font aussi remarquer la sécurité fournie par les neuf dragons qui donnent leur nom à l'île de Kowloon. Les mêmes dragons favorables sont aussi représentés sur un mur du front de mer de l'île, une réplique du Mur des Neuf Dragons qui se trouve dans la Cité Interdite de Pékin.

Il y a quelques années, alors que la Chine s'ouvrait au monde extérieur, des hommes d'affaires de Hong Kong ont élargi leur théâtre d'opérations à la Chine du Sud, et ont ressuscité la pratique du Feng Shui dans ce pays. Le Feng Shui, comme tant de choses du passé de la Chine, était mal vu par le pouvoir communiste, qui le considérait comme dépassé et ne correspondant pas aux aspirations d'avant-garde. Il est amusant que ce soient les émigrés, qui ont gardé vivantes leurs croyances culturelles et traditionnelles, comme le Feng Shui, qui rappellent à la Chine sa vieille sagesse et ses pratiques culturelles.

Pendant ce temps, de l'autre côté de la Chine méridionale, les experts font état d'une abondance de Feng Shui favorable pour la capitale de la Malaisie, Kuala Lumpur, et pour Singapour. Dans les deux cas, disent-ils, un équilibre excellent a été atteint dans l'interaction des cinq éléments du Feng Shui. Les Eléments Terre et Métal, représentés par les routes et les édifices élevés, sont parfaitement équilibrés par des arbres sains et pleins de vie qui bordent les principales voies de communication. Des efforts de nettoyage des rivières qui traversent les villes ont ajouté encore de la chance, tandis que l'Elément Eau essentiel – symbolisant l'afflux d'argent – est présent dans les nombreuses cascades artificielles et les fontaines, dans les parcs publics et devant les bâtiments. La nuit, les avenues sont brillamment éclairées, créant un beau "Feu", attirant ainsi beaucoup d'influences intangibles favorables aux deux cités.

On croit que la prospérité de Hong Kong sera sauvegardée, parce que son port a la forme d'un sac d'argent.

LE CONNAUGHT BUILDING, AVEC SES FENÊTRES RONDES, AVAIT A L'ORIGINE LA REPUTATION D'AVOIR UN MAUVAIS FENG SHUI, MAIS ON POURRAIT DIRE QUE LES FENÊTRES SYMBOLISENT LES PIECES DE MONNAIE, ET EN REALITE, LES SOCIETES QUI ONT UN BUREAU DANS CET EDIFICE, ONT PROSPERE ET ONT BENEFICIE D'UN BON FENG SHUI.

LE MONT VICTORIA SE DRESSE DERRIERE HONG KONG, SYMBOLISANT LE SOUTIEN, ET REPRESENTANT UN BON FENG SHUI.

LE FENG SHUI A L'OEUVRE EN OCCIDENT

Plusieurs sociétés occidentales, qui ont des filiales à Hong Kong, pratiquent le Feng Shui: On compte parmi elles Citibank, N.M. Rothschild, Shell, et Sime Darby. Même s'ils sont sceptiques au début, les cadres expatriés finissent par succomber à la puissance pénétrante qu'un bon positionnement Feng Shui apporte à leurs organisations. Certains d'entre eux appliquent même le Feng Shui à leur demeure. Cela arrive quand le scepticisme initial a été transformé en croyance saine.

Certains finissent par devenir des défenseurs si déterminés des pratiques qui leur sont devenues familières, qu'ils restent en contact avec leurs consultants de Feng Shui même après leur départ de la colonie, tandis que d'autres essaient de se rappeler et de pratiquer les principes fondamentaux qu'ils ont appris pendant leur séjour en Orient. Ainsi, la connaissance du Feng Shui s'est petit à petit frayé un chemin vers l'Occident.

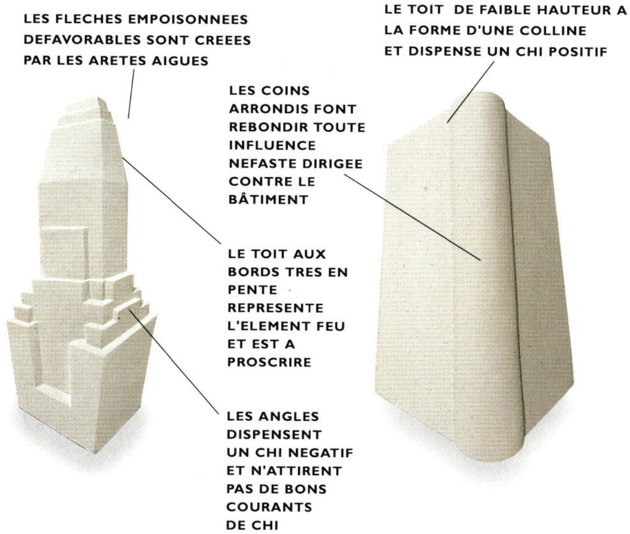

Les grands bâtiments avec des angles nombreux et des arêtes aiguës dispensent des énergies négatives. Arrondir les angles est une démarche amicale, parce que cela fait en sorte que le bâtiment ne crée pas de Chi nuisible à ses voisins.

L'IMPORTANCE DES PORTES ET DES ENTREES

Les architectes occidentaux ont beaucoup à apprendre du Feng Shui, en ce qui concerne le plan et la position des portes, facteurs qui ont des implications importantes pour la qualité des courants et les mouvements du Chi à l'intérieur d'une pièce ou d'un bâtiment.

Lorsque la porte principale de votre maison, boutique, bureau, jouit d'un bon Feng Shui, sans rien qui la menace ni de l'intérieur ni de l'extérieur, les forces sont bien équilibrées, et un Sheng Chi (souffle cosmique) favorable entre dans la maison, apportant une bonne influence.

En revanche, quand la porte principale souffre d'un Feng Shui défectueux, les habitants sont en butte à Shar Chi – ce que les Chinois appellent le "souffle qui tue". Il est facile de venir à bout de Shar Chi: il est souvent provoqué par la disproportion de la porte par rapport aux dimensions de l'édifice. Une autre cause est la présence de structures aiguës, pointues visant directement la porte, formant des "flèches empoisonnées". Une façon de résoudre ce problème, c'est de renvoyer ces flèches en utilisant des matériaux réfléchissants.

LE "CREDITO ITILIANO", UNE BANQUE DE MILAN. UNE PORTE D' ENTREE GRANDE ET BIEN DECOREE FAVORISE L'ENTREE DU BON CHI POUR LES AFFAIRES.

LE BATIMENT OU SONT LES EDITIONS GRUNER ET JAHR, A HAMBOURG. C'EST UNE BONNE PRATIQUE DE FENG SHUI QUE D'AVOIR L'ENTREE D'UN LOCAL COMMERCIAL PLUS HAUTE QUE LE NIVEAU DE LA RUE.

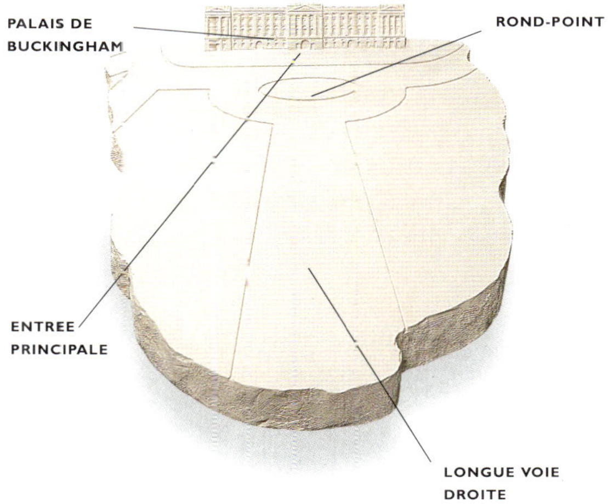

La rue menant au Palais de Buckingham crée une flèche empoisonnée directement dirigée sur l'entrée de devant; cependant, ses effects nuisibles sont quelque peu dissipés quand le Chi négatif circule autour du rond-point. Une barrière qui détournerait le Chi négatif fournirait une meilleure protection contre la flèche empoisonnée.

ECHECS HISTORIQUES

Si les principes du Feng Shui avaient été connus et pratiqués en Occident avant notre époque, certaines décisions architecturales désastreuses auraient pu être évitées, et le mauvais sort aurait pu être prévenu.

Un bâtiment fameux, à Londres, par exemple, fait face à une avenue longue et droite. Il ne s'agit de rien de moins que du Palais de Buckingham, qui se dresse au bout de la rue appelée The Mall. Cette rue est une flèche empoisonnée classique et le Feng Shui des résidents royaux ne peut manquer d'en être affecté.

Heureusement, le Queen Victoria Memorial, qui est sis au centre du rond-point juste en face du Palais, sert à renvoyer certains effets terribles du souffle qui tue, mais l'absence totale de plantes dans l'avant-cour juste devant le bâtiment, apporte d'autres désiquilibres et influences mauvaises à la Famille royale.

L'HÔTEL PENINSULA, A KOWLOON, HONG-KONG. L'ENTREE PRINCIPALE EST GRANDE ET A UNE ALLEE CIRCULAIRE DEVANT, AINSI QU'UNE PETITE ETENDUE D'EAU – CE QUI CREE UN EXCELLENT FENG SHUI.

LE RITZ, PICCADILLY, LONDRES. LES ECLAIRAGES VIFS AUTOUR DE L'ENTREE ATTIRENT NON SEULEMENT LES CLIENTS, MAIS AUSSI UN BON CHI, TRES DYNAMIQUE.

BANQUE NATIONALE DU KOWEIT. LA PORTE PRINCIPALE EST BEAUCOUP TROP LARGE, ET L'ESPACE VIDE JUSTE AU-DESSUS DE L'ENTREE N'EST PAS UNE BONNE DISPOSITION, CREANT UN FENG SHUI DEFAVORABLE.

IMMEUBLE DE BUREAUX, NEW YORK. LA GRANDE PORTE TOURNANTE DE CE BUREAU ATTIRE DE BONS COURANTS DE CHI POSITIF, ET DE BONNES INFLUENCES DANS LE BÂTIMENT.

SOURCES ANCIENNES: LES CLASSIQUES DU FENG SHUI

Jusqu'à une époque récente, la plus grande partie de l'abondante littérature ayant trait au Feng Shui n'était accessible qu'en chinois, et les principes de cette science ne sont pas bien connus en Occident, bien qu'on puisse avoir librement accès à ces textes à Taiwan et Hong-Kong. Ils remontent à plusieurs millénaires, et, dans tous les cas, ne peuvent être plus récents que le IVè s. av. notre ère.

Autrefois, la pratique du Feng Shui était réservée aux classes dirigeantes – à l'empereur et ses ministres. Beaucoup de témoignages et textes anciens étaient (et sont) obscurs. Leurs définitions étaient voilées par un langage cryptique, archaïque, les signiifcations qu'ils recelaient étaient enfermées dans des explications symboliques, lesquelles parfois donnaient lieu à de multiples interprétations. Les conseillers impériaux devaient passer des examens, qui impliquaient l'acquisition d'une profonde connaissance des textes chinois classiques. L'un d'eux était le I Ching – appelé en Occident *Le Livre des Transformations* – et ceux qui visaient à des charges élevées, devaient être capables d'interpréter les divinations et les prédictions révélées dans le I Ching, dont une composante importante impliquait la connaissance du Feng Shui.

MANDARINS INSTRUITS

Ceux qui acquéraient cette connaissance jouissaient de positions privilégiées à la Cour, et étaient des mandarins instruits, révérés en tant que tels. Ils étaient les hommes que l'on consultait quand on construisait des palais et des tombes, et que l'on traçait les plans de nouvelles cités et métropoles. Ils étudiaient consciencieusement la configuration du terrain, calculaient avec précision les directions avec la boussole, et diagnostiquaient le positionnement des bâtiments dans la contrée. Ils calculaient aussi les dimensions appropriées pour les nouveaux bâtiments, science qui incluait la recherche des dates de naissance individuelles, pour s'assurer que les courants d'énergie humaine pouvaient être alignés harmonieusement sur ceux du foyer, de ses résidents, et de l'environnement.

MAÎTRE YANG

En Chine, le Feng Chui est pratiqué au moins depuis la Dynastie des Tang (618-907). Le praticien de Feng Shui connu le plus ancien fut Maître Yang

C'était les mandarins instruits qui pratiquaient le Feng Shui à la Cour impériale de Chine. Ils étaient très respectés, et on leur demandait conseil pour toute nouvelle construction.

Le symbolisme du Feng Shui a une longue histoire, vieille de plusieurs millénaires. Ici, un lion d'or garde l'entrée de l'ancien Palais impérial de Pékin.

Yun-Sang, qui est universellement reconnu comme son fondateur. Maître Yang fut le Conseiller principal à la Cour de l'empereur Tang, Hi Tsang (888). Maitre Yang légua des textes classiques qui ont été conservés et qui continuent d'être étudiés jusqu'à aujourd'hui. Ses livres sur le Feng Shui constituent le fonds principal, sur lequel des générations de pratiquants ont fondé leurs connaissances et leurs pratiques.

AU-DELA DES MERS

La plus grande partie du riche fonds de livres sur le Feng Shui (et cela représente maintenant de deux à trois mille livres) se trouve à Taiwan. On pense que lorsque Chang Kai-Shek trouva refuge dans cette île en 1949, non seulement il emporta des milliers de tonnes d'objets précieux, peintures, objets d'art, et trésors impériaux de la Cité Interdite, mais que son entourage enleva aussi de précieux textes anciens relevant de la culture classique chinoise et de l'ancienne sagesse de l'Empire du Milieu. C'est ainsi que les textes relatifs au Feng Shui traversèrent la mer et furent hébergés dans la petite île.

A Taiwan, le Feng Shui fait partie de la vie quotidienne, et la science en est très avancée, si bien que l'on applique en détail les formules puissantes et supérieures du Feng Shui. Aussi n'est-il pas fortuit qu'aujourd'hui Taiwan compte parmi les nations les plus riches du monde, avec une réserve de devises plus importante que celle de la Chine Continentale, et un revenu par habitant comparable à celui des pays les plus développés.

SCIENCE ET CIVILISATION

Dans les textes classiques, on définit le Feng Shui par cette simple phrase de six idéogrammes – "tiang ling di li ren he" – "ce qui est plein de résonance et de sens". Traduit littéralement, cela signifie: "influence céleste favorable, topographie bénéfique, actions humaines harmonieuses".

Tels sont les trois facteurs qui contribuent à un Feng Shui favorable, mais, comme c'est souvent le cas dans la pensée et la science chinoises, il y a beaucoup plus derrière cette simple phrase que ce qui apparaît à la surface.

Pour comprendre une influence céleste favorable, il est nécessaire d'apprendre l'astronomie et l'astrologie et d'étudier le I Ching. Devenir un expert en topographie, cela signifie étudier diverses caractéristiques topographiques, comme les collines, les vallées, et les cours d'eau, et comprendre leur influence sur la pluie, les inondations, les marées. La connaissance des actions humaines exige une compréhension des forces sociales, culturelles, politiques et religieuses, de la structure hiérarchique de la société, de la place de la religion, et des obligations morales tant vis-à-vis de la société que de la personne.

La maîtrise du Feng Shui implique une étude soignée de la topographie.

SYMBOLISME ANIMAL ET ECOLE DE LA FORME

Dans les ouvrages de Maître Yang, le fondateur de la pratique du Feng Shui, il y a une grande insistance sur la forme des collines et des montagnes, sur la direction des cours d'eau, et, pardessus tout, sur la localisation et la compréhension précises du repaire du Dragon, l'entité céleste qui est, en Chine, la plus révérée.

Pour les Chinois, le dragon tout puissant symbolisait un grand pouvoir, et beaucoup de phénomènes naturels étaient considérés dans les anciens temps, comme des manifestations des changements d'humeur du dragon. Ainsi, les sécheresses étaient causées par des dragons assoiffés, les ouragans et les inondations qui apportaient le chaos et la mort, indiquaient la colère du dragon, et la pluie donneuse de vie était apportée par des dragons joyeux et satisfaits.

Les enseignements de Maître Yang furent exposés en détail dans les trois textes classiques du Feng Shui, et chacun de ceux-ci décrit la pratique du Feng Shui par des métaphores décrivant la geste des dragons. Le premier texte, Han Lung Ching, décrit l'"Art d'éveiller le Dragon". Le deuxième, Ching Nang Ao Chih, présente des directives et des méthodes pour localiser le repaire du dragon, et le troisième, I Lung Ching, explique les techniques permettant

Les collines tigre blanc à gauche – ouest – se fondent avec le dragon vert pour créer un Chi favorable.

Les collines tortue noire doivent être derrière, pour servir de soutien et de protection.

Les collines dragon vert à droite – est – représentent la condition centrale ou essentielle d'un bon Feng Shui topographique.

de trouver le dragon dans les endroits où "ils ne sont pas évidents".

RECONNAISSANCE DE L'ENVIRONNEMENT

Les principes de Maître Yang en vinrent à être considérés comme l'Ecole de la Forme du Feng Shui *(cf. ch. 4, sur les différentes écoles de Feng Shui)*, définissant les endroits bons et mauvais, du point de vue du symbolisme du dragon. Selon l'Ecole de la Forme, les localisations favorables exigent la présence du dragon vert. En outre, partout où les dragons vivent, on doit trouver le tigre blanc, leur important compagnon. Les praticquants du Feng Shui qui suivirent les descriptions que Maître Yang fit de la configuration du paysage, et qui souscrivirent à ses théories, commencèrent donc leurs investigations, en se mettant à la recherche du dragon.

Les dragons, les tigres, et tous les autres animaux célestes, qui caractérisent le langage du Feng Shui, doivent être interprétés dans un sens symbolique. Ces animaux font référence aux collines et aux autres formes topographiques. On considère que les dragons et les tigres sont présents ou non, en fonction de la forme des collines et des montagnes, de la présence et de la direction des étendues d'eau – lacs et rivières –, du type de terre qui recouvre le terrain de la luxuriance de la végétation, et, enfin, de l'équilibre apparent du Yin et du Yang – exprimé du point de vue de la lumière et de l'obscurité, du soleil et de l'ombre, du rocher dur et de la terre tendre *(cf. ch. 3, pour plus de détails sur le Yin et le Yang)*.

La colline phénix rouge doit se dresser sur une terre basse devant le site; elle représente alors le tabouret pour reposer les pieds, signifiant ainsi une vie de bien-être et de prospérité.

LE PA KUA ET L'ECOLE DE LA BOUSSOLE

Il y eut donc d'abord l'Ecole de la Forme, dont le pilier principal était le dragon. Mais apparut plus tard un autre système important, qui aborda le Feng Shui selon une tout autre perspective. Cet autre système mit l'accent sur certains calculs, utilisant les symboles du I Ching (Livre des Transformations), et les règles de la boussole, et il se fondait sur les directions des portes et les dates de naissance individuelles. Le bon et le mauvais Feng Shui furent alors déterminés selon l'emplacement des hexagrammes et des trigrammes symboliques du I Ching, autour d'un symbole octogonal appelé "Pa Kua".

Un trigramme était placé à chaque côté du Pa Kua, et, selon la situation des huit trigrammes, des attributs et des symboles correspondants étaient identifiés, se rapportant aux couleurs, aux différents membres de la famille, aux directions spécifiques de la boussole, à l'un des cinq éléments, et à d'autres attributs.

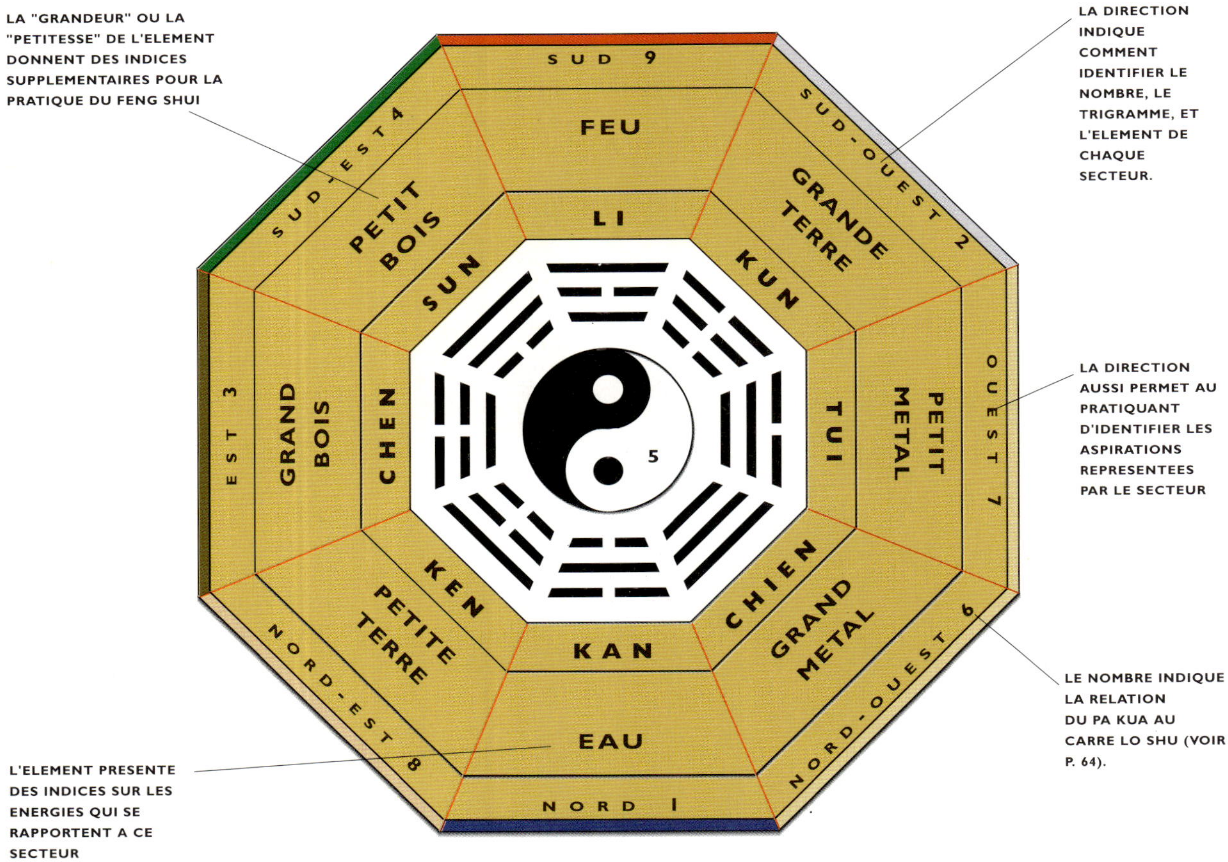

Le Pa Kua octogonal est utilisé par l'Ecole de la Boussole de Feng Shui. Les symboles et les significations attribués à chaque secteur donnent des indices pour la pratique du Feng Shui.

LE LUO PAN

Le Luo Pan, ou boussole chinoise du Feng Shui, qui contient tous les indices et symboles qui indiquent le bon et le mauvais Feng Shui. Chacun des symboles aura un sens différent pour chaque maître, et, une fois que le maître est parvenu à une grande maîtrise, il ou elle a habituellement son propre Luo Pan comprenant tous ses secrets de métier. En outre, les Chinois placent toujours le Sud en haut de la boussole, mais le Nord est toujours le nord magnétique. Pour le pratiquant amateur, cependant, une boussole occidentale est suffisante.

FAIRE LE PLAN DE LA DEMEURE

Chacun de ces symboles et attributs est censé donner des indices pour le plan et la disposition des intérieurs et des extérieurs des maisons et des palais, pour vouer chaque pièce à une fonction adéquate, pour assigner chaque partie du foyer à la personne à qui il convient, afin d'amplifier le Feng Shui favorable, pour chaque membre de la famille.

Ce deuxième grand système fut appelé Ecole de la Boussole de Feng Shui, mais elle comporte maintenant plusieurs branches. Chacune a une méthode différente, et utilise sa propre équation pour ses calculs de Feng Shui; certaines se fondent sur la numérologie, d'autres sur les dimensions temporelles. Certaines, aussi, attachent beaucoup d'importance à l'influence des planètes sur la qualité des bonnes localisations topographiques.

Une boussole Luo Pan de Feng Shui traditionnelle utilisée dans l'Ecole de la Boussole de Feng Shui. Les signes et les symboles sur chaque anneau représentent les mots de référence, qui peuvent avoir des significations différentes pour les différents maîtres.

LE FENG SHUI MODERNE

A la fin du XIXè s. et au début du XXè, les deux principales écoles de Feng Shui se sont complètement fondues l'une dans l'autre. Les théories de l'Ecole de la Forme – y compris les croyances en l'utilisation du symbolisme du dragon – devinrent plus acceptées, et commencèrent à être pratiquées par les disciples de l'Ecole de la Boussole. Les adeptes modernes du Feng Shui pratiquent aujourd'hui une combinaison variable des deux.

FORME OU BOUSSOLE?

A Taiwan, où la pratique du Feng Shui est très avancée, le groupe d'adeptes chinois de dialecte Hokkien utilise de puissantes formules de l'Ecole de la Boussole, mais ils prennent aussi en compte les considérations topographiques.

En fait, les Taiwanais pensent que les considérations topographiques ont le pas sur les indications fournies par la Boussole. Ainsi, par exemple, si selon certaines formules, votre porte principale doit vous apporter une influence favorable si elle fait face au sud, mais que si elle est dans cette direction, vous soyez en face d'une petite colline, ou, pire, d'une montagne, alors, malgré ce que dit la formule, vous pâtirez d'un mauvais sort. Cela, parce que l'effet de la colline ou de la montagne sera trop néfaste, et surpassera complètement les indications de l'Ecole de la Boussole. Faire directement face à une colline est toujours un mauvais Feng Shui. Si vous vivez dans le voisinage d'une colline, disposez toujours votre demeure de façon que la colline soit derrière vous. Cela vous permet d'avoir la colline comme soutien,

Les principes du Feng Shui peuvent être appliqués à n'importe quelle demeure. Si vous habitez à la campagne, vous serez plus susceptible de prendre en compte les considérations topographiques, et d'attacher de l'importance au Feng Shui extérieur. A Taiwan, l'effet du terrain est tenu pour plus puissant que les calculs de la boussole.

Si vous vivez dans un appartement, vous chercherez les interprétations du Feng Shui qui sont le plus étroitement liées à l'intérieur de votre foyer. Ici, la pièce est inondée de lumière et comporte beaucoup de verdure, mais les flèches empoisonnées créées par les rebords des étagères de la bibliothèque, ainsi que rayons apparents où sont rangés les livres, créeront un Shar Chi.

et de ne pas avoir à lui faire face. Ce principe se fonde sur la croyance que le genre humain n'est pas assez fort pour affronter le pouvoir d'une colline ou d'une montagne.

NOUVEAUX DEVELOPPEMENTS

Il y a à présent différentes formules de l'Ecole de la Boussole, et les méthodes en vogue à Hong-Kong diffèrent de celles qui prévalent à Taiwan. Ces différences peuvent être interprétées à la lumière du type de conditions de vie prédominant de la population de chaque pays. A Hong-Kong, la méthode utilisée pour calculer les directions individuelles favorables et défavorables, est généralement fondée sur la méthode des Quatre Piliers, qui est liée à l'astrologie chinoise. A Taiwan, on utilise la formule Pa Kua-Lo Shu. En outre, à Hong-Kong, on insiste plus sur les intérieurs des maisons dans la pratique du Feng Shui, spécialement pour créer de la richesse. En revanche, les Taiwanais utilisent la formule du Dragon d'Eau pour le Feng Shui extérieur, pour attirer la prospérité. Cela probablement tient au fait qu'à Hong-Kong, 90% de la population vivent maintenant dans des immeubles élevés, et que peu de gens disposent de jardins nécessaires à la construction d'un Dragon d'Eau. Cela a encouragé les maîtres de Feng Shui à développer de nouvelles interprétations correspondant plus aux besoins des habitants des appartements.

INTERPRETATION

Cependant, quelles que soient les méthodes ou les formules utilisées, tous les symboles et instruments du Feng Shui sont les mêmes. C'est seulement dans l'interprétation des symboles qu'il y a des différences. Ainsi, la compétence et l'excellence du pratiquant du Feng Shui dépendent presque entièrement de la supériorité de ses interprétations des symboles, de sa créativité et de sa subtilité dans la résolution des problèmes de Feng Shui. Les meilleurs maîtres sont ceux qui interprètent les formules correctement, et qui font des suggestions qui ne demandent pas trop de réaménagements d'une demeure.

L'EFFICACITE DU FENG SHUI

Le 24 décembre 1992, *l'Asian Wall Street Journal* faisait part d'une histoire intéressante en première page. "Une sorte de boule de cristal" – c'est ainsi qu'il qualifiait l'"Indice Feng Shui" conçu par une équipe du Crédit Lyonnais. C'était un indice qui avait prévu avec précision les principaux tournants de l'indice Hang Seng (l'indice boursier de rendement des valeurs de Hong Kong) 12 mois à l'avance.

Le journal rapportait que les analystes boursiers travaillant à la filiale du Crédit Lyonnais de Hong Kong, avaient consulté un trio d'experts en Feng Shui, sur leurs prévisions du comportement du marché des valeurs l'Année du Singe (1992).

Ces experts se servaient d'une combinaison de calculs astrologiques et géographiques pour mesurer et rectifier les désiquilibres de l'environnement naturel et artificiel de Hong-Kong, et ils l'utilisèrent pour créer leur "Indice Feng Shui". En décembre, il était devenu clair pour les analystes que ledit "Index Feng Shui" était "une carte presque parfaite des tournants du marché".

A Hong-Kong, le département des opérations boursières du Crédit Lyonnais a, en 1992, commandé un plan de prévision Feng Shui, portant sur le comportement du marché des valeurs pour l'année à venir. Appelé "Indice Feng Shui", ce rapport s'est révélé remarquablement précis.

Aiguillonné par l'incroyable réussite, le Crédit Lyonnais a recommandé chaque année des indices semblables. Pour les pratiquants habitués à la puissance du Feng Shui, la précision de ces prévisions ne fut pas une surprise. Mais pour l'Occidental qui ignore la pratique, cette analyse Feng Shui a dû lui apparaître comme "des bulletins d'information d'un zoo psychédélique", étant donné qu'une grande partie de cet indice décrivait les interactions entre les douze animaux du zodiaque chinois et les cinq éléments – feu, eau, métal, bois et terre.

Selon le directeur de projet de l'agence boursière, cependant, l'analyse du Feng Shui peut être très bien comparée aux méthodes mathématiques de prévision de marché, largement utilisées à Wall Street.

CONSEIL AU PRESIDENT

Nous nous rendons maintenant aux Philippines, où s'est déroulée une aventure de Feng Shui encore plus spectaculaire. Le 4 janvier 1993, l'agence Reuter titra: "Ramos demande conseil à la Géomancie". L'article rapportait le fait que le Président Fidel Ramos avait dit qu'il avait vu dans des rapports que trois arbres mal placés étaient responsables des malheurs continuels et des calamités naturelles qui affligeaient les Philippines. Selon l'analyse du Feng Shui, disait le rapport, trois arbres énormes qui se dressaient devant Malacanang, le Palais présidentiel, bloquaient la circulation de l'énergie cosmique, mettant ainsi le président et le pays à l'écart des bonnes influences. Les experts suggérèrent que ces arbres soient abattus.

Ils firent aussi remarquer la présence de symboles défavorables sur le sceau présidentiel, et

Le pésident des Philippines, Fidel Ramos, prit au sérieux l'avertissement des experts en Feng Shui, qui lui firent savoir que trois arbres énormes devant le palais présidentiel, empêchaient les courants de Chi positif et les influences bénéfiques d'atteindre le Président et le pays.

les billets de banque du pays. L'otarie figurant sur le sceau présidentiel avait une queue recourbée de mauvais augure, tandis que les étoiles qui l'entouraient suggéraient l'obscurité, qui signifie désastre. Le billet de 500 Pesos, était considéré comme néfaste, parce qu'il contenait 13 étoiles, montrait 13 personnes, et le nombre 500 y apparaissait 13 fois.

LA BOÎTE DE VERS DE LA CARRIAN

Ces histoires sont populaires dans les villes d'Asie. Les histoires de Feng Shui qui se rapportent à la montée et à la chute de puissants politiciens, de sociétés milliardaires, et de grands hommes d'affaires, sont presque toujours prises au sérieux. Quand l'infâme Carrian Group de Hong Kong s'effondra au début des années 80, révélant un réseau complexe d'intrigues, de meurtres, de corruption, et de scandales, nombreux furent ceux qui attribuèrent sa chute à la construction d'un nouvel autopont, dont la forme ressemblait à celle de deux pinces de crabe serrant fortement l'immeuble du siège de la Carrian. Avec un tel Feng Shui, ce ne fut plus qu'une affaire de temps, pour que la boîte d'asticots fût exposée au grand jour, et que ses dirigeants fussent arrêtés.

Le billet philippin de 500 Pesos et son association avec le nombre 13, est considéré comme de mauvais augure pour les Philippines.

GRANDEUR ET DECADENCE

A la fin des années 80, un politicien malais très populaire fut arrêté et emprisonné par les autorités de Singapour. Beaucoup de gens attribuèrent sa chute au mauvais Feng Shui de son palais, qui avait été construit récemment dans l'un des faubourgs les plus chics de Kuala Lumpur. On dit qu'il avait été arrêté peu de temps après s'être installé dans sa nouvelle demeure, qui avait un escalier en vis au milieu, tapissé de rouge. L'escalier, spécula-t-on, ressemblait à un tire-bouchon creusant dans son coeur, tandis que le tapis rouge, pensait-on aussi, symbolisait le sang coulant de sa blessure.

Bruce Lee, la fameuse star des films de Kung Fu, était au faîte de sa carrière, quand il mourut soudainement à Hong Kong. La rumeur publique attribue sa mort au Feng Shui, tenant son nom chinois, "siao loong", "petit dragon", pour responsable de sa mort. En s'établissant à Kowloon, le lieu des neuf dragons, Bruce Lee, avance-t-on, avait manqué de respect envers ses ancêtres. Averti de cela, il installa un symbole Pa Kua protecteur au-dessus de sa porte principale, pour détourner les forces néfastes, mais au cours d'un ouragan terrible, le Pa Koua tomba, le laissant à la merci des sauvages dragons du vent. Quand le Pa Kua tomba, Bruce Lee perdit sa protection, et sa vie.

LES SUCCES DU FENG SHUI

Mais les histoires de Feng Shui ne content pas toutes des malheurs. Il y en a aussi qui racontent que le Feng Shui a apporté une grande abondance aux villes et aux grands leaders. Sun Yat Sen, le chef de la Révolution du 10 octobre qui renversa la dynastie des Qing en Chine, en 1911, jouit, dit-on, d'une chance formidable, à cause de la position de la tombe de sa mère.

L'un des hommes les plus riches de Malaisie, Lim Goh Tong, est un adepte ardent du Feng Shui. Il bâtit sa fortune après avoir bâti avec succès les Genting Highlands Casino, Hotel and Resorts, dans les montagnes situées aux abords de Kuala Lumpur. Nombreux furent ceux qui pensèrent qu'il avait positionné le Genting Hotel en si parfait accord avec les principes du Feng Shui, qu'il fut bénéficiaire dès le début. Aujourd'hui, presque 30 ans après, le Groupe Genting est un nom important en Malaisie, et il a des intérêts dans le monde entier.

Il en va de même du Groupe Hong Leong qui a monté rapidement, et qui a des intérêts à Hong Kong, Londres, aux Etats-Unis, en Australie. Au début des années 80, alors que la société n'était pas très importante, j'étais PDG du Groupe, et l'une de mes principales préoccupations, fut de refaire dessiner le logo, représentant un dragon, de la Société. Le dragon est un symbole très populaire et très puissant, et beaucoup de Chinois l'utilisent

Hong-Kong la nuit. De bonnes pratiques de Feng Shui ont contribué à faire de cette cité l'un des centres d'affaires les plus prospères du monde.

Le Genting Highlands Resort, Kuala Lumpur, Malaisie. Un bon plan de Feng Shui a assuré le succès dès le début.

comme logo d'entreprise, mais le dragon de Hong Leong semblait maigre et affamé, et, pire, il était circonscrit dans un cercle. Un maître de Feng Shui de Hong-Kong me dit que le cercle empêchait le dragon de voler, et, ainsi, rendait difficile la croissance et l'expansion du Groupe. Il me demanda de dessiner un gros dragon, avec un ventre de femme enceinte, et me conseilla d'enlever le cercle... ce que je fis. Le groupe n'a jamais régressé, a connu une croissance heureuse par des acquisitions (ce qui signifie une progéniture nombreuse), et, aujourd'hui, c'est l'une des sociétés qui ont les plus gros profits et les plus grands succès de la région.

Un bon Feng Shui a aussi aidé maints grands hommes d'affaires chinois, y compris le légendaire Li Ka Shing, propriétaire de la Hong-Kong Electric, le groupe Hutchison, et beaucoup d'autres milliardaires en dollars de par le monde; le charitable, et regretté, Y.K.Pao; Rin Run Shaw, le magnat chinois du cinéma, et même les groupes Swire et Jardine, sous contrôle britannique. Tous tiennent la pratique du Feng Shui en haute estime – comme on peut aisément s'en rendre compte si l'on considère le positionnement de leurs immeubles administratifs et de leurs locaux commerciaux.

LA CONSCIENCE FENG SHUI D'UNE VILLE

Le Feng Shui est de plus en plus en vogue dans toute l'Asie, spécialement là où des Chinois se sont établis. A Taipeh – la capitale de Taiwan, et l'une des villes les plus entreprenantes et les plus riches – la plupart des bâtiments élevés ont été consciencieusement conçus avec des coins arrondis ou tronqués de façon que les immeubles voisins n'aient pas leur Feng Shui blessé par les forces intangibles du souffle qui tue, causées par les "flèches empoisonnées".

Le nouveau logo de la société Hong Leong, représentant un dragon souriant, en gestation, qui a valu à l'emtreprise une grande réussite.

LA SCIENCE MODERNE CONTRE LA SAGESSE ANCIENNE

Il en est qui disent que les éléments subjectifs de l'analyse du Feng Shui font qu'il convient de le considérer comme un art – quelque chose qui a une connotation mystique, voire spirituelle. Mais la pratique du Feng Shui ne demande pas de foi ni de croyance fervente, ni l'intervention de convictions religieuses ou de valeurs personnelles. Nous pensons que le Feng Shui doit être considéré comme une science – fondée sur l'antique vision chinoise de l'univers, avec ses propres explications originales des forces qui le façonnent – et que ses pratiques ont de nombreuses correspondances avec la science occidentale, si bien qu'il faut très peu de choses pour faire comprendre les raisons de beaucoup de ses coutumes les plus obscures pour la mentalité occidentale.

CONSIDERATIONS CULTURELLES

Le Feng Shui est une science orientale dans la mesure où c'est un modèle qui permet à ceux qui l'utilisent de faire certaines prédictions et d'atteindre certains buts. Il se fonde sur la pratique, plutôt que sur les principes de la théorie, qui est le fondement d'une grande partie de la science occidentale.

Le Feng Shui n'est pas une science complète, de la même façon, par exemple, que la chimie, qui décrit seulement l'aspect chimique de la science occidentale. Etant donné qu'il ne s'agit que d'une partie d'un système global, le pratiquant ne le comprendra pleinement que s'il étudie aussi les autres sciences, comme le I Ching, qui est la racine de presque tous les aspects de la philosophie chinoise.

Le Feng Shui cherche à expliquer le comportement du monde en relation avec les vies personnelles. Ainsi, c'est une science sociale, mais étant donné qu'il apparaît qu'il s'intéresse aussi au comportement des forces extérieures, c'est aussi une science physique. C'est une étude de la façon dont l'environnement affecte la vie des gens. Mais, bien plus, c'est aussi une étude sur la façon d'utiliser l'environnement pour influer sur la qualité de vie personnelle. Cette combinaison de sciences illustre de façon simple l'immense différence qu'il y a entre les sciences occidentale et orientale, et explique pourquoi de nombreux scientifiques occidentaux considèrent qu'il n'y a pas de science orientale – c'est simplement que le cadre de référence est trop complexe.

LA THEORIE DU FENG SHUI

Le Feng Shui est décrit d'une manière totalement allégorique. Un riche symbolisme est utilisé: dragons, tigres, tortues, boussoles, et les Cinq Eléments. Ces allégories servent à faciliter l'accès aux méthodes, et leur apprentissage. En fait, il s'agit d'une technique pratique, qui est utilisée en Orient par n'importe quel membre de la société. Ces allégories et mécanismes symboliques jouent surtout le rôle de moyens mnémotechniques, qui aident pour l'apprentissage. Ce symbolisme, cependant, a pour effet de cacher la parenté que le Feng Shui peut avoir avec la pensée occidentale, parce qu'il y a une barrière culturelle qui rend difficile la compréhension de ce symbolisme.

La science occidentale a certes découvert la fission de l'atome, mais il y a beaucoup d'autres sources d'énergie dans l'environnement, qu'elle n'a pas perçues, ni appris à manipuler.

L'atmosphère terrestre réverbère avec une force invisible des énergies comme les ondes hertziennes, que la science moderne n'a commencé à reconnaître et utiliser que récemment. Les Chinois d'autrefois comprenaient ces forces et étaient capables d'utiliser leurs influences grâce à la pratique du Feng Shui.

LES ENERGIES INVISIBLES

Le Feng Shui cherche à utiliser le Chi, le "souffle cosmique du Dragon". Le Chi est invisible, et il doit être ainsi, issu qu'il est d'une entité mythique. Il est aussi tout autour de nous.

On peut établir des parallèles entre le Chi et les diverses formes d'énergie décrites dans la science occidentale, où l'investigation des champs d'énergie est faite au moyen de divers instruments. Les boussoles, par exemple, sont sensibles aux champs magnétiques. Les maîtres du Feng Shui utilisent aussi des boussoles.

Le Feng Shui est fondé en grande partie sur le symbolisme. Cela comprend souvent les descriptions d'animaux mythiques propres à cette culture – et cela crée une barrière culturelle entre l'acception occidentale et la compréhension orientale.

Les champs électriques peuvent être conçus comme statiques. Le Feng Shui prend aussi ces champs en compte. Les champs gravitationnels peuvent être perçus dans le mouvement des marées. Le Feng Shui prend en considération l'année de naissance d'une personne, et prédit les influences cycliques qui changent avec les années et les mois, qui peuvent indiquer des relations particulières avec la configuration gravitationnelle du système solaire.

Le fait est que la documentation sur le fondement des méthodes du Feng Shui, a été perdue – il ne reste que les méthodes. Mais ça ne les empêche pas d'être efficaces. Cela ne fait obstacle qu'à une compréhension profonde – tant qu'on n'aura pas redécouvert les origines. Pour cela, il est nécessaire d'émettre des hypothèses et des spéculations sensées au sujet de ses mécanismes.

PARALLELES AVEC LA SCIENCE OCCIDENTALE

Le Feng Shui s'intéresse aux effets subtils – considérés comme des "chances". Les scientifiques occidentaux pourraient les considérer comme des niveaux subtils de probabilité. Les calculs de probabilité ne sont pas des prédictions précises – ils indiquent que certaines choses sont plus susceptibles d'arriver si certaines méthodes de Feng Shui sont utilisées. Le Feng Shui décrit plusieurs classes d'événements, dont certains sont censés être désirables, et, ainsi, qualifiés de favorables, tandis que d'autres sont dits défavorables. Les classes d'événements sont, sommairement:

- production de richesse
- amélioration de la santé
- amélioration des relations
- protection contre la malchance ou le danger
- légère malchance
- perte grave
- blessure grave
- mort.

Ces classes décrivent le genre de Chi que certains environnements, et que certaines méthodes de Feng Shui, produisent. Aussi est-il nécessaire de lier l'énergie du Chi aux états humains.

LA COMPOSANTE HUMAINE

Etant donné que les systèmes biologiques des hommes et de la plupart des animaux dépendent principalement des énergies électriques, il n'est pas difficile de voir pourquoi il arrive que nous réagissions de façon imperceptible à de très légers changements dans notre environnement électrique. Un grand nombre de ces corrélations font l'objet de recherches dans le cadre de la science occidentale: par exemple, la connexion dont on parle tant, entre les champs électromagnétiques à haute tension sous les pylônes électriques, et la fréquence des cancers. Si nous considérons la pratique du Feng Shui, nous découvrons que les maîtres conseillent de se tenir à l'écart des transformateurs et des lignes électriques, mais donnent comme motif le risque d'être frappé par Shar Chi, le "souffle qui tue".

Ainsi, on peut soutenir que la science occidentale est très au courant des énergies invisibles, dont certaines peuvent être une composante du Chi censé, du point de vue chinois, affecter les gens.

CHAMPS MAGNETIQUES

Le Feng Shui étudie des espaces de vie et de travail, eu égard à leur orientation dans le champ magnétique terrestre. Les maîtres de Fueng Shui utiliseront des boussoles pour déterminer l'orientation de ces espaces, et la situation, en particulier, de la porte principale d'entrée et de sortie. Cette information initiale leur permet de situer les influences élémentales. Cela implique que

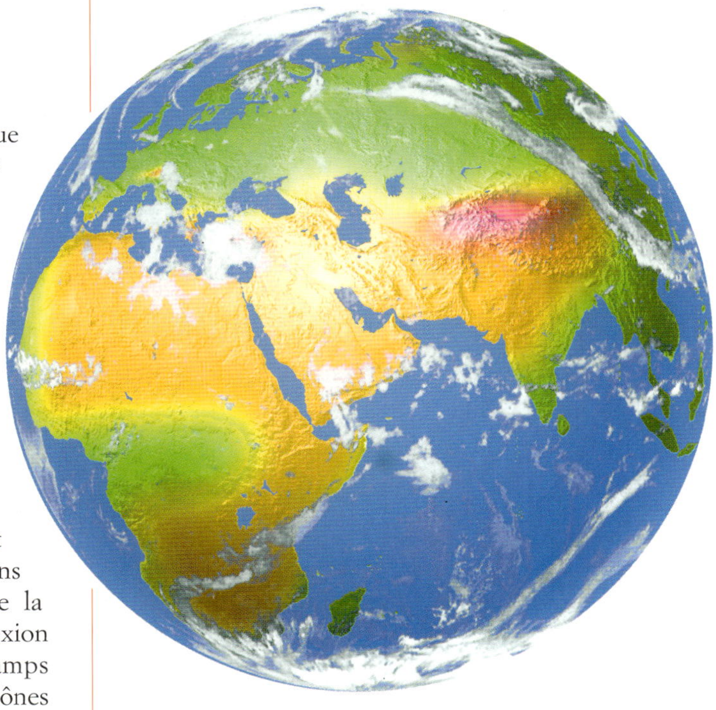

La pratique du Feng Shui se fonde largement sur les champs magnétiques et gravitationnels de la terre.

Les collines et les vallées peuvent affecter les conditions climatiques - Le symbolisme des collines en forme de dragon est, ainsi, fondé sur le bon sens.

les maîtres de Feng Shui s'intéressent à la relation entre les champs magnétiques et les matériaux électriques ou énergétiques en général.

La science occidentale explique l'interaction des champs magnétiques et des charges électriques en mouvement. C'est exactement ce qui se passe quand quelqu'un déambule dans le champ magnétique terrestre. L'effet est très faible; cependant, il existe. Par conséquent, il n'est pas surprenant que les maîtres de Feng Shui étudient le champ magnétique dans lequel une personne passe la plus grande partie de son temps, que ce soit son foyer ou son lieu de travail.

CONSIDERATIONS GEOGRAPHIQUES

La pratique fondamentale du Feng Shui parfois ignore la biologie et l'usage de la boussole, pour ne se préoccuper que du symbolisme topographique. Un bon terrain sur lequel on peut établir sa demeure doit manifester l'existence symbolique du dragon, du tigre blanc, de la tortue noire, et du phénix rouge. Ils peuvent être indiqués par des bâtiments, des montagnes, des collines, des lacs, et des rivières. Le symbolisme peut être simplement le bon sens qui indique que certaines situations sont ressenties comme malsaines, tandis que d'autres sont particulièrement agréables. C'est ce qui se passe quand on cherche une meilleure situation pour sa demeure, qui est censée améliorer la qualité de vie.

Cependant, il y a probablement des implications plus profondes dans les anciennes pratiques du Feng Shui, parce que l'association symbolique du dragon et du tigre, qui crée le Chi, est censée être le mécanisme qui favorise le bon destin. C'est peut-être une indication d'une source de Chi qui est d'une façon ou d'une autre en rapport avec la configuration de la terre.

On peut établir un parallèle avec la science occidentale qui montre l'existence de particules chargées, et de particules de vapeur d'eau dans l'atmosphère, et l'effet de ces particules sur les gens. L'étude des effets climatiques montre que les montagnes, les vallées, et d'autres facteurs géographiques, font apparaître diverses conditions climatiques, y compris les tourbillons, les gradients de température, et les états d'humidité. La disposition de la contrée affectera ainsi les conditions climatiques dominantes autour de la demeure. On peut ainsi établir des rapprochements entre la science occidentale et le Feng Shui.

TIEN TI REN – DESTIN CELESTE, TERRESTRE, ET HUMAIN

Selon la tradition chinoise, le genre humain a trois types de destinée: on les appelle Tien Ti Ren, c'est-à-dire, destinée céleste, destinée terrestre, destinée humaine. Si l'on équilibre ces trois types de fortune harmonieusement, on peut jouir d'une chance considérable. La destinée céleste est hors de notre contrôle. Elle fait que nous naissons riches ou pauvres, destinés à la grandeur et à la réussite, ou voués à la tragédie et au malheur.

Le Feng Shui peut être utilisé pour influencer la destinée terrestre, que nous pouvons maîtriser, dans la mesure où nous essayons de vivre en harmonie avec les forces naturelles de l'environnement. Un bon Feng Shui aide à vaincre les difficultés éprouvées dans les périodes de mauvais destin céleste, et adoucit les conjonctures causées par le destin humain défavorable, apportant abondance et prospérité, bonne santé, et abondance de bonheur personnel.

Chapitre Deux

EN QUOI LE FENG SHUI PEUT-IL VOUS ETRE UTILE?

Ce que le Feng Shui laisse entrevoir est passionnant et mystérieux, mais la philosophie fondamentale qui sous-tend sa pratique est simple: "Vivez en harmonie avec les éléments de la nature", conseille-t-il avec douceur. Résidez dans un environnement qui équilibre comme il faut ces éléments, et puisez dans les lignes d'énergie favorable de la terre. Ce faisant, vous ferez que les énergies invisibles mais puissantes de l'environnement naturel, œuvrent pour vous, vous apportant une chance considérable, et vous protégeant contre la malchance, la maladie, et les occasions perdues.

風水

Le Feng Shui n'est pas difficile à comprendre, ni à pratiquer. Quand vous aurez saisi ses principes sous-jacents, vous commencerez à vous apercevoir que le Feng Shui aborde de façon sensée la relation que vous entretenez avec l'environnement, et votre espace vital personnel.

L'enseignement du Feng Shui le plus important, provient de sa philosophie essentielle – à savoir que le genre humain doit vivre en harmonie avec l'environnement. C'est une sagesse multiséculaire, qui exhorte à vivre en équilibre et symétrie avec la terre et ses montagnes et ses rivières, ses vents et ses eaux. Le Feng Shui renferme cela dans un corps à l'assise large, de principes qui promettent prospérité et abondance, paix et sérénité, et santé et longévité, à ceux qui construisent leurs demeures en accord avec ses directives, qui recommandent l'harmonie et l'équilibre.

Dans les régions où la population est en majorité chinoise – comme Hong-Kong, Taiwan, et Singapour – les hommes d'affaires qui veulent bénéficier de cet avantage supplémentaire consultent immanquablement le maître de Feng Shui avant de faire construire leurs bâtiments adminsitratifs et résidentiels. Les résultats obtenus – que ce soit chance ou malchance – les ont convaincus que le Feng Shui peut les aider beaucoup – comme il peut vous aider.

Quand les principes du Feng Shui seront appliqués avec succès chez vous, l'harmonie et l'équilibre de votre environnement assureront une vie de famille heureuse, et qui vous comblera.

MIGRATIONS CHINOISES

Tout au long de l'histoire du peuple chinois, il y a eu des migrations. Les Chinois ont quitté leur patrie pour mener des vies nouvelles. Partout où ils se sont établis, ils ont continué d'orienter leur foyer, et les pièces qui le composent, selon les principes du Feng Shui. Ainsi, les Chinois de Hong-Kong, de Taiwan, et de Singapour, et même ceux qui ont migré aux "Etats-Unis", au Canada, et en Australie, pratiquent presque tous une forme quelconque de Feng Shui. Beaucoup le font à leur insu, car une grande partie de la pratique du Feng Shui a été transmise oralement de génération à génération.

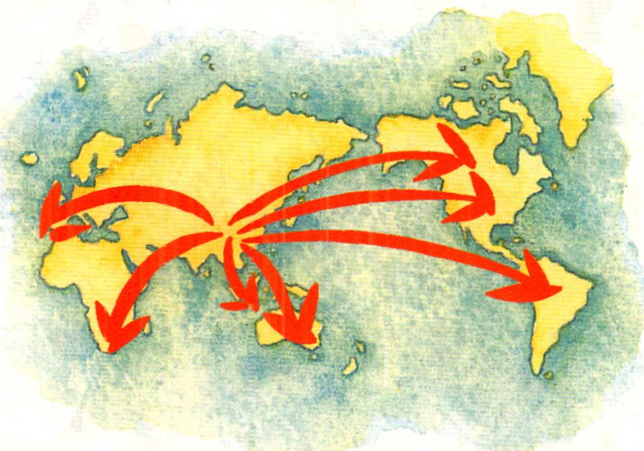

Les migrations chinoises ont introduit le Feng Shui dans diverses parties du globe.

AMENER LA REUSSITE

Vous n'avez pas besoin de croire au Feng Shui pour qu'il marche. Beaucoup de nos directives sont pragmatiques et tout à fait raisonnables. Effectuez les changements de Feng Shui dont vous ressentez la nécessité, en vous fondant sur les directives présentées par ce livre, puis observez si "ça marche".

Cependant, quand vous aurez commencé à pratiquer les principes du Feng Shui, il faudra attendre avant que des résultats se manifestent. Il est aussi nécessaire de se souvenir que le Feng Shui est un aspect de la chance de la terre et que, comme tel, il est l'un des trois types de destin qui ont une influence sur votre vie.

Le Feng Shui est particulièrement puissant pour favoriser votre carrière et vos affaires, et il y a plusieurs moyens d'attirer ce type de bon destin.

La chanteuse et actrice Madonna. Pour ces professions qui impliquent célébrité et popularité, l'utilisation correcte du Feng Shui peut attirer des influences favorables à la gloire et la célébrité. Un moyen d'y parvenir, c'est de garder la partie sud de votre demeure largement illuminée.

Un bon Feng Shui aide à alléger la souffrance et le malheur pendant les périodes de malchance causées soit par vos propres actions (destin humain), soit par le "fatum" (destin céleste). Le Feng Shui adoucit les problèmes et minimise les difficultés, souvent en créant des circonstances qui permettent de les résoudre. Quand votre réputation, votre santé, ou même votre gagne-pain est menacé, la possession d'un bon Feng Shui sera pour vous une protection. Il peut même vous ouvrir de nouvelles portes, suscitant ainsi de nouvelles occasions qui vous aideront à sortir de situations embarrassantes.

Au cours des périodes où les destins humain et céleste sont neutres ou bons, un bon Feng Shui amène une abondante chance positive. Quand les autres aspects de votre horoscope sont favorables, un bon Feng Shui apporte richesse, succès, prospérité, et bonheur. Il donne une santé éclatante, promeut une vie de famille heureuse et harmonieuse, et, en outre, fait en sorte que vos enfants réussissent dans leurs études.

Le Feng Shui augmente vos chances de succès dans tout ce que vous faites – au travail, dans vos études, et même dans les compétitions sportives.

Un bon Feng Shui améliore le chiffre d'affaires, attire les bonnes affaires, et gonfle les profits. Les chances de croissance et d'expansion sont aussi accrues, et les employés travailleront ensemble dans l'harmonie.

Un bon Feng Shui élargit votre carrière, présente des chances de promotion, et aide à attirer des mentors ou autres protecteurs qui peuvent améliorer vos perspectives. Cela vous donne aussi des occasions de vous améliorer: voyage, connaissance, responsabilité, et autorité, sont améliorés. Un bon Feng Shui confère aussi réputation et pouvoir, si tous les autres aspects de votre horoscope permettent ce genre de réussite dans votre vie.

BONNES RELATIONS

Le Feng Shui peut amener de bonnes vibrations favorables à l'amour et au mariage, permettant d'établir des relations sans heurt et sans nuage, et faisant ainsi entrer le bonheur dans votre vie personnelle. Cependant, le mauvais Feng Shui peut aller jusqu'à causer la mort, accidentelle ou due à une maladie chronique. Le mauvais Feng Shui peut aussi faire tomber des réputations, s'effondrer des affaires, et faire tout aller de travers dans votre vie.

L'étude du Feng Shui, par conséquent, implique que vous reconnaissiez quand vous subissez des désagréments à cause d'un mauvais positionnement, ou d'autres facteurs de déséquilibre. Par exemple, il est fréquent que lorsqu'un mariage tourne à l'aigre, il faut en chercher la cause dans un mauvais Feng Shui émanant d'une nouvelle maison ou d'un nouvel appartement, dans lequel le couple vient de s'installer.

AMELIORER LA VIE CONJUGALE

Un problème très difficile auquel les familles modernes ont à faire face, c'est l'irruption d'une tierce personne, qui menace la cohésion familiale. Ce peut être le cas, si le mari ou la femme devient la cible d'un homme ou d'une femme agressifs, et est encouragé à "s'égarer". Ordinairement, une telle situation n'arriverait pas si le Feng Shui de la maison avait tout d'abord été positionné correctement – surtout en ce qui concerne la chambre, et la direction dans laquelle le mari et la femme dorment. Dans de pareils cas, il faut procéder aux modifications Feng Shui appropriées, pour résoudre le problème spécifique.

RESOUDRE LES PROBLEMES QUE POSENT LES ENFANTS

Un autre problème auquel les familles sont confrontées, c'est celui des enfants capricieux ou

Une vie de famille saine et heureuse est souvent due à un bon Feng Shui qui se répercute dans tout le foyer.

Une bonne pratique du Feng Shui, accompagnée d'un effort personnel, peut vous apporter la consécration et les honneurs académiques, si c'est ce que vous souhaitez de tout votre cœur.

désobéissants. Souvent ces enfants se mêlent à des groupes composés de gens semblables, ou adoptent d'autres comportements antisociaux. Si le problème est réel, encore une fois, le Feng Shui peut contribuer à le résoudre. Souvent, après que l'on a changé les directions du lit ou des sièges, un changement se fait sentir très rapidement.

La réussite académique ressortit depuis longtemps à la culture chinoise. Dans les anciens temps, passer les examens impériaux était l'un des plus sûrs moyens de faire un grand bond en avant du point de vue du statut social et de la carrière. Souvent, un seul fils brillant suffisait à tirer toute une famille d'une condition inférieure. Aussi, beaucoup de définitions culturelles chinoises du bonheur ou de la réussite, ont toujours inclus la "réussite dans les études" pour les fils de la famille.

C'est ainsi que les textes de Feng Shui proclament qu'un bon Feng Shui peut souvent améliorer la réussite scolaire des enfants du foyer, grâce à l'alignement de leurs chambres et de la position de leurs lits, en fonction de leurs horoscopes.

JAMES ET MARYANNE

Prenez, par exemple, le cas de James et de Maryanne, qui étaient mariés depuis six ans, quand James eut une promotion. Jusqu'à ce jour, ils avaient été très heureux d'habiter avec les parents de Maryanne, et leurs deux enfants. Eva (5 ans) et Todd (2 ans), grandissaient bien. Peu de temps après la promotion de James, ils trouvèrent un appartement avec trois chambres, à Londres. Folle de joie à la perspective d'avoir enfin son chez soi, Maryanne travailla dur avec les décorateurs, et la famille s'installa dans son nouveau foyer peu de temps avant Noël.

L'été de l'année suivante, quand je vins leur rendre visite, je fus consternée d'entendre Maryanne me dire que James avait une liaison avec une collègue de bureau, et avait pensé la quitter! Il travaillait tard presque chaque jour, et ne la sortait plus. Maryanne était au bord de la dépression.

L'histoire finit bien. Heureusement, la cause de leurs problèmes de couple fut tout de suite découverte, et facile à résoudre. Tout d'abord, dans son zèle à donner à leur intérieur une allure moderne, Maryanne avait installé une glace immense dans la chambre à coucher, qui avait créé le Shar Chi (souffle qui tue), lequel affectait le couple. En outre, l'une des toilettes était située dans la partie sud-ouest de leur appartement – une partie du bâtiment, qui, du point de vue du Feng Shui, peut symboliser le mariage. La position des toilettes faisait littéralement s'écouler tout leur bonheur.

Je leur conseillai d'enlever leur glace et de cesser d'utiliser ces toilettes. Aujourd'hui, près d'une décennie plus tard, James et Maryanne sont encore ensemble, plus heureux que jamais.

LE DIRECTEUR DU CHANGE

M. Gordon, directeur du service des changes à la Hong Kong Investment Bank, était stupéfié par l'avalanche de démissions que nous enregistrions. Il régnait une atmosphère de tension constante dans le bureau. Les employés répugnaient à coopérer. Il y avait une rivalité effrénée, et les fautes dues à la négligence semblaient être devenues monnaie courante. Les bénéfices des transactions diminuaient beaucoup en conséquence.

L'assistant de M. Gordon, un brillant diplômé en Gestion commerciale, suggéra de consulter un expert en Feng Shui pour améliorer la disposition de la salle de marché. Le maître de Feng Shui qui fut amené critiqua énergiquement la disposition des sièges où étaient assis les membres de l'équipe, et suggéra des modifications, qui furent effectuées sur-le-champ.

A la grande surprise de M. Gordon, les choses s'améliorèrent presque immmédiatement, et, au bout de trois mois, les pertes antérieures avaient été compensées. Plus impressionnante encore était l'atmosphère de coopération amicale qui semblait régner dans le bureau. Deux fauteurs de trouble avaient démissionné de leur propre chef, et ceux qui restèrent – comme les deux ou trois nouveaux employés – furent dès lors heureux de travailler dans le bureau réagencé. La paix régna, et M. Gordon est devenu un partisan fervent du Feng Shui.

AFFAIRES ET PROSPERITE

De même que le mauvais Feng Shui peut émaner de la demeure, le Feng Shui d'un nouveau bureau peut être la cause des problèmes qui surviennent au travail, soit quant à la carrière, soit dans les affaires. Le plus souvent, le problème peut être corrigé ; aussi est-il sage de vérifier les divers aspects de votre lieu de travail, selon une perspective Feng Shui. De même, si vous venez d'investir des fonds pour lancer une nouvelle affaire, il est souhaitable que vous fassiez l'effort de "puiser dans les courants de Chi de la terre", si c'est ce qu'il faut pour mettre de votre côté une petite chance supplémentaire.

La Bourse de Madrid. Les experts en Feng Shui ont pu prédire avec une grande précision les fluctuations majeures du marché des valeurs, en se fondant sur des calculs de mensurations de l'environnement physique des bâtiments de la Bourse des Valeurs.

LE RESTAURANT

L'une des mes amies ouvrit un restaurant italien à Kuala Lumpur. Elle avait eu la chance de trouver le site idéal, dans un quartier actif d'une riche banlieue résidentielle, et l'inauguration fut un franc succès. Elle bénéficia d'une publicité favorable, et, les premiers jours d'ouverture, il y eut foule. Mais bientôt les affaires déclinèrent, à un tel point, que, au bout du premier mois, c'est à peine si elle pouvait rentrer dans ses frais. Quand six mois se furent écoulés, elle fut au désespoir. Soir après soir, le restaurant restait vide, et l'équipe n'avait plus du tout le moral.

Une excellente chère et une atmosphère accueillante ne peuvent pas compenser la mauvaise influence provoquée par l'entrée principale défavorable d'un restaurant.

Je me rendis un soir dans son restaurant; la nourriture était délicieuse, mais Stella semblait épuisée. Je remarquai par hasard que l'entrée de son restaurant était très défavorable. J'avais noté qu'elle était frappée par une grande flèche empoisonnée, causée par le rebord aigu du toit de l'autre côté de l'avenue. Avec un tel Shar Chi (souffle qui tue) dirigé contre son restaurant, il lui était difficile d'attirer des clients.

Stella me confia qu'elle était si découragée qu'elle pensait fermer. Ne le fais pas, lui dis-je. Réoriente plutôt la porte d'entrée, et suspends-y un miroir Pa Kua pour détrouner les flèches empoisonnées. Stella effectua sur-le-champ les changements. Je donnai quelques conseils supplémentaires pour activer les influences favorables à son activité commerciale. Aujourd'hui, j'ai droit à la meilleure table et à un régime de faveur chaque fois que je me rends dans son restaurant, bien que celui-ci soit presque toujours plein!

FAIRE ECHEC AU MAUVAIS FENG SHUI

Parfois, certains événements vous avertissent que les choses vont de travers, spécialement quand des membres de votre famille commencent à tomber malade, l'un après l'autre, sans raison apparente, ou que vous êtes déprimé, et en proie à un sentiment de malaise – ou quand la situation devient très délicate dans votre profession.

Le mauvais Feng Shui est généralement causé par le mauvais positionnement des portes, et par la situation défavorable des pièces et des portes. Souvent, cela a pour effet la manifestation de flèches empoisonnées suscitant Shar Chi (le souffle qui tue). Les objets tranchants et les éléments architecturaux offensifs qui sont pointés sur votre lieu de travail, surtout sur votre entrée principale (porte de devant), peuvent provoquer toutes sortes de difficultés et de malheurs. Le Feng Shui offre des solutions pour neutraliser les flèches empoisonnées; en fait, une part notable de la pratique du Feng Shui a pour vocation de contrer les effets pernicieux des flèches empoisonnées.

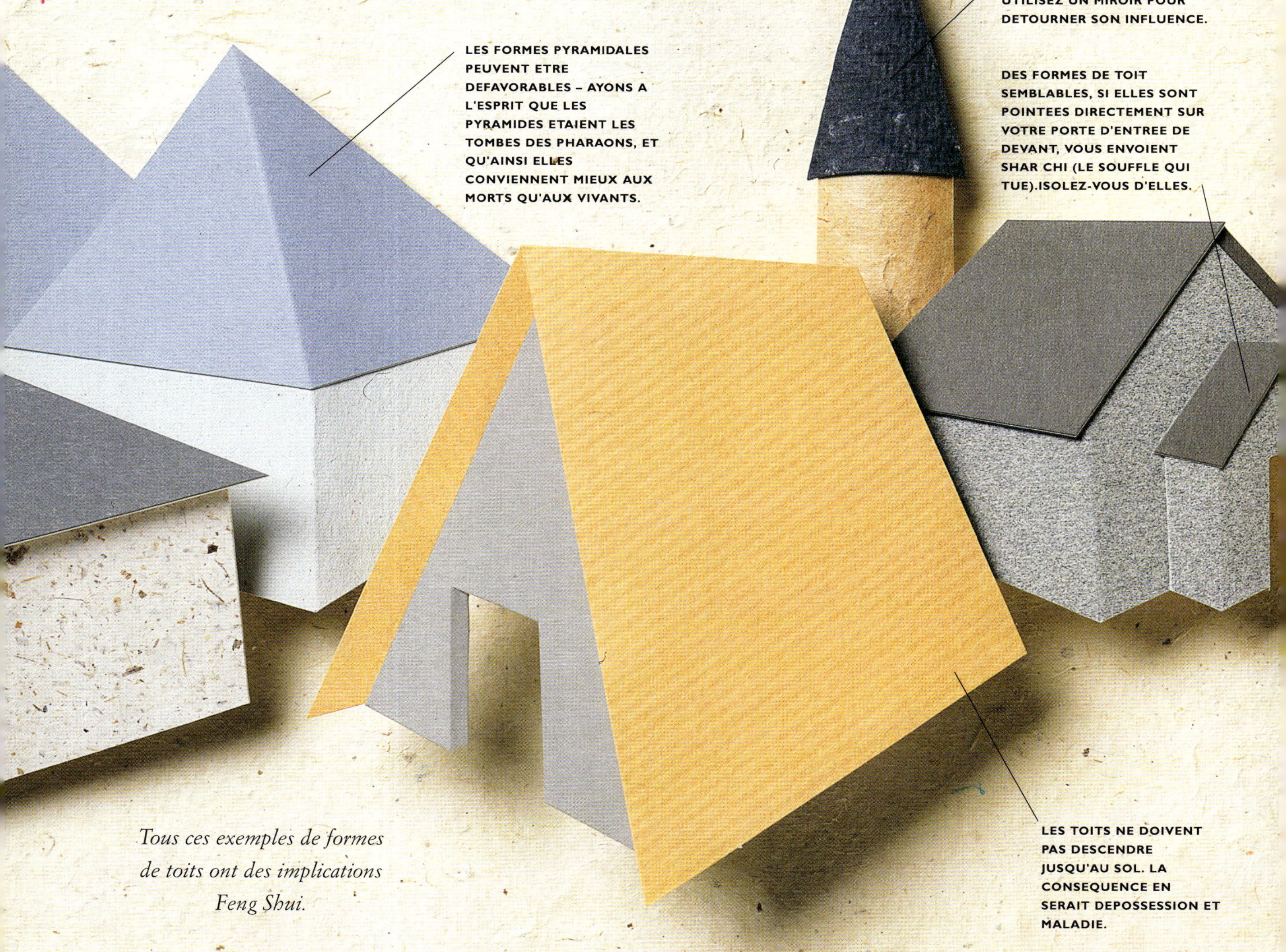

Tous ces exemples de formes de toits ont des implications Feng Shui.

LA TOUR EIFFEL

La Tour Eiffel au centre de Paris est une structure belle et imposante, mais si votre maison est en face d'un tel édifice, ou que vous ayez une grande baie vitrée qui donne directement dessus, le Chi créé sera trop fort, et le Feng Shui ne sera pas favorable. Si vous ne pouvez déménager, la meilleure solution pour neutraliser une telle flèche empoisonnée, c'est d'essayer d'en supprimer la vue. Si votre appartement est en face, veillez à avoir les fenêtres constamment fermées, ou mettez-y des rideaux épais. Si vous habitez une maison individuelle qui fait face à ce genre d'édifice, changez la direction de votre porte principale, ou, si c'est impossible, plantez des arbres feuillus pour la soustraire à la vue. La première méthode détourne le souffle qui tue de la flèche avant qu'il n'atteigne votre maison, et la seconde le dissout. Ayez cela à l'esprit, le souffle qui tue des flèches empoisonnées voyage toujours en ligne droite; aussi n'est-il pas difficile de prendre des mesures pour éviter d'en subir les effets.

La Tour Eiffel est belle et impressionnante, mais si elle fait directement face à votre porte principale, elle devient une flèche empoisonnée.

Les diverses écoles de Feng Shui utilisent différentes méthodes pour détourner les flèches empoisonnées. Naturellement, il est essentiel d'être conscient de leur présence, de façon à pouvoir les éviter. Si cela n'est pas possible, il faut trouver d'autres moyens de les neutraliser. Tel est le propos du Feng Shui: d'abord, établir un diagnostic, ensuite, s'efforcer d'améliorer l'état de choses en essayant de mettre en œuvre l'une des suggestions – ou plusieurs – que vous trouverez exposées en détail dans les derniers chapitres.

A DROITE **Le terrain situé sous de hautes structures, ou au-dessous, comme des pylônes électriques, peuvent subir les effets d'un Chi négatif, déséquilibré. Des arbres peuvent disperser Shar Chi.**

ACTIVER UN BON FENG SHUI

Le Feng Shui n'a pas seulement un aspect défensif; ses principes permettent aussi d'oeuvrer à notre propre prospérité – c'est sa partie "positive". Il est possible d'énergétiser divers aspects de sa vie, en en améliorant les aspects qui, pour soi, représentent le bonheur.

Par exemple, si c'est de l'argent que vous voulez, il y a des parties spécifiques de votre demeure que vous pouvez activer en utilisant les facteurs Feng Shui d'amélioration. Cela peut aller d'un bon éclairage à la mise en place de saines plantes vertes, et d'objets décoratifs. En énergétisant les parties de votre demeure qui représentent la richesse, vos chances d'augmentation de revenu seront considérablement accrues. De même, il est aussi possible d'améliorer les chances concernant votre carrière, d'attirer des mentors ou des gens utiles, d'aider vos enfants dans leurs études, d'améliorer votre vie amoureuse, d'accroître vos possibilités de mariage, ou de vous attirer de l'amour.

Les différentes formules utilisées par les maîtres de Feng Shui pour activer le bon Feng Shui selon les directions de la boussole, ont longtemps été considérées comme des secrets de fabrication, et nous présenterons plus en détail certaines d'entre elles, au Chapitre Cinq. En outre, le Feng Shui donne aussi des directives au sujet des dimensions, favorables et défavorables.

Il y a de nombreuses dimensions spécifiques qui attirent le bon Feng Shui, comme il y en a qui attirent le mauvais. Il y a aussi des formules de Feng Shui qui présentent les dimensions favorables et défavorables en se fondant sur les textes anciens. Elles utilisent les dates de naissance pour déterminer les directions personnalisées qui permettent d'aligner les courants de Chi qui circulent dans le corps avec ceux de l'environnement, améliorant ainsi l'harmonie et la chance.

Ainsi, le Feng Shui présente des mesures spécifiques pour améliorer sa propre santé, ou celle des membres du cercle familial, même s'ils souffrent de maladie chronique.

S'IL Y A DE LA CLARTE DANS LA PARTIE SUD DE VOTRE LOGIS, VOUS JOUIREZ D'UN EXCELLENT FENG SHUI, SPECIALEMENT SI VOUS ETES DANS LA POLITIQUE OU LE SHOW-BIZ.

LES FLEURS EN SOIE SONT UN EXCELLENT FENG SHUI, OU QU'ELLES SOIENT DANS LA DEMEURE. ELLES SONT COLOREES, ET JOYEUSES, ET ELLES NE MEURENT JAMAIS. MAIS VEILLEZ A BIEN LES NETTOYER ET LES EPOUSSETER.

LE POISSON EST UN EXCELLENT SYMBOLE DE REUSSITE. PLACEZ-LE PRES DE L'ENTREE DE VOTRE DEMEURE, POUR SIGNIFIER LA REALISATION.

LES CRISTAUX SONT DES ENERGETISANTS, ET ILS DOIVENT ETRE DISPOSES AU SUD-OUEST, AU NORD-EST, OU AU CENTRE, DE VOTRE LOGIS.

LES CARILLONS EOLIENS SONT EXCELLENTS POUR NEUTRALISER LES POUTRES APPARENTES DU PLAFOND ET LES COINS ET LES ANGLES SAILLANTS.

LES MIROIRS SONT EXCELLENTS QUAND ILS SONT PLACES DANS LA SALLE A MANGER, MAIS TOUT A FAIT NEFASTES QUAND ILS SONT PLACES DANS LA CHAMBRE A COUCHER.

LES TABLES RONDES SONT EXCELLENTES, PARCE QU'ELLES NE DIFFUSENT PAS UN SHAR CHI NEFASTE. LES FORMES RONDES REPRESENTENT AUSSI LE DESTIN DU CIEL.

LES DIMENSIONS DE VOTRE TABLE DE BUREAU

Même des modifications dans la taille et les proportions des bureaux, tables, fenêtres, et portes, peut contribuer à établir un bon Feng Shui. Je peux attester, en me fondant sur mon expérience personnelle, le pouvoir de ces formules. L'année au cours de laquelle je changeai par trois fois la taille de ma table de travail à mon bureau, j'obtins trois promotions. Je fus nommée PDG d'une banque de Hong-Kong, devenant ainsi la première femme à occuper une telle position en Asie.

DONNEZ A VOTRE BUREAU UNE LONGUEUR DE 60/61 POUCES (152,4/154 CM), POUR BENEFICIER D'INFLUENCES FAVORABLES POUR VOTRE CARRIERE ET VOTRE AUTORITE.

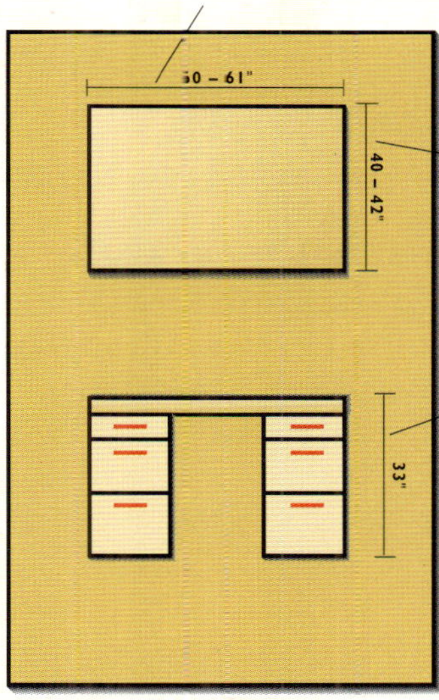

FAITES EN SORTE QUE VOTRE BUREAU SOIT D'UNE LARGEUR DE 40/42 POUCES (101,6/106,7CM), POUR JOUIR D'INFLUENCES FAVORISANT LA RENCONTRE AVEC UN MENTOR.

QUE VOTRE BUREAU AIT UNE HAUTEUR DE 33 POUCES (83, 8 CM), POUR OBTENIR UNE BONNE INFLUENCE RELATIVE A L'ARGENT.

Les dimensions de votre bureau peuvent avoir beaucoup d'influence sur votre destinée, en ce qui concerne votre carrière, votre autorité, un mentor, et l'argent.

A GAUCHE **Cette partie de la maison a été activée par un expert en Feng Shui en utilisant des produits occidentaux modernes qui sont associés à la bonne destinée, à la réussite, et à l'abondance.**

LA VALEUR DE L'EXPERIMENTATION

La pratique du Feng Shui n'exige pas la reconstruction drastique de pièces ou de maisons. Ce serait une erreur que de croire que la puissance de la pratique est en proportion de l'importance des changements accomplis. Souvent, tout ce qui est requis, c'est un déplacement de quelques degrés de l'emplacement d'une porte, une très légère modification des dimensions d'une table, un arbre ici, une plante là, une petite pièce d'eau ou un jet d'eau à proximité, ou un peu de clarté dans une partie du logis. L'objectif, c'est de créer et d'attirer un bon Chi, et faire en sorte qu'il reste.

Si vous êtes débutant dans la pratique du Feng Shui, expérimentez et contrôlez les effets des changements que vous avez effectués dans la disposition ou la décoration de votre maison. Soyez attentif à l'éventualité de transformations très délicates dans vos possessions et les événements qui vous arrivent, et même dans votre propre comportement.

Soyez honnête avec vous-même. N'allez pas prétendre que vous bénéficiez d'améliorations imaginaires, ou d'une aggravation illusoire de vos conditions de vie. La venue de la bonne destinée est souvent subtile, et il faut du temps pour qu'elle ait lieu. Il est nécessaire d'être patient, et de ne pas être obsédé par les résultats. Laissez aux courants de Chi bienveillants le temps d'entrer dans votre foyer ou votre bureau, et d'instaurer petit à petit l'harmonie et l'équilibre.

Parfois, quand le facteur d'"accroissement" Feng Shui est trop fort, il se peut que vous vous sentiez plus agressif que d'habitude – c'est parce que les vibrations – le Chi – créées sont trop puissantes. Si tel est le cas, effectuez certains changements, et faites d'autres expériences. Peut-être votre glace est-elle trop grande, vos fleurs de soie trop hautes, vos carillons éoliens trop gros par rapport à votre demeure. L'équilibre est essentiel.

Un remède simple pour contrebalancer les effets d'un Feng Shui négatif, peut consister à installer un petit jet d'eau. L'eau pure, courante, apporte une chance positive.

CONSULTER UN MAÎTRE

Le Feng Shui, que ce ce soit celui de la Boussole ou de la Forme, peut s'apprendre sans grande difficulté. Comme pour toute discipline ou profession, l'expérience en améliore la pratique. Considérés ainsi, les maîtres et les consultants de Feng Shui rendent un important service. Cependant, au cours des dernières années, à cause du regain d'intérêt pour le Feng Shui, tant de consultants ont ouvert boutique qu'il est devenu difficile pour le praticien amateur de juger de leur compétence.

J'ai connu et consulté beaucoup de maîtres de Feng Shui, au cours de l'étude personnelle que j'ai menée sur le sujet. J'accepte rarement tout ce qu'ils recommandent, préférant mettre ma propre interprétation en pratique. En d'autres termes, je fais mon propre Feng Shui, souvent avec des résultats tout à fait spectaculaires. Ainsi, je suis

MISE EN GARDE

Enfin, une petite mise en garde. Il est vraiment très ambitieux d'offrir de vérifier le Feng Shui du logis ou du bureau de quelqu'un d'autre. Etudier le sujet pour un usage personnel est une chose. C'est très utile et efficace, et aussi très intéressant. Le faire pour des tiers en est une autre.

Lillian Too avec son Si Fu, Maître Yap Cheng Hai. Les maîtres qui sont véritablement informés et expérimentés valent leur pesant d'or.

convaincue que le Feng Shui est quelque chose que l'on peut apprendre si l'on a accès à de bons livres ou à de bons maîtres.

La plupart des maîtres de Feng Shui que j'eus le privilège de rencontrer, ont étudié eux-mêmes auprès de vieux maîtres (Si Fu), qui non seulement les formèrent dans la pratique, mais leur donnèrent aussi des textes anciens à étudier et à discuter. Tous sont fortement enracinés dans les principes de base, et leur interprétation des anciens textes est souvent fondée sur des années d'expérience pratique. L'un de mes Feng Shui Si Fu est Maître Yap Cheng Hai, un maître très informé et expérimenté, qui est aussi d'une grande clarté d'expression, et qui prodigue les explications pour toute recommandation qu'il fait. Maître Yap a étudié le Feng Shui avec des maîtres révérés de Taiwan, Hong-Kong et Singapour, et il s'est rendu un nombre incalculable de fois en Chine, échangeant des remarques avec d'autres pratiquants. Cela vaut la peine de consulter quelqu'un comme lui. Mais, naturellement, il est cher, et très demandé, comme le sont ses pairs.

Ainsi, selon moi, si vous ne pouvez bénéficier des services d'un maître authentique et expérimenté, mieux vaut passer du temps et consacrer quelque effort à étudier les principes fondamentaux du Feng Shui vous-même. La science n'en est pas difficile, et vous serez étonné de sa facilité et de son efficacité.

RECAPITULAIRE

Quand vous procédez à des changements inspirés par l'enseignement du Feng Shui, posez-vous les questions suivantes à intervalles réguliers, comme moyen de contrôle des progrès enregistrés.

- **Votre famille se querelle-t-elle moins?**
- **Avez-vous une meilleure communication avec les autres membres de votre famille, ou avec vos collègues de travail?**
- **Avez-vous plus de chance?**
- **Voyez-vous de nouvelles perspectives s'ouvrir à vous?**
- **Vos revenus ont-ils augmenté?**
- **Votre travail s'est-il amélioré?**
- **Vos enfants travaillent-ils bien à l'école?**
- **Vous sentez-vous en meilleure santé et plus dynamique?**

DEUXIEME PARTIE

LES PRINCIPES DU FENG SHUI

Chapitre Trois

YIN ET YANG

Le Feng Shui est une science chinoise ancienne, qui est plus facilement compréhensible quand on la considère selon la vision chinoise de l'univers, et du ciel et de la terre. Les Chinois croient qu'il y a deux forces cosmiques, deux énergies contraires mais complémentaires, qui façonnent l'univers et tout ce qui s'y trouve. Ils appellent ces deux énergies *Yin* et *Yang.* L'équilibre du Yin et du Yang est le Tao – la "Voie" – le principe éternel de l'harmonie du ciel et de la terre. On ne peut créer un bon Feng Shui, favorable, que lorsqu'il y a harmonie entre le Yin et le Yang.

Toutes les croyances, les traditions, les pratiques culturelles, et les superstitions chinoises, sont fondées sur le principe des contraires. Le Yin et le Yang sont, respectivement, les principes négatif et positif qui gouvernent toute l'existence humaine. Ces forces primordiales sont en opposition, et, cependant, quand elles sont combinées, elles symbolisent l'harmonie parfaite. Le Yin et le Yang sont représentés picturalement par le symbole universellement connu, d'un oeuf avec le jaune et le blanc fortement différenciés, le blanc et le noir distinguant les deux forces.

Toute chose dans l'univers contient des proportions variables de Yin et de Yang. Observez que, dans le symbole du Yin/Yang, il y a un tout petit peu de Yang dans le Yin, et un petit peu de Yin dans le Yang. Cela symbolise la nature transitoire du Yin et du Yang, et souligne que ces deux forces sont constamment en état d'écoulement, créant ainsi des changements, quand ils sont en interaction.

Yin et Yang en caractères chinois

Le Yin et le Yang constituent le Tao – "la Voie" – le principe éternel de l'harmonie céleste et terrestre, l'univers dont la vie est appelée Chi. Le Yin et le Yang sont en état de dépendance mutuelle, et donnent sa signification à l'existence de l'homme. Ainsi, sans obscurité, il ne peut y avoir de lumière. Sans chaleur, il n'y a pas de froid. Sans mort, il n'y a pas de vie. Sans immobilité, il ne saurait y avoir de mouvement.

Le Yin et le Yang sont en interaction constante. Sans Yin, pas de Yang; sans Yang, pas de Yin.

LES CARACTERISTIQUES DU YIN ET DU YANG

Dans le Feng Shui, la mise en oeuvre du concept du Yin/Yang crée équilibre et harmonie, ce qui a son tour est facteur de chance. Quand il y a prédominance d'un excès d'énergie Yin ou de trop d'énergie Yang, le déséquilibre s'ensuit, et la malchance qu'il provoquera sera considérable.

Le Yin et le Yang symbolisent beaucoup d'aspects différents de notre univers, et ils ont été utilisés par des philosophes chinois pour rendre compte des émotions, du caractère et du comportement de l'homme. Yin représente la lune, et le côté le plus faible de notre humaine nature. Le Yang est le soleil, et l'aspect brillant, solide, énergique, de notre humanité.

Yang symbolise aussi le ciel, la vigueur, et l'énergie positive. Il est dur, ardent, et chaud. Les nombres pairs, le mouvement, et la vie même, sont Yang. Dans le Feng Shui, Yang est le dragon, représentant les montagnes et les éminences. Les grands bâtiments, les vastes structures, et le bruit, créent de l'énergie Yang.

Yin symbolise la terre, la lune, l'obscurité, et l'énergie négative. Elle gouverne le froid, le doux, le mort, et les nombres impairs. Dans le Feng Shui, Yin est le tigre. Les vallées, les cours d'eau, l'eau, possèdent les qualités Yin. Les lieux de sépultures, de culte, et les terres plates, sans contour, émanent une énergie Yin.

Yin et Yang interagissent continuellement, provoquant des changements. Ainsi, l'été cède la place à l'hiver, qui a son tour doit s'effacer devant le retour de l'été. La nuit succède au jour. La lune cède la place au soleil. L'obscurité disparaît devant la lumière.

Les forces du Yin sont puissantes au cours des froides journées d'hiver, quand l'obscurité prévaut, mais elles s'affaiblissent quand le Yang du soleil d'été fait valoir son influence. De même, le Yang prédomine pendant les mois d'été, quand la chaleur du temps apporte la vie, le soleil, et de bonnes moissons.

Les situations avec trop de Yin sont trop calmes et trop dépourvues de vie, et, ainsi, il convient de les éviter; de même, un endroit qui comporte trop d'énergie Yang signifie malheur et déséquilibre, parce qu'il est trop fort.

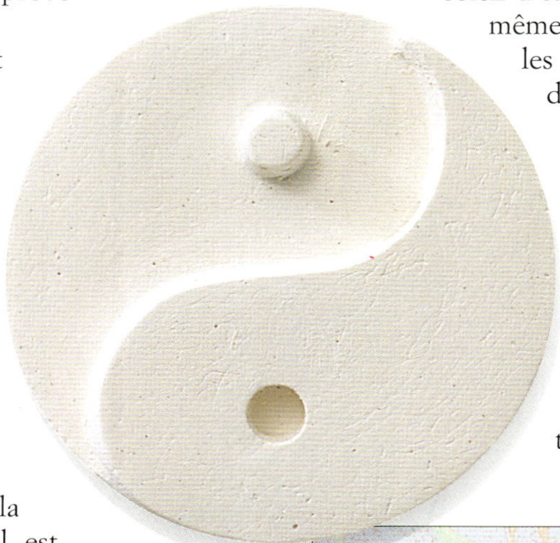

Le symbole Yin/Yang montre que les deux composantes complémentaires de la vie, s'entrelacent pour constituer la totalité. Il y a un petit peu de Yin dans la région Yang, et un petit peu de Yang dans la région Yin, pour symboliser le fait qu'aucune des composantes ne repose sur elle-même.

YIN/YANG ATTRIBUTS

YIN EST OBSCURITE	YANG EST LUMIERE
YIN EST FEMININ	YANG EST MASCULIN
YIN EST PASSIF	YANG EST ACTIF
YIN EST LA LUNE	YANG EST LE SOLEIL
YIN EST LA PLUIE	YANG EST LA LUMIERE DU SOLEIL
YIN EST LES NOMBRES IMPAIRS	YANG EST LES NOMBRES PAIRS
YIN EST LA TERRE	YANG EST LE CIEL
YIN EST L'EAU	YANG EST LES MONTAGNES
YIN EST L'HIVER	YANG EST L'ETE
YIN EST LE FROID	YANG EST LA CHALEUR
YIN EST LE TIGRE	YANG EST LE DRAGON

REALISER L'EQUILIBRE ET L'HARMONIE

La beauté de la nature est un reflet de l'interaction harmonieuse et équilibrée qui est l'essence des forces naturelles – le Yang du soleil (à gauche) succède au Yin de la lune (à droite) dans un cycle sans fin.

Le Yin et le Yang du Feng Shui se reflètent dans notre environnement – là où nous mangeons, là où nous dormons, là où nous travaillons. Là où notre environnement manifeste un bon équilibre entre les symboles du Yin et du Yang, les forces sont en harmonie, apportant la chance. Là où elles sont en déséquilibre, la malchance s'ensuit.

Obtenir un bon Feng Shui consiste ainsi pour une large part à équilibrer les éléments Yin et Yang. Si l'on met en oeuvre le principe Yin/Yang, la malchance peut s'effacer, laissant la place à la chance, de même que la chance peut elle-même tourner à l'aigre. Les chances de l'homme sont fluctuantes: parfois elles sont bonnes, d'autres fois, mauvaises. On appelle cela le Tao du genre humain. Ainsi, la chance de l'homme est affectée par les cycles des forces de la nature.

La pratique du Feng Shui a ainsi deux dimensions importantes – une dimension spatiale, qui concerne l'environnement physique, et une dimension temporelle, qui concerne les forces changeantes de l'atmosphère, que rien d'autre ne cause que le passage du temps.

Parce que les forces intangibles qui déterminent l'équilibre environnemental sont continuellement changeantes, ceux qui pratiquent le Feng Shui doivent constamment être attentifs à ces altérations – qu'elles soient le fait de l'homme, ou qu'elles soient causées par des phénomènes naturels. Le Feng Shui, ainsi, n'est nullement une science statique. Il exige une constante adaptation, et un véritable praticuant de Feng Shui sera constamment attentif au besoin de changement. Quand un petit arbre devient un grand arbre, par exemple, l'effet qu'il produit sur une destinée change aussi. De même, la présence de blocs de pierre dont la pluie et le soleil altèrent les couleurs, peut affecter l'équilibre du Yin et du Yang, comme peuvent le faire aussi les variations des rayons du soleil selon les saisons, ou, plus près de notre sujet, quand le "progrès" et le "développement" créent des reconstructions massives dans les faubourgs et le pays alentour.

C'est cet aspect de la pratique du Feng Shui qui fournit le motif, pour tous ceux qui souhaitent puiser dans l'influence favorable de la terre, d'étudier le Feng Shui, et avec le temps de devenir plus conscient des changements qui se produisent dans leur environnement physique, et plus en harmonie avec eux. Au lieu de se fier à des consultants de Feng Shui, l'étudiant sérieux doit apprendre à s'y reconnaître sans difficulté dans les principes positifs et négatifs du Feng Shui. Une telle conscience de votre environnement doit à coup sûr rendre votre vie plus agréable, et mieux récompenser vos efforts.

YIN ET YANG DANS LA TOPOGRAPHIE

Il doit maintenant apparaître clairement que le Feng Shui est la science de la perception du Yin et du Yang dans son environnement immédiat – les formes topographiques et les paysages autour de sa maison, comme les rivières, les routes, les montagnes, les bâtiments environnants, et toute espèce de structure artificielle.

Toutes ces structures physiques créent diverses quantités d'énergie Yin et d'énergie Yang, qui affectent son Feng Shui. Quand les symboles Yin et les symboles Yang sont en équilibre, le Chi produit est favorable, apportant prospérité et abondance. Quand ils sont en déséquilibre, ils peuvent devenir sauvages et menaçants, et le Chi produit est alors pernicieux et vénéneux, apportant malheur et malchance aux résidents.

Par exemple, un paysage complètement plat est censé être Yin. Des formes surélevées doivent être introduites dans un tel paysage, et elles représenteraient l'aspect Yang. Il doit y avoir des vallées et des cours d'eau pour équilibrer l'environnement. Dans tout paysage, il doit y avoir des côtés ombreux, et des côtés ensoleillés. Pensez au désert, qui est trop Yin – comment l'équilibrer? Comment une harmonie des forces de la nature peut-elle être créée? Pensez aux pics rocailleux des grandes chaînes de montagnes. Comment peut-on les équilibrer? En allant plus loin, comment de tels environnements peuvent-ils contenir une promesse de richesse et de bonheur? Quand peut-on considérer qu'ils ont un bon Feng Shui?

Un paysage varié, équilibré, est le meilleur environnement Feng Shui. Ci-dessous, les montagnes Yang sont équilibrées par les méandres de la rivière Yin. Quant au paysage représenté sur la page ci-contre, les plaines dénudées créent un excès de Yin, et, ainsi, ne suggèrent pas un Feng Shui favorable.

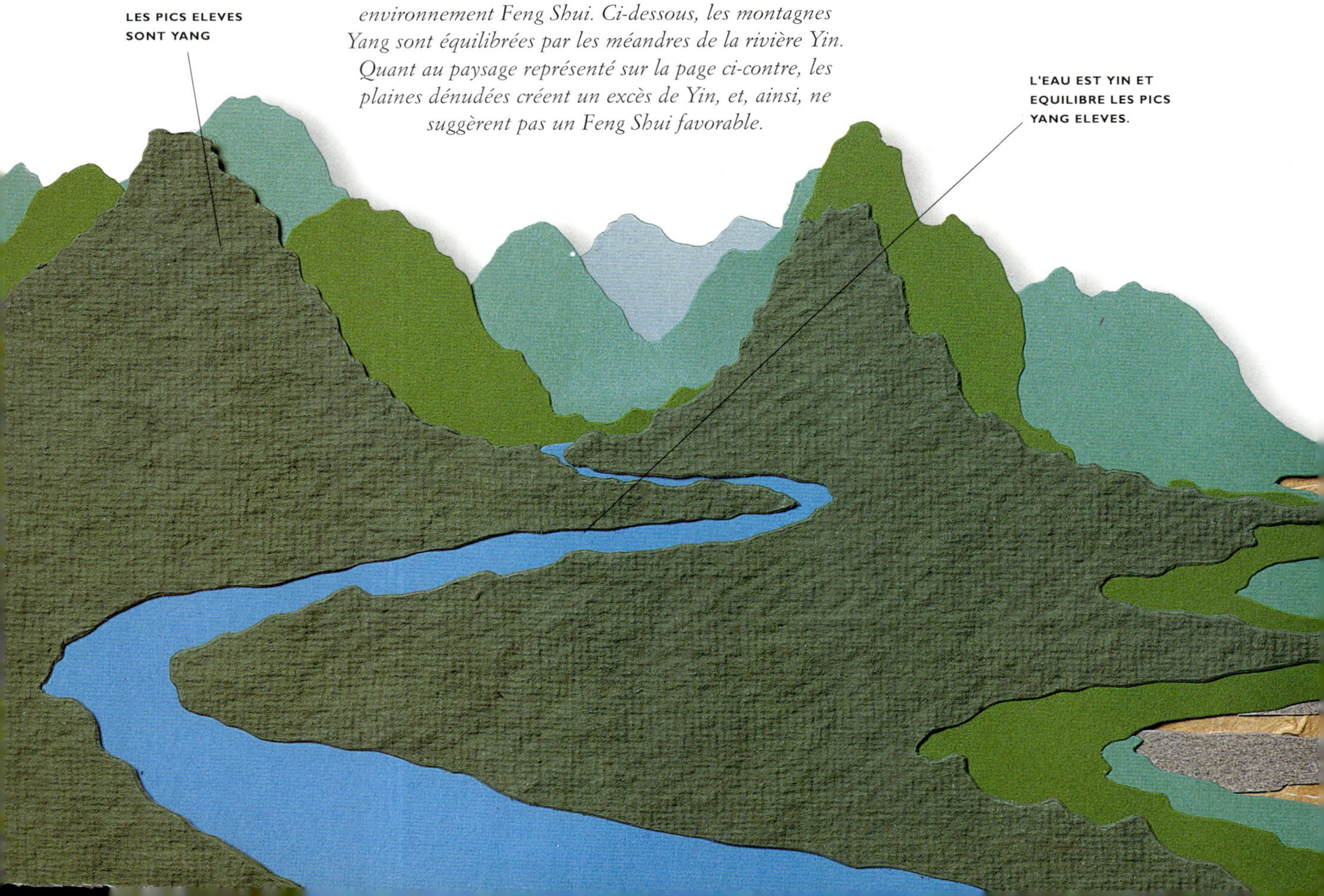

On dit que les collines qui suivent les contours des dos des dragons sont Yang; elles doivent se trouver au côté gauche de la maison.

Les paysages qui ont une ondulation douce sont les types de terrains qui représentent le mieux un bon équilibre Yin/Yang, qui est si essentiel pour l'harmonie. Ce principe d'équilibre est la règle centrale du Feng Shui. D'un point de vue pratique, un terrain totalement plat peut être équilibré avec des buissons, des plantes, des pièces d'eau, des rochers, et des arbres. Mais si l'un de ces éléments est trop grand, écrasant ainsi le terrain de la propriété, une nouvelle dysharmonie est créée, causant un mauvais Feng Shui.

Les résidents souffrent alors des conséquences du déséquilibre, qui se manifestent sous la forme de maladies, et d'autres sortes de malchance.

Le Feng Shui présente un ensemble de directives qui permettent au pratiquant de "lire" un paysage et de faire en sorte que les logis et les lieux de travail, et même les tombes et les lieux de sépulture des ancêtres défunts, soient disposés d'une façon qui facilite la création et la saisie d'un Chi favorable, bienfaisant pour les résidents ou les descendants. Et ce n'est pas tout. Le Feng Shui présente aussi des suggestions pour que l'on fasse en sorte que ce Chi vital et précieux circule et s'établisse, apportant ainsi encore plus de chance aux résidents.

UN PAYSAGE PLAT, ARIDE, EST TROP YIN

LES QUATRE ANIMAUX CELESTES

L'équilibre Yin/Yang doit toujours être maintenu à l'intérieur et à l'extérieur du foyer et du lieu de travail. Il y a beaucoup de vieux textes de Feng Shui (la plupart ont été écrits en vieux chinois) qui présentent des descriptions colorées des sites ou des localisations parfaits. Ces descriptions utilisent souvent des représentations symboliques qui étaient peut-être mieux comprises autrefois. Ainsi, au lieu d'être décrites du point de vue de la localisation Yin/Yang, les formes topographiques étaient comparées à des créatures tant mythiques que réelles, dragons et tigres, tortues et phénix.

Le dragon, l'un des animaux célestes. Les sites pénétrés du souffle cosmique du dragon sont des régions d'abondance et de prospérité.

Les maîtres de Feng Shui de Hong Kong et d'ailleurs continuent d'expliquer les bonnes localisations de Feng Shui du point de vue des animaux célestes. Ainsi les meilleures localisations Feng Shui sont décrites comme des formations dragon vert/tigre blanc ("Cheng Lung Pak Fu"), où le dragon est Yang et le tigre Yin, et cette phrase est d'un usage si courant, qu'elle est devenue synonyme de Feng Shui.

Avec le tigre et le dragon, la tortue noire du nord et le phénix rouge cramoisi du sud, forment la tétrade des animaux célestes de la mythologie chinoise. Les dragons sont particulièrement importants comme symboles de la grande chance. Dans le Feng Shui de la topographie, le dragon vert est idéalement placé à l'est, ou à gauche de la maison, en regardant depuis la porte d'entrée. Ce n'est cependant pas une exigence aussi essentielle que sa prédominance vis-à-vis des autres animaux symboliques. Les collines dragons sont d'habitude plus hautes que les collines tigres, et si elles sont aussi sur le côté gauche de la maison, le symbolisme est complet et favorable.

La porcelaine chinoise est souvent décorée de motifs représentant des dragons

Dans le Feng Shui, la tortue noire est symbolisée par une chaîne de collines qui idéalement devraient être derrière une demeure. Elles fournissent une protection contre les durs vents du nord, et représentent un bon Feng Shui en fournissant l'ingrédient essentiel pour un soutien solide.

Le Feng Shui favorable est aussi accru par une petite butte devant la maison, qui symbolise le phénix rouge cramoisi. Elle représente aussi l'énergie ignée du sud, et symbolise un tabouret servant de support pour les pieds, signifiant ainsi une vie facile et heureuse.

La tortue, un autre animal céleste, est symbolisée dans la topographie, par les collines protectrices qui se trouvent derrière la maison.

Les textes anciens contiennent aussi des descriptions de bonnes localisations, en se fondant sur l'idée selon laquelle certaines formes se rapportent à l'un des cinq principaux éléments – Feu, Terre, Bois, Eau, et Métal. Ainsi, les formes des montagnes, des cours d'eau, et des contours topographiques, sont exprimées du point de vue des éléments, et on se sert de l'analyse Feng Shui pour voir comment ils agissent réciproquement, pour produire un bon ou un mauvais Feng Shui.

En remontant aux livres fondateurs de la pensée chinoise, spécialement le *I Ching*, et les commentaires de Confucius, les maîtres modernes du Feng Shui ont pu décrypter les anciens textes, et ainsi comprendre le sens de leur langage symbolique.

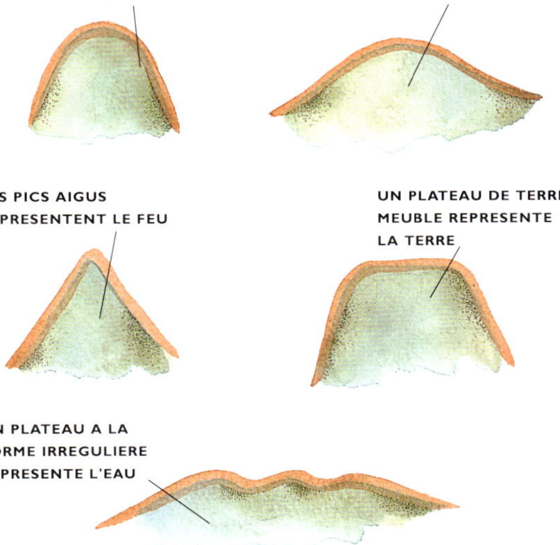

On trouve la représentation des Cinq Eléments dans la topographie. Il se peut que les pratiquants ne soient pas toujours d'accord dans leurs interprétations; aussi l'expérience est-elle nécessaire.

LE TIGRE BLANC

Dans la topographie Feng Shui, le tigre blanc est d'ordinaire situé à l'ouest, ou à droite de la maison. Les collines tigres sont toujours plus basses que les collines dragons. Il y a, dans le Feng Shui, un principe important: le tigre ne doit pas être dérangé ni activé, car cela en ferait une créature nuisible. Il est donc important d'identifier les collines tigres, et, cela fait, de s'assurer qu'aucune structure ou activité importante n'y est située. Le côté droit du bâtiment doit aussi idéalement être paisible. Les voies publiques qui se trouvent au côté droit de la maison, par exemple, ne doivent pas être trop passantes. On considère qu'il est insensé d'activer le tigre, car on pourrait ainsi exposer les résidents de son foyer à sa férocité.

Le tigre est représenté par les collines les plus basses, et qui se trouvent à droite.

Ils ont pu aussi traduire l'ancienne analyse et pratique Feng Shui en termes plus adaptés aux besoins de l'époque. Ainsi, les édifices ont remplacé les montagnes, les routes se sont substituées aux rivières, et un grand nombre de structures du monde moderne – comme les pylônes électriques, les lignes de transmission, et les angles aigus des grands édifices – ont été incorporées dans l'analyse de la topographie.

HARMONIE ET EQUILIBRE DANS LES VILLES

Le Feng Shui part du principe selon lequel le paysage est vivant, avec des forces cachées et des lignes d'énergie, causées par la forme, les dimensions, et la couleur des structures physiques qui constituent le paysage, ainsi que l'orientation des portes et entrées principales. L'étude du Feng Shui permet à l'amateur de reconnaître les formes, les caractéristiques, et les orientations, favorables et défavorables, et de n'incorporer ainsi que les dispositions, les formes, et les modèles favorables dans les plans architecturaux.

Dans les villes et les cités, le paysage naturel – collines, montagnes, végétation, et eau – a été modifié, ou remplacé par des avenues, des édifices élevés, et toutes sortes de structures artificielles. Les formes et dimensions des bâtiments, des canalisations, des autoponts, des égouts, et d'autres constructions, signifient que souvent le Feng Shui a à s'occuper d'une nouvelle sorte d'environnement, qui diffère fortement de ce qui existait quand on formula pour la première fois cette pratique, il y a des milliers d'années.

Les adeptes modernes doivent adapter les principes traditionnels d'une façon intelligente, logique, sensée, aux circonstances actuelles. A cause de la subjectivité impliquée dans la pratique du Feng Shui moderne, urbain, l'explication et l'interprétation des règles du Feng Shui subissent des variations. Selon cette perspective, on peut comprendre le conflit d'opinions et de jugements qui parfois oppose ouvertement les experts en Feng Shui. Mais malgré cela, si l'on met en oeuvre une appréciation sensée des concepts sous-jacents du Feng Shui quand on procède à l'évaluation des localisations possibles d'un logis dans la ville, on ne commettra guère d'erreurs.

N'importe quelle structure peut affecter le Feng Shui dans la ville. A Stockholm, les citadins doivent prendre en compte les hautes tours et les autoponts.

IDENTIFIER LE YIN ET LE YANG DANS LE PAYSAGE

Pour les citadins qui vivent dans des maisons et des appartements, les règles, les principes et les influences du Feng Shui, doivent être pris en considération – y compris la recherche d'endroits pourvus d'un bon Chi pour l'équilibre du Yin et du Yang, et pour une relation harmonieuse, avec la nature. Dans la recherche d'un endroit ayant un bon Feng Shui, il faut tenir compte des qualités de l'environnement en général. S'il se trouve dans les faubourgs, près de collines ou de terrains ondulés, y a-t-il de possibles formations "dragon vert" et "tigre blanc"? Etudiez les formes et les dimensions des formes topographiques élevées. Voyez aussi s'il y a des cours d'eau, des rivières, des étangs, et autres voies ou étendues d'eau. Ce faisant, prenez en compte les constructions humaines, et incluez-les dans une évaluation générale des emplacements. Si le terrain que vous évaluez se trouve au centre-ville, utilisez une imagerie créative, et prenez note des détails. Les bâtiments voisins – leurs formes, dimensions, couleurs, et autres caractéristiques – peuvent représenter des dragons, des tigres, des tortues, et des phénix.

En même temps, il faut aussi prendre conscience des flèches empoisonnées et du Shar Shi causés par les objets naturels, aussi bien que de fabrication humaine, qui peuvent donner lieu à des conséquences défavorables. Là où il n'est pas possible d'éviter les structures nuisibles, on doit les neutraliser à tout prix en utilisant des antidotes et des remèdes Feng Shui, comme, par exemple, une ligne d'arbres pour cacher une tour conique diffusant trop de Yang.

A New York, l'"Olympic Tower" écrase cette église, dont les tours jumelles pourraient envoyer le Shar Chi dans le voisinage.

CONSTRUCTION INVASIVE

Il faut être particulièrement attentif, quand on habite un ville, car, inévitablement, des constructions incessantes peuvent profondément altérer l'environnement, et bouleverser le Feng Shui que l'on a établi avec tant de soin. Les grandes avenues et les autoponts, les structures d'acier géantes, les grands bâtiments, les lignes de transmission, et le nivellement massif des collines, affectent l'équilibre de l'environnement (pour le meilleur et pour le pire), et ainsi le Feng Shui de ceux qui habitent à proximité. Aujourd'hui, la vue est dégagée; demain, elle sera gâtée par un poteau télégraphique, ou un réverbère envoyant un mauvais Shar Chi directement sur votre entrée principale.

Même ceux qui vivent dans des villages parmi les champs, doivent prendre garde. En Chine, les histoires abondent, de villages entiers ayant été affectés par le changement de cours des rivières, ou lorsque de vastes terrains furent nivelés à la suite de remembrements. A Hong-Kong, on consulte presque toujours un expert en Feng Shui quand les autorités décident de la percée de nouvelles avenues, pour vérifier si le paysage n'est pas modifié de façon préjudiciable.

Hong-Kong a un environnement favorable. Les collines qui sont derrière la ville servent de protections, et sont très favorables.

EQUILIBRER CHEZ SOI LE YIN ET LE YANG

Assurer équilibre et harmonie dans un intérieur, est aussi important que d'évaluer l'environnement immédiat. Les gens qui vivent en appartement doivent être attentifs à l'équilibre du Yin et du Yang chez eux, quand ils disposent le mobilier et décident des couleurs.

OMBRE OU CLARTE

Faites toujours en sorte qu'une partie de votre foyer bénéficie de la lumière du soleil – de préférence, le salon. Cependant, le Chi peut être en déséquilibre, si la lumière est trop forte, et il faut éviter que les rayons directs d'un soleil d'après-

L'entrée de la maison doit être spacieuse et accueillante. Ici, les figures des dieux chinois fournissent des symboles de santé, de richesse et de prospérité.

YIN ET YANG DANS LE JARDIN

C'est probablement dans le jardin que l'équilibre Yin/Yang peut être le mieux manipulé pour créer un bon Feng Shui. Ayez à l'esprit que tout ce qui semble suggérer activité et clarté est symbolique du Yang, alors que ce qui est sombre et calme évoque l'énergie Yin. Ainsi, un jardin bien équilibré aura toujours des pierres ou des rochers, placés entre les plantes. La présence de l'eau équilibre l'influence des rochers, et, en même temps des lumières rendent l'environnement plus harmonieux. Un jardin à surface ondulée, comportant peut-être plusieurs niveaux, est toujours préférable à un jardin complètement plat et semblant privé de vie. On doit toujours penser à se débarrasser des plantes malades ou mortes, car elles donnent une quantité considérable d'énergie Yin. L'une des façons de se rendre compte de la qualité du Feng Shui dans n'importe quelle maison, consiste à observer comment les plantes et l'herbe poussent. Des plantes florissantes sont l'une des meilleures indications d'un bon Feng Shui.

Le Feng Shui de ces jardins est un parfait équilibre de Yin et de Yang, de verdure et de pierre, d'ombre et de soleil.

midi. Il faut établir un équilibre, entre l'ombre complète, et un ensoleillement excessif au cours de la journée. Dans le premier cas, l'atmosphère deviendra moite, contribuant à la formation d'un Chi stagnant, languissant, qui produira une influence néfaste. Le mieux, c'est de veiller en tout temps à obtenir un bon équilibre de Yin et de Yang, où l'ensoleillement est Yin, et l'humidité Yang.

S'il y a trop de soleil, les résidents seront exposés à trop de Yang, et souffriront de maux de tête, d'accès de mauvaise humeur, et d'autres problèmes. Le Chi peut aussi devenir fatigué et flétri, dans la même mesure que les meubles et les tissus sont affectés par une forte lumière solaire. Pour contrecarrer ces inconvénients, suspendez une boule de cristal bien taillée à une fenêtre. Cela a pour effet de transformer la violente lumière du soleil en un arc-en-ciel, améliorant ainsi immédiatement l'atmosphère de la pièce, grâce à un Chi revitalisé et sain.

Cette pièce manifeste un équilibre sain de Yin et de Yang, avec des meubles sombres complétés par des murs clairs.

MURS ET SOLS

Les couleurs font aussi merveille pour l'équilibre Yin/Yang. Ainsi, un sofa rouge produit de l'énergie Yang, alors qu'un sofa bleu, gris, ou noir, génère de l'énergie Yin. Les couleurs des murs et des plafonds doivent être équilibrées afin que soient créés de saines harmonies Yin/Yang, grâce à l'utilisation de couleurs sombres et de couleurs claires. Donner la prépondérance à une seule couleur assujettit l'intérieur à trop de Yin ou trop de Yang, et si cela semble bien du point de vue de la conformité avec certains diktats de la mode, du point de vue du Feng Shui, cela peut être nuisible. Si tout un appartement est peint avec une couleur claire, comme le blanc, par exemple, on peut équilibrer cela en utilisant des teintes sombres pour les meubles, les tapis, et les matériaux de sol, comme le bois.

Les bureaux peuvent parfois diffuser une quantité excessive d'énergie Yang, s'ils sont équipés de meubles sombres et éclairés par des lumières fluorescentes vives. Là où apparaissent des problèmes de dysharmonie excessive, le Feng Shui les résout grâce à des ajouts de fleurs, plantes, et même cristaux – sous la forme de presse-papiers, par exemple – pour adoucir l'atmosphère avec une influence Yin.

La règle cardinale à observer, c'est qu'il doit y avoir équilibre, et que cet équilibre peut être créé de nombreuses façons, de sorte que le résultat final soit agréable. Par exemple, des sculptures représentant des chevaux peuvent être installées dans une partie de la demeure, qui est trop sombre et par conséquent trop Yin, car le cheval est considéré comme un animal Yang, qui correspond à l'élément Feu.

Chapitre Quatre

CONCEPTS FONDAMENTAUX DU FENG SHUI

Au cours des nombreux siècles de pratique du Feng Shui, sont apparues de nombreuses écoles. Chaque école se distingue des autres dans l'interprétation des symboles contenus dans les textes classiques et dans l'importance qu'elles accordent à ces divers symboles. Les différences sont aussi colorées par le dialecte et d'autres influences régionales, mais elles sont en fait superficielles. Quand on y regarde de près, on s'aperçoit que la plupart des pratiquants souscrivent aux mêmes principes fondamentaux. La seule différence dans l'approche et la méthode, qui ait une quelconque importance, pour les adeptes modernes, est celle qui distingue l'Ecole de la Forme, de l'Ecole de la Boussole de Feng Shui.

LA FORME

LA BOUSSOLE

L'Ecole de la Forme s'intéresse essentiellement au symbolisme du dragon. Selon cette école, les bonnes localisations Feng Shui exigent la présence du dragon, et là où se trouve le vrai dragon vert, il y a aussi la présence du tigre blanc. Les maîtres de Feng Shui qui suivent cette école commencent leur quête de sites favorables, par la recherche du dragon. On attache ainsi une grande importance aux formes topographiques – comme les contours et les formes des collines et des montagnes – et à la position, la forme, et la direction des cours d'eau.

L'Ecole de la Boussole, en revanche, attache beaucoup plus d'importance aux spéculations métaphysiques, et utilise les huit trigrammes du I Ching, le Pa Kua octogonal, et le carré magique Lo Shu, pour diagnostiquer la qualité des positions Feng Shui.

L'Ecole de la Boussole attache aussi une grande importance à l'influence des planètes sur la qualité du site. A l'usage des adeptes de l'Ecole de la Boussole, on a formulé un grand nombre de spécifications quantitatives, fondées sur la perception de ces influences. A la différence de l'Ecole de la Forme, l'Ecole de la Boussole, dans ses formules, n'accorde qu'une importance mineure aux configurations du paysage, préférant se fonder sur des calculs complexes et des associations symboliques.

Il convient cependant de noter que, quelle que soit l'excellence des indications que la boussole donne, on ne peut obtenir un bon Feng Shui si la topographie présente des configurations nuisibles. Si, par exemple, l'orientation des portes, est en accord avec les formulations complexes de la boussole, mais que les portes donnent sur le versant d'une colline, le Feng Shui sera défavorable. Il ne faut jamais totalement ignorer l'Ecole de la Forme de Feng Shui.

Le dragon est le symbole principal du Feng Shui. L'esprit, ou souffle cosmique, du dragon, est censé influer sur les forces naturelles intangibles de l'environnement, qui se traduisent en destins favorables et défavorables.

IDEES CLEFS

Initialement, les doctrines associées à l'Ecole de la Forme et à l'Ecole de la Boussole se développèrent indépendamment. Mais aujourd'hui, la différence n'est plus aussi marquée. Les théories de l'Ecole de la Forme, y compris le symbolisme du dragon, sont à présent largement acceptées par les disciples de l'Ecole de la Boussole, et les adeptes modernes utilisent communément une combinaison de pratiques tirées des deux écoles.

Généralement, l'Ecole de la Forme, qui accorde tant d'importance au paysage naturel, requiert une grande intuition, et est considérée comme plus difficile, bien que les collines "dragon vert/tigre blanc" soient des concepts relativement aisés à comprendre.

CI-DESSUS **Carrelage émaillé représentant un dragon, au Palais impérial de Pékin. Le symbole du dragon est associé aux empereurs de Chine, et est un signe de force, d'excellence, et de fertilité masculine. Les dragons impériaux ont cinq griffes.**

Les méthodes de l'Ecole de la Boussole sont beaucoup plus difficiles à apprendre, et les formules de cette école sont plus difficiles à saisir et à appliquer. Cependant, une fois qu'il est maîtrisé, le Feng Shui de l'Ecole de la Boussole est plus facile à pratiquer, à cause de son énoncé plus précis. Ce livre reproduit les principes fondamentaux des deux écoles, présentant les aspects les plus importants de chaque école, tels qu'ils sont pratiqués par les maîtres contemporains.

Outre ses deux écoles, le Feng Shui a des dimensions spatiales et temporelles. L'élément spatial a trait à la direction et aux dimensions des structures physiques. Il se concrétise sous la forme de la numérologie chinoise, qui détermine les parties favorables et défavorables d'un bâtiment, en se fondant sur des calculs numériques spécifiques.

La dimension temporelle du Feng Shui est considérée comme une forme très avancée de la pratique, et nous ne faisons dans ce livre que l'effleurer. C'est parce que, nonobstant l'influence importante que le temps exerce sur la destinée de chacun, les caractéristiques physiques des structures sont généralement considérées comme beaucoup plus importantes à long terme.

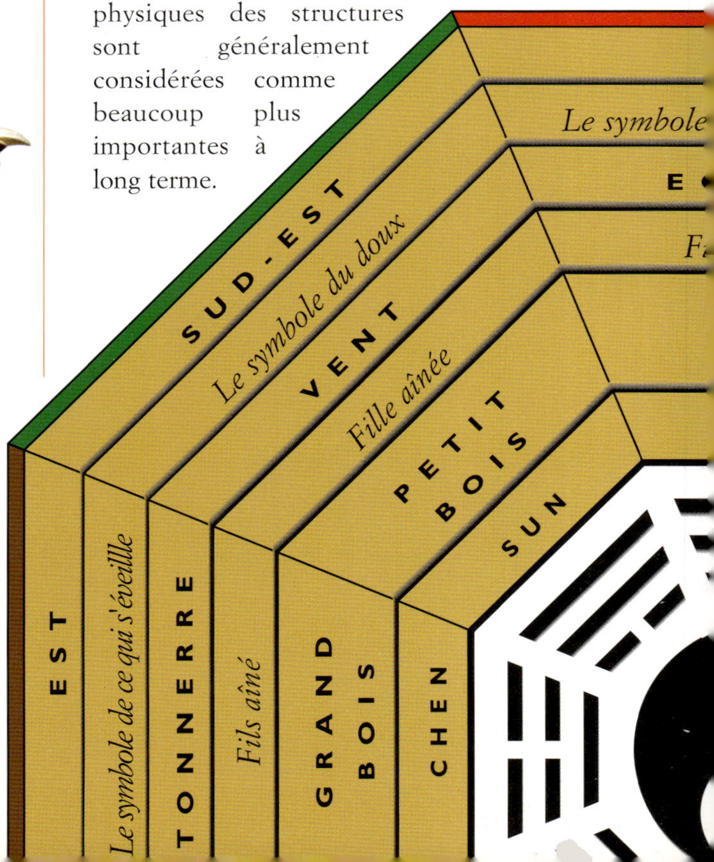

La Cité Interdite de Pékin manifeste un symbolisme très empreint de Feng Shui.

PRINCIPES ET SYMBOLES FONDAMENTAUX

Pour pratiquer le Feng Shui, il est essentiel de comprendre d'abord les principes fondamentaux du Feng Shui, avant d'aborder les concepts temporels. La meilleure façon d'entreprendre cela, c'est d'acquérir une compréhension des principes et des symboles importants qui gouvernent la pratique. En particulier, le Feng Shui comporte deux principes centraux. Ce sont:

- Le concept du souffle cosmique ou Chi
- Les cinq éléments et leurs relations.

Le Feng Shui a d'autres symboles, dont les plus importants sont:

- le Pa Kua
- les huit trigrammes du I Ching
- le carré magique Lo Shu.

Ces principes et ces symboles imprègnent toute la pratique du Feng Shui, quelle que soit l'école à laquelle on adhère. Ils sont fondamentaux pour comprendre la vision chinoise de l'univers et les forces qui affectent la destinée humaine.

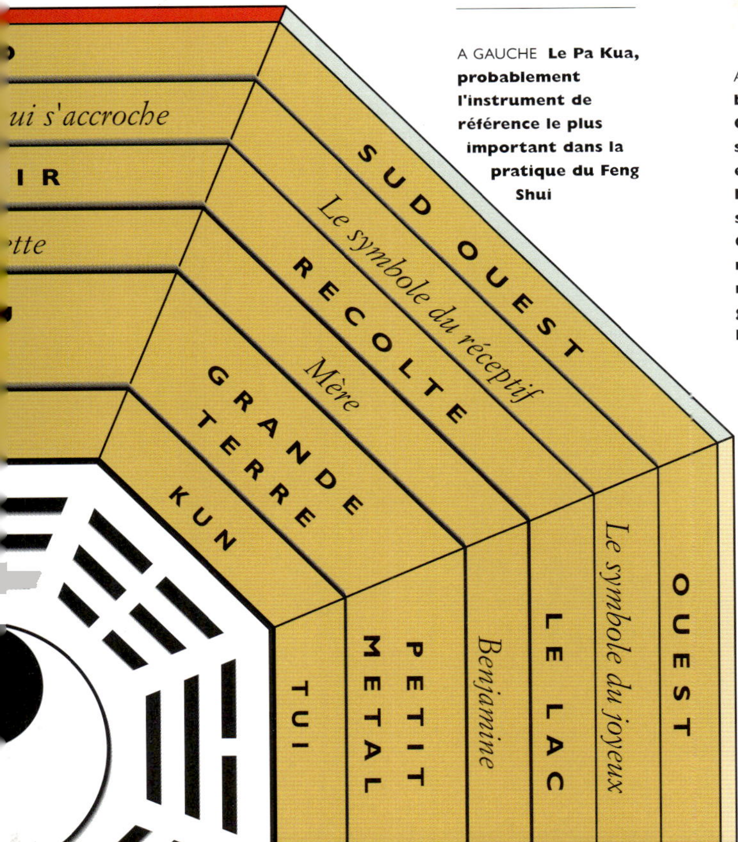

A GAUCHE **Le Pa Kua, probablement l'instrument de référence le plus important dans la pratique du Feng Shui**

A DROITE **Un lion de bronze à l'entrée de la Cité Interdite. Le lion est symbole de protection, et il monte la garde à l'entrée de toutes les salles principales de la Cité Interdite. De nombreux temples et maisons sont également gardés par des paires de lions protecteurs.**

FENG SHUI DEFENSIF ET ACTIVANT

Le pratiquant amateur doit comprendre qu'il y a essentiellement deux façons de pratiquer le Feng Shui; vous pouvez être en situation soit défensive, soit offensive. Etre défensif, cela signifie prendre des mesures pour protéger le foyer et le lieu de travail contre le mauvais Feng Shui; être offensif, c'est faire en sorte d'activer le bon Feng Shui. Il est cependant possible d'être défensif et offensif en même temps.

Les mesures défensives font en sorte que les manifestations du mauvais destin – sous la forme d'occasions perdues, de maladies, d'accidents, de cambriolages, de perte d'argent, etc – ne vous échoient pas. Prendre ces mesures signifie aussi que, même si ces mauvaises influences vous atteignent, leurs effets en seront atténués, et vous serez à l'abri des conséquences très graves qui auraient pu s'ensuivre. En bref, le but est de vous soustraire, vous et votre famille, aux conséquences graves du mauvais destin.

Le miroir Pa Kua doit toujours être placé à l'extérieur des bâtiments pour détourner le Chi néfaste. Il ne doit jamais être placé à l'intérieur d'une habitation, et doit toujours être utilisé avec une grande prudence, car c'est un symbole très puissant.

ACTIVER LA CHANCE

L'activation du bon Feng Shui implique l'énergétisation des excellents courants de Chi qui créent et produisent la bonne destinée. Selon le Feng Shui, la chance vient sous différents déguisements. Ce peut être sous forme d'accumulation de richesses, de reconnaissance publique et de célébrité, ou de promotion à des postes de pouvoir, de prestige, et d'autorité.

Le bon sort peut aussi consister à jouir d'une agréable vie de couple, à avoir une famille merveilleuse, des enfants aimants et respectueux, et généralement à être à même d'entretenir des relations aisées et heureuses avec les gens qui nous entourent.

Il peut se manifester aussi sous la forme d'une santé éclatante, de la longévité, ou de la capacité à ce concentrer efficacement, ce qui permet d'acquérir des compétences ou des connaissances utiles.

Le Feng Shui présente des directives et, dans certains cas, des mesures spécifiques que l'on peut adopter pour activer l'un de ces types – ou tous – de bonne destinée dans nos vies.

Etre défensif et offensif dans son approche, ce n'est que manifester l'avers et le revers de la même pièce, et, théoriquement, rien ne doit vous empêcher de réaliser les deux sortes de Feng Shui en même temps. Pour les débutants, il est conseillé de commencer par être défensif, se gardant ainsi du mauvais Feng Shui, avant d'entreprendre d'activer les influences favorables.

COMBATTRE LE MAUVAIS SORT

Les traitements qui sont utilisés pour combattre le mauvais Feng Shui exigent des diagnostics précis du problème qu'il faut résoudre. Les traitements Feng Shui n'entraînent pas de grands changements. Souvent, la solution est simple, et implique seulement l'utilisation de certains symboles, ou le changement de la position ou de l'arrangement des pièces et portes importantes.

Une fois que le Feng Shui est mis à l'abri comme

Dans ce vestibule clair, accueillant, un aquarium a été placé à gauche de la porte (quand on fait face à l'extérieur), créant un excellent Feng Shui et attirant la richesse dans la maison. Les colonnes, qui peuvent créer des flèches empoisonnées, ont été recouvertes de belles plantes grimpantes, diminuant efficacement les courants de Chi nuisible.

Des objets décoratifs soigneusement choisis et disposés peuvent être utilisés pour améliorer une pièce. Ici, une paire de vases ronds, obligent le Chi à serpenter.

il convient, du mauvais sort ou des forces intangibles nuisibles, vous pouvez commencer à songer à activer délibérément le Chi, dans différentes parties de votre maison ou de votre lieu de travail. Au niveau le plus élémentaire, on peut y arriver facilement, à l'aide des représentations symboliques des éléments, ou en réagençant les pièces et les portes, pour puiser dans les directions ou les localisations favorables, qui sont définies dans des formules Feng Shui comme la théorie des Huit Sites et celle du Pa Kuan Lo-Shu *(voir pp. 78-81, 98-103)*.

LES TRAITEMENTS FENG SHUI

Tout au long de ce livre, vous trouverez divers traitements Feng Shui, qui peuvent être utilisés dans un grand nombre de contextes différents: au foyer, au bureau, pour attirer la chance, dynamiser votre vie sociale, ou vous préserver des maladies.

La direction dans laquelle vous dormez peut affecter votre carrière et vos prévisions matrimoniales. Se préserver des effets des flèches empoisonnées, c'est-à-dire, des coins anguleux ou des poutres, peut améliorer son bien-être, et jouer un rôle essentiel dans ses relations familiales et sa réussite en affaires. Choisir les couleurs avec soin peut avoir des incidences importantes sur sa richesse, sa réussite, et son bonheur personnel.

LE CONCEPT DE SOUFFLE COSMIQUE, OU CHI

Le concept de souffle cosmique du dragon – le courant du Feng Shui – est au centre de la pratique du Feng Shui. L'objet du Feng Shui n'est autre que de capturer ce Chi vital de façon que ses qualités magiques puissent servir à votre avantage. Le Chi est l'énergie et la force vitale qui pénètre l'existence humaine. Le Chi est créé quand un moine est assis en méditation et respire correctement, quand un expert en Kung Fu donne un coup bien dirigé, et qu'un artiste ou un calligraphe fait une esquisse. Le Chi est créé dans la nature par le cours d'eau doux et sinueux, par la forme d'une montagne, ou par la symétrie et l'équilibre cosmique des éléments de l'environnement.

D'un point de vue symbolique, Le Chi est décrit comme le souffle cosmique du dragon. C'est simplement une façon de dire que certaines formations topographiques censées ressembler à un dragon sont une source de Chi, un endroit où ce souffle précieux peut être créé et accumulé, et où le bon destin peut être capturé. L'accumulation de Chi est plus forte près des parties génitales du dragon, tandis que le Chi est susceptible d'être faible et inefficace vers les extrémités.

Le Chi cosmique est source de prospérité, de paix et de richesse abondante, d'honneur et de santé. Les demeures édifiées dans les régions où est accumulé du Chi, sont favorables aux gens qui les habitent pendant plusieurs générations. Les affaires pourvues d'un Chi abondant, grandissent et prospèrent.

Le Chi ne doit pas être éparpillé ni rejeté. Si cela arrive, il ne peut y avoir de bon destin. Dans les lieux où soufflent les vents forts, le Chi est dispersé, éparpillé – les Chinois disent: "le Chi chevauche les vents et se disperse". Les sites venteux, sans protection, exposés aux éléments, sont généralement considérés comme défavorables.

Quand il est arrêté par l'eau, le Chi s'accumule. Ainsi, les endroits où il y a de l'eau, sont considérés comme des sites favorables.

L'eau est cependant le véhicule de l'accumulation de Chi. Les rivières droites ou au courant rapide peuvent emporter le Chi presque aussitôt qu'il est créé. La chance s'évapore ainsi dans l'atmosphère.

Mais il ne convient pas de laisser le Chi stagner. Si le Chi devient vicié ou fatigué, toute la chance se dissipe. En fait, l'analyse de l'infleunce que la topographie a sur la circulation et la quantité de Chi, et son accumulation, sa stagnation, ou sa dispersion rapide dans un site particulier, est le point essentiel du Feng Shui de la topographie.

La pratique du Yoga attache une grande importance à l'utilisation correcte du souffle (Chi) pour le bien-être du corps et la formation d'un sentiment de bien-être. Ce Chi corporel est semblable au Chi de l'environnement.

Les adeptes des arts martiaux chinois, comme le Chi Kung ou le Tai Chi, puisent dans le courant de Chi de leur corps, plutôt que d'utiliser des forces agressives pour venir à bout de leurs adversaires.

SITES FAVORABLES

Pour qu'un site soit favorable, il doit avoir à accès à une forte circulation de Chi, ou en être près. Il n'a pas besoin d'être nécessairement sur la veine ou l'artère principale du "dragon". L'essence de l'investigation Feng Shui, c'est de trouver un site où il est possible de capter l'énergie Chi circulante et de l'accumuler, sans lui permettre de devenir stagnante. Là où le souffle du dragon peut être contenu, là où un stock permanent peut être créé, ce seront les lignes d'énergie qui apportent richesse et prospérité.

Les principes du Feng Shui concernent ainsi au premier chef les méthodes qui peuvent être employées pour utiliser le souffle du dragon. La théorie acceptée, c'est que cela est impossible, là où il y a des crêtes ou des collines verticales. Les cours d'eau et les rivières doivent être lents et sinueux, et le site doit être protégé des effets des vents violents.

CHI CREATIF ET DESTRUCTEUR

Là d'où le Chi environnemental est complètement absent, il est possible de créer des éminences et des structures qui stimulent le dragon, le tigre, et la tortue, et qui, au cours du processus, provoquent la présence du Chi, ou son attraction vers le site. C'est parce que le Chi est considéré comme une énergie intangible, qui peut être aussi suscitée par l'homme. Pareillement, le ravage dû à l'ignorance du paysage peut détruire le Chi. La création d'une route droite apportera un Shar Chi à la contrée, tandis qu'une route sinueuse favorisera un Chi bénéfique. Ainsi, le terrain et la topographie doivent toujours être respectés, et il faut prendre garde à ne pas "blesser le dragon".

Une petite maison nichée dans une vallée entourée par des collines en forme de dragon - la plus favorable des configurations topographiques.

LES CINQ ELEMENTS

Les deux écoles de Feng Chui, celle de la Forme et celle de la Boussole, sont grandement influencées par la théorie des Cinq Eléments. Les Chinois croient que les interactions de ces Cinq Eléments – Terre, Bois, Feu, Métal, et Eau – peuvent être combinées selon des proportions diverses, pour créer toutes les permutations qui se trouvent dans les forces de la nature.

L'élément Feu est associé à la couleur rouge.

Une part importante de la pratique du Feng Shui est fondée sur l'interprétation de la manière dont ces éléments interagissent dans l'environnement physique, pour créer un bon ou un mauvais destin. Les éléments sont, en réalité, impliqués dans deux sortes de relation cyclique: le cycle productif, et le cycle destructif. Dans le premier, le feu produit la terre, qui produit le métal, qui produit l'eau, qui produit le bois, qui à son tour produit le feu. Dans le second, le bois détruit la terre, la terre détruit l'eau, l'eau éteint le feu, le feu fait fondre le métal, qui à son tour abat le bois.

La compréhension de ces deux relations cycliques permet à l'adepte du Feng Chui d'incorporer les éléments symboliques individuels dans le positionnement des domiciles et des lieux de travail, en utilisant le système chinois de catégorisation de la date de naissance selon les éléments.

Par exemple, il ne serait pas bénéfique pour quelqu'un qui est né une année Feu, d'avoir trop d'eau chez lui; aussi lui faudra-t-il éviter d'avoir des bassins, des fontaines, des aquariums, et des objets noirs ou bleu noir (les couleurs de l'eau), parce que l'eau détruit le feu. En revanche, les plantes et les objets verts (représentant le bois) seront considérés comme favorables, étant donné que le bois produit le feu. En outre, il sera bénéfique que cette personne dorme dans la partie sud de la maison ou de l'appartement.

Trop de plantes dans la maison n'est pas favorable si vous êtes né une année terre. Il vaut mieux décorer avec des objets rouges et des lumières, étant donné que le feu produit la terre. Comme la terre est l'élément central, les gens "terre" doivent dormir au centre de la maison.

Ces exemples illustrent les diverses combinaisons qui marcheront ou non du point de vue Feng Shui. Dans le cas d'une famille, dont chaque membre est né sous un élément différent, c'est celui du chef de famille et de celui qui gagne l'argent, qui est considéré comme le plus important.

C'est son élément qu'il faut donc

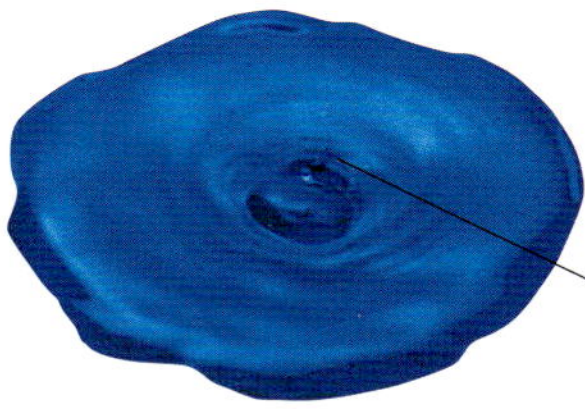

Terre, bois, métal, eau – quatre des cinq éléments naturels.

LES CINQ ELEMENTS ET LEURS PROPRIETES

Le feu est rouge, une couleur favorable. Le feu est aussi l'été, et représente le sud.

L'eau est noire ou bleu noir. Elle représente l'hiver, et est placée au nord.

Le bois est l'est et est représenté par la couleur verte. Sa saison est le printemps.

Le métal est blanc, et parfois doré. Il symbolise l'ouest. Il représente l'automne.

La terre est jaune ou brune. Elle représente le centre.

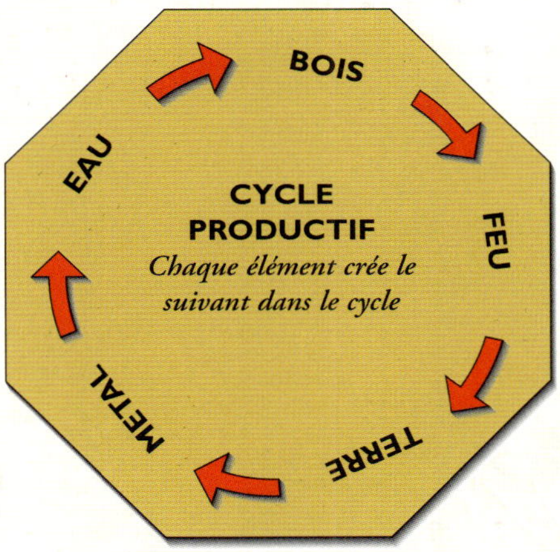

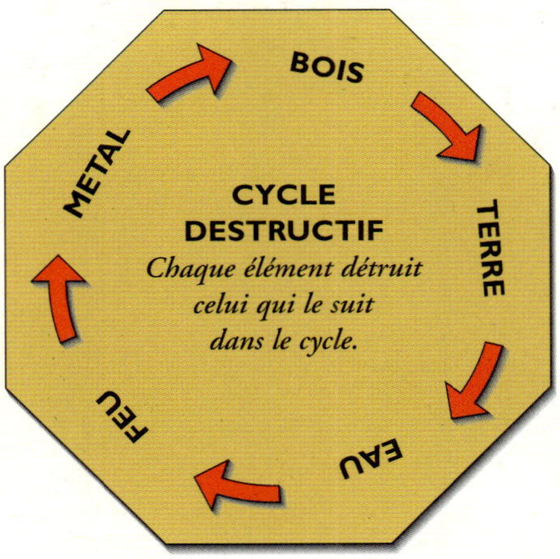

prendre en considération quand on détermine les positions et les meubles appropriés. On peut disposer d'autres pièces de la maison pour qu'elles conviennent à leur occupant principal.

Chacune des directions principales de la boussole est aussi identifiée à l'un des éléments. La connaissance de l'interaction des cinq éléments est, ainsi, également très importante, pour la création d'une harmonie d'énergies au sein d'un foyer, étant donné que les objets décoratifs symbolisant les différents éléments peuvent être placés dans les parties de la maison qui correpondent à l'élément qui doit créer un bon Feng Shui *(cf. p. 81)*. Un carillon éolien de métal à l'Ouest ou au Nord-Ouest est favorable.

Les objets décoratifs symbolisant l'eau doivent être placés aux parties nord,est, et sud-ouest de la maison.

Décorer avec des objets rouges est très favorable pour les gens qui sont nés une année terre, parce que le feu, associé au rouge, produit la terre.

LE PA KUA

Le Pa Kua est le principal symbole de référence du Feng Shui. C'est un symbole octogonal qui correspond aux quatre points cardinaux de la boussole, et aux quatre inter-directions. Selon les conventions de la boussole chinoise, le sud est placé en haut et le nord en bas. Cependant, comme le sud reste néanmoins le sud, et que le nord est le nord magnétique, il n'est pas nécessaire de "bouleverser" les directions. Le symbole Pa Kuan tient son importance des huit trigrammes du I Ching. Ces trigrammes sont placés sur le bord des symboles, donnant ainsi un sens symbolique à chacune des huit directions de la boussole. L'adepte qui s'y connaît est capable d'utiliser ces symboles et directions pour améliorer le Feng Shui de parties et de secteurs du logis, favorisant le bon destin.

La forme du Pa Kua joue elle-même un rôle puissant et central dans la pratique du Feng Shui, étant donné qu'elle est considérée comme l'un des symboles de protection les plus importants contre les flèches empoisonnées ou d'autres structures nuisibles. Le symbole Pa Kua de l'arrangement du Ciel Antérieur est aussi crédité du pouvoir de garder des esprits malveillants.

DEMEURES YIN ET YANG

Selon les interprétations modernes, l'arrangement Terre Ciel représente l'univers idéal, tandis que l'arrangement du Ciel Postérieur représente les applications pratiques des trigrammes à la terre, et ainsi, par extension, il est stratégiquement plus important pour le Chi de la terre. En conséquence

Le Feng Shui des demeures Yin de nos ancêtres doivent être déterminées en utilisant l'arrangement du Pa Kua du Ciel Antérieur.

LE TEMPLE PAGODE CHINOIS. LES MAÎTRES DE FENG SHUI PREFERENT L'ARRANGEMENT PA KUA DU CIEL POSTERIEUR POUR DETERMINER LE FENG SHUI DE CE GENRE DE TEMPLE.

LE TAJ MAHAL EST PROBABLEMENT LA SEPULTURE LA PLUS BELLE ET LA PLUS RENOMMEE DU MONDE.

UNE TOMBE CHRETIENNE AVEC LA CROIX AU-DESSUS PEUT CREER UN FENG SHUI DEFAVORABLE POUR LES RESIDENTS DES MAISONS QUI LA SURPLOMBENT.

ARRANGEMENTS DU CIEL ANTERIEUR ET DU CIEL POSTERIEUR

Les Chinois croient que c'est l'arrangement spécial des huits trigrammes qui donne au Pa Kua sa puissance et son pouvoir. Ces trigrammes sont des triples combinaisons de lignes continues et de lignes discontinues. Chaque trigramme symbolise plusieurs choses, et ils sont disposés autour du Pa Kua selon l'"Arrangement du Ciel Antérieur", ou l'"Arrangement du Ciel Postérieur". La différence entre les séries réside dans la disposition des trigrammes. Cela change la signification des directions de la boussole, affectant ainsi les solutions Feng Shui indiquées.

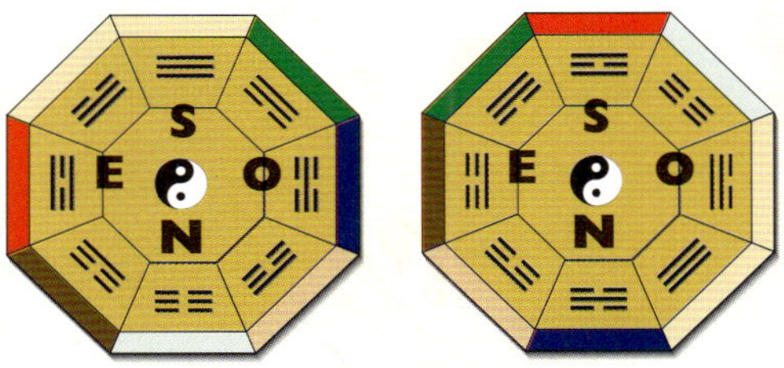

La disposition des huit trigrammes du I Ching *selon les arrangements du Ciel Antérieur (gauche) et du Ciel Postérieur (droite).*

de cet enseignement généralement pris en compte, les maîtres de Feng Shui préfèrent le plus souvent l'arrangement du Ciel Antérieur du Pa Kua, comme symbole protecteur à accrocher à la porte, pour garder du souffle qui tue des flèches empoisonnées. On lui accorde aussi la préférence en ce qui concerne la détermination du Feng Shui des maisons Yin, comme les positions des sépultures des ancêtres. Les Chinois accordent une importance spéciale aux lieux de sépulture, car ils croient que la qualité du Feng Shui des tombes de leurs ancêtres, détermine la destinée de leurs descendants. C'est pour cette raison que les riches familles chinoises de Taiwan gardent leurs tombes ancestrales avec soin, étant donné qu'ils ne veulent pas que leur Feng Shui soit bouleversé de façon hostile par des rivaux jaloux.

L'arrangement du Ciel Postérieur est utilisé pour les demeures Yang – les demeures des vivants. C'est l'arrangement auquel on a recours lorsqu'on utilise les formules avancées de l'Ecole de la Boussole, ou quand on fait des corrélations entre les cinq éléments et les directions pour les demeures et les bureaux. C'est par conséquent à cet arrangement que nous nous réfèrerons tout au long de ce livre.

Il y a beaucoup de variations des demeures Yang de par le monde.

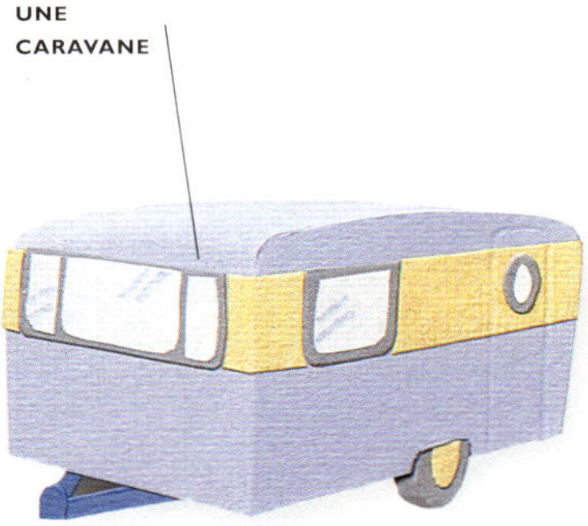

LES HUIT TRIGRAMMES DU I CHING

Les huit trigrammes fondamentaux sont les racines des soixante-quatre hexagrammes du I Ching. Chaque trigramme est composé de ces lignes droites qui sont soit discontinues (– –), soit continues (—). Ces trigrammes symbolisent collectivement la trinité ciel, terre, et homme. La ligne inférieure du trigramme est la terre; celle du milieu est l'homme, la ligne supérieure est le ciel.

Chacun de ces huit trigrammes a ses multiples sens, ainsi que ses symboles et connotations supplémentaires. Chaque trigramme a un point cardinal et une direction de la boussole, qui lui correspondent. Chacun représente aussi l'un des éléments, et, en même temps, incarne un membre spécifique de la famille. Comme nous l'avons déjà observé, les significations changent aussi selon la façon dont ils sont disposés autour du Pa Kua dans l'arrangement du Ciel Antérieur ou du Ciel Postérieur.

AMELIORER LE FENG SHUI

Les significations des trigrammes peuvent donner des indices importants pour l'amélioration du Feng Shui de votre demeure ou de votre lieu de travail. Quand on examine le Feng Shui de ces habitations Yang, on doit toujours interpréter les directions du Pa Kua selon les trigrammes tels qu'ils sont disposés dans l'arrangement du Ciel Postérieur. Cela permet d'étudier les attributs et les caractéristiques de n'importe quelle direction, et, ainsi, de n'importe quelle partie de sa maison, en interprétant simplement le trigramme de cette direction, sa direction, son élément, sa couleur symbolique, et ses caractéristiques Yin et Yang sur la boussole. La signification et les implications des trigrammes ne sont pas tout de suite évidentes, parce que souvent elles suggèrent de multiples définitions. Cependant, avec de la pratique, on peut y déceler des indices précieux, qui peuvent être mis en application pour créer un équilibre et attirer un Feng Shui favorable.

Le Ciel, la Terre, et l'humanité, sont tous trois représentés par le trigramme du I Ching. La Terre est en bas, l'homme au milieu, le Ciel en haut.

Les anciennes pièces de monnaie chinoises représentent l'élément métal et symbolisent la richesse.

LE *I CHING* COMME ORACLE

Confucius, l'un des nombreux auteurs du développement de la philosophie du I Ching.

Le *I Ching*, ou *Livre des Transformations*, est l'un des livres les plus importants de la littérature mondiale. Son origine remonte à l'antiquité mythique, et presque tout ce qui est grand et important dans les 5000 ans de culture chinoise, a soit puisé son inspiration dans le *I Ching*, soit exercé une influence sur son interprétation.

Le *I Ching* fut formulé il y a quelque 4500 années par Fu Hsi, l'empereur chinois légendaire, qui est censé avoir inventé les signes linéaires manifestés sous la forme des huit trigrammes. King Wen, le fondateur de la Dynastie Chou (- 1150 – - 249), disposa les trigrammes en 64 hexagrammes. King Wen est censé avoir ajouté une brève sentence à chaque trigramme, posant ainsi les fondations de la doctrine philosophique du *I Ching*.

Le fils de King Wen, le Duc de Chou, écrivit le texte appartenant à chacune des lignes des hexagrammes, leur assignant une signification. Ses contributions furent intitulées les Mutations de Chou, et on les utilisa par la suite pour la divination. Ces mutations, qui sont contenues dans un grand nombre de chroniques historiques, ont profondément modifié le *I Ching*, élargissant sa philosophie pour en faire une méthode divinatoire. Tel

était l'état de ce livre, quand Confucius commença l'étude de ses textes, jugements, et images. Lui aussi élargit la perspective du livre avec une série de commentaires qui sont généralement appelés "Ailes".

Le *Livre des Transformations* échappa au destin des autres classiques, qui furent brûlés par l'empereur-tyran Chin Shih Huang Ti. C'est vers cette époque qu'il acquit la réputation inébranlable d'être un livre de divination et de magie. Ce n'est qu'en 226 que le *Livre des Transformations* commença à être considéré comme un livre de sagesse, et au cours de la période Sung (960-1279), le livre avait encore évolué, devenant cette fois un manuel de politique et d'art de vivre.

Au cours de la dernière dynastie chinoise, les interprétations et les commentaires du livre furent à nouveau influencés par des théories magiques, et aujourd'hui, il est considéré comme l'un des textes de divination les plus élevés de Chine.

Enfin, pendant la période K'an Hsi, une version globale du livre finit par être établie.

Chaque trigramme du* I Ching *est composé de trois lignes continues ou discontinues.

LES TRIGRAMMES ET LEURS PROPRIETES

Les huit trigrammes fondamentaux sont si importants pour la pratique du Feng Shui qu'à chacun, un nom et une direction ont été attribués, selon l'Arrangement du Ciel Antérieur ou l'Arrangement du Ciel Postérieur du Pa Kua. Des tableaux ont été établis pour aider le chercheur à vérifier si lui ou sa maison sont en équilibre *(voir Chapitre 5).*

Dans le *I Ching*, il y a des symboles additionnels associés à ces trigrammes. Cependant, pour le Feng Shui, les aspects importants des trigrammes se rapportent principalement à leurs directions sur la boussole, et leurs nombres correspondants se fondent sur le modèle du carré Lo Shu *(cf. pp. 84-85).*

CHIEN: LE CREATIF

Ce trigramme est constitué de trois lignes continues, Yang. Il est souvent associé au père, au chef de famille, au chef, à l'homme, au patriarche. Chien symbolise le ciel, l'énergie, la persévérance. L'élément Chien est le Grand Métal, et sa direction, dans l'Arrangement du Ciel Postérieur, est le Nord-Ouest. Son chiffre est 6.

Chien représente le ciel.

KUN: LE RECEPTIF

Kun est composé de trois lignes discontinues, Yin. Il est associé à la mère, la matrone, la femme maternelle. L'élément Kun est la Terre, et sa direction, le Sud-Ouest. Kun symbolise ce qui est parfaitement

Kun représente la terre.

complémentaire à Chien, et, selon le *I Ching*, Kun doit être conduit et activé par Chien s'il veut réaliser au mieux sa potentialité. Son chiffre est 2.

CHEN: CE QUI S'EVEILLE

Ce trigramme est composé de deux lignes discontinues, Yin, au-dessus d'une ligne continue, Yang. Il représente le fils aîné. Son image est le tonnerre. Il symbolise aussi le dragon, qui, surgissant des profondeurs, prend magnifiquement son essor dans un ciel d'orage. Ainsi, la forte ligne Yang exerce une poussée ascendante sur les deux lignes discontinues, qui lui ouvrent le passage. Son élément est le bois, et sa direction, l'est.

Son chiffre est 3.

Chen symbolise le dragon.

SUN: LE DOUX

Ce trigramme est formé par deux lignes Yang continues au-dessus d'une ligne Yin, discontinue. Il représente la fille aînée, et son attribut est résumé par le mot "pénétrant". Les couleurs de Sun sont le marron ou le vert, et son élément est le Bois. Sa direction est le Sud-Est, et son chiffre est le 4.

Sun représente le bois.

TUI: LE JOYEUX

Ce trigramme est constitué d'une ligne discontinue, Yin, au-dessus de lignes continues, Yang. Tui représente la joie, le bonheur, et la soeur la plus jeune. Tui est aussi le lac, et c'est la bouche qui manifeste des sentiments joyeux. Tui est extérieurement faible, mais intérieurement violent. Son élément est le Métal, et sa direction est l'Ouest. Son nombre est 7.

Tui représente le lac.

KEN: LA MONTAGNE

Ce trigramme représente le calme, une période d'attente et de solitude. Ken est composé d'une ligne continue, Yang, au-dessus de deux lignes discontinues, Yin. Il représente le fils le plus jeune. Son élément est la Terre, et sa direction est le Nord-Est Son chiffre est 8.

Ken est la montagne.

KAN: L'ABYSSAL

Ce trigramme est composé d'une ligne continue Yang entre deux lignes Yin. Kan est le fils du milieu. Son élément est l'eau, et sa direction le nord. Kan évoque le travail dur, pénible. Il n'est pas considéré comme un trigramme heureux. Son chiffre est 1.

Kan représente l'eau.

LI: CE QUI S'ATTACHE

Ce trigramme est fait d'une ligne Yin comprise entre deux lignes Yang. L'élément de Li est le feu, et il représente la fille du milieu. Li est aussi le soleil, la clarté, l'éclair, la chaleur, et la sécheresse. Il marque quelque chose de ferme et d'inflexible à l'extérieur, mais de faible à l'intérieur. Sa direction est le sud. Son chiffre est 9.

Li représente le feu.

LES HUIT ASPIRATIONS VITALES DU PA KUA

L'un des objectifs les plus usuels du Pa Kua, c'est d'améliorer le Feng Shui de votre foyer, chambre, ou bureau, en le divisant en huit secteurs ou "quartiers". Les secteurs sont répartis selon les directions de la boussole, et chacun correspond à une aspiration de l'existence.

Les aspirations de l'existence sont: mentors/gens secourables, perspectives de mariage, relations familiales et santé, richesse et prospérité, perspectives professionnelles, reconnaissance et réputation, éducation, chance pour les enfants. Selon le Feng Shui, il est possible d'activer chacune de ces aspirations d'existence, au profit des résidents.

Pour diviser votre surface, vous devez d'abord faire l'acquisition d'une bonne boussole, très précise, étant donné que cet instrument est utilisé pour presque toutes les applications du Feng Shui. Puis il faut que vous vous teniez au milieu de votre maison, ou pièce, ou bureau, et que vous dessiniez un plan sommaire de l'endroit, délimitant chaque secteur selon les directions de la boussole. Il y a en tout huit directions, les quatre directions cardinales (nord, sud, est, et ouest) et les quatre directions secondaires intermédiaires (sud-est, sud-ouest, nord-est, et nord-ouest).

Une fois que les secteurs de votre foyer, pièce, bureau, ont été identifiés, vous pouvez attribuer à chacun une aspiration. Pour cela, il faut que vous examiniez chacun des trigrammes du Pa Kua, tels qu'ils sont disposés dans l'Arrangement du Ciel Postérieur. Chaque trigramme est associé à une aspiration de l'existence, et aussi à une direction de la boussole. Par exemple, le secteur de votre pièce associé aux relations familiales pourrait être le secteur Est. On peut superposer le Pa Kua à un plan de votre logis pour identifier les secteurs.

L'Arrangement du Ciel Postérieur du Pa Kua est utilisé pour déterminer l'association d'un secteur de la maison avec l'une des huit aspirations.

SUN
SUD-EST: RICHESSE ET PROSPERITE

CHEN
EST: RELATIONS FAMILIALES ET SANTE

KEN
NORD-EST: EDUCATION

LI

SUD
RECONNAISSANCE
ET REPUTATION

KUN

SUD-OUEST:
PERSPECTIVES
DE MARIAGE
ET BONHEUR
CONJUGAL

TUI

OUEST: CHANCE
POUR LES
ENFANTS

CHIEN

NORD-OUEST:
PRESENCE DE
GENS
SECOURABLES
OU DE MENTORS

KAN

NORD:
PERSPECTIVES
PROFESSION-
NELLES

ACTIVER LES SECTEURS

Obtenir le plus possible de l'application des principes du Fen Shui, cela dépend de soi. Pour avoir une réussite maximum, il faut être précis et clair quant à ses objectifs, décider si l'on désire ou non la richesse, la santé, la célébrité, ou le prestige, par exemple. Pour mettre en oeuvre une meilleure destinée, il faut créer de bons courants de Chi dans le secteur que vous voulez activer. Créer un bon Chi sert à améliorer la bonne influence des secteurs, et, par extension, l'aspiration de l'existence que chacun représente. Ainsi, si vous voulez que vos enfants réussissent mieux dans leurs études, soient plus obéissants, etc, vous devez activer la partie Ouest de votre maison ou de votre pièce. De même, si c'est de l'argent que vous voulez, agissez sur votre secteur Sud-Est. Si vous voulez rencontrer le compagnon de vos rêves, tout ce que vous avez à faire, c'est d'activer le secteur Sud de votre maison.

Il y a deux écueils possibles. Si vous découvrez que le secteur qui est important pour vous est occupé par les toilettes, cela peut être très mauvais. Par exemple, si les toilettes sont situées dans le secteur sud-ouest de votre maison, vous découvrirez ainsi que vos projets de mariage (si vous êtes célibataire) ou votre bonheur conjugal (si vous êtes marié) s'écoulent par les toilettes. Cessez immédiatement d'utiliser ces toilettes. Si la cuisine est aussi située là, cela diminue aussi la bonne influence de ce secteur.

Après avoir décidé de ce que vous voulez activer, vous pouvez entreprendre d'énergétiser le secteur qui y correspond. Ces méthodes sont décrites dans la Troisième Partie de ce livre, et elles comprennent l'utilisation de n'importe lequel des objets améliorateurs de Feng Shui, comme, par exemple, mettre un éclairage dans le secteur en question, y suspendre un carillon éolien ou y installer un aquarium. Une recherche approfondie des associations de couleurs et d'éléments du Pa Kua pourront être d'une grande aide.

Si vous voulez stimuler le secteur de richesse de votre foyer, par exemple, qui, selon l'Arrangement du Ciel Postérieur du Pa Kua, est le secteur représenté par le trigramme Sun, vous devez ainsi activer le secteur Sud-Est de votre maison. Placez votre cabinet de travail, votre chambre, ou votre bureau, dans ce secteur. Vous pouvez aussi y mettre un "améliorateur" de Feng Shui. Vous pouvez utiliser des plantes, des cristaux, des jets d'eau, ou un aquarium, par exemple, mais le meilleur objet à placer dans ce secteur sera une plante verte saine. Cela, parce que le Sud-Est est représenté par l'élément Bois, et que les plantes ressortissent à cet élément. Il n'est pas nécessaire de surcharger le secteur. Un objet suffit. Souvenez-vous que l'équilibre et l'harmonie sont essentiels.

La première démarche à faire pour obtenir un bon Feng Shui, c'est de faire l'acquisition d'une bonne boussole.

SECTEURS MANQUANTS

Si vous découvrez, en plaçant votre Pa Kua sur le plan de votre maison, qu'un secteur fait défaut, peut-être à cause de la forme de votre maison, la bonne influence symbolisée par ce secteur manquera aussi. Dans ce cas, vous devez essayer d' "intégrer" ce secteur – soit en agrandissant votre maison, soit en utilisant un miroir mural.

Ou encore, on peut placer une lumière dans le secteur manquant, à l'extérieur de la maison. C'est pour cela que les adeptes du Feng Shui préfèrent qu'une maison soit carrée ou rectangulaire – mais peu importe, tant que vous faites en sorte que chaque secteur soit de la même taille que les autres.

LES HUIT ASPIRATIONS DE L'EXISTENCE

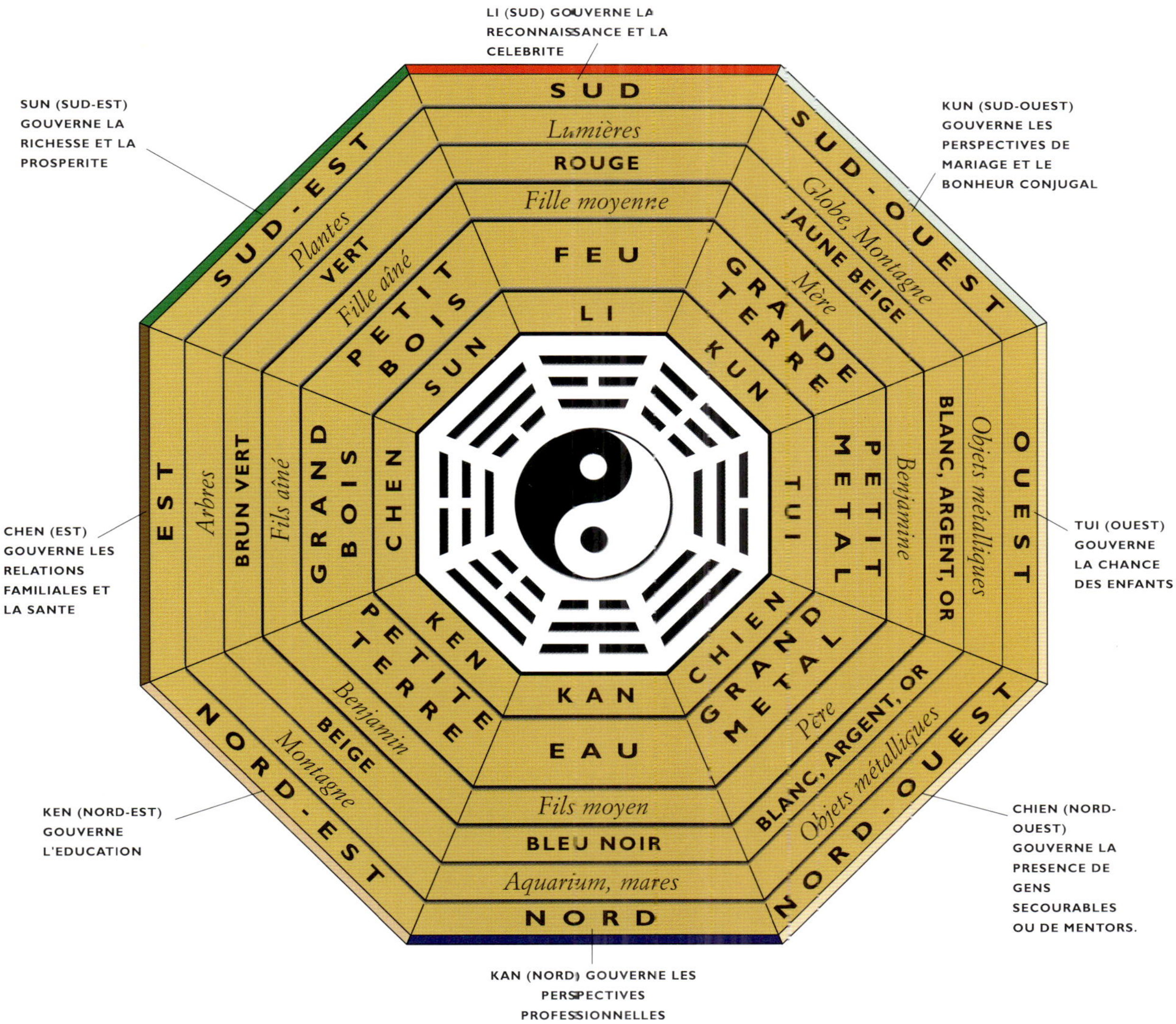

Le Pa Kua illustré sur cette page résume les divers attributs qui sont attribués aux huit directions principales par les différents systèmes de Feng Shui. Chacun des symboles correspondant à chaque Kua (ou côté), est censé être en harmonie avec les autres; tous sont ainsi complémentaires. Servez-vous des relations élémentales pour déterminer les cycles productifs et destructeurs, et voir comment ils interagissent avec les plantes, les couleurs, et l'ameublement de votre maison ou de votre bureau.

ELEMENTS QUI AMELIORENT LE FENG SHUI

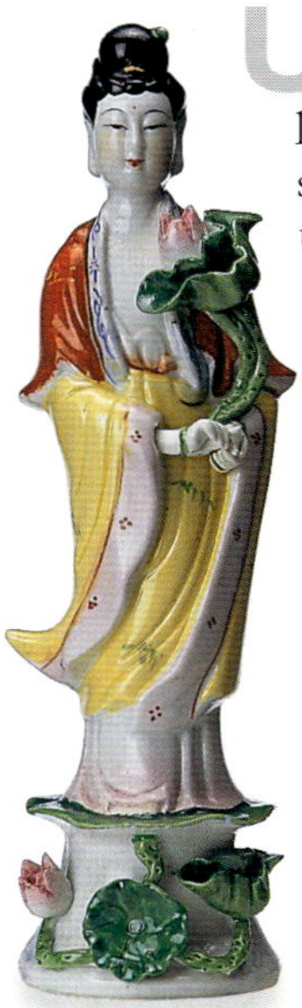

Kuan Yin, la Déesse de Compassion, aide ceux qui sont dans le besoin.

Une fois que votre décision est prise, en ce qui concerne l'aspiration d'existence que vous souhaitez activer, vous pouvez utiliser un certain nombre d'instruments pour améliorer les secteurs correspondants de votre foyer. Ces instruments sont répartis en huit catégories:

- objets brillants, réfléchissants – lumières, miroirs, cristaux, boules de cristal
- choses "vivantes" ou leur simulation – plantes, fleurs fraîchement coupées, aquarium avec poissons, ou leurs imitations artificielles
- objets qui émettent des sons agréables – carillons éoliens qui produisent un merveilleux cliquetis, chaque fois que passe une brise, cloches de toutes formes et de toutes dimensions, gongs, et xylophones
- objets qui ont un mouvement circulaire – mobiles, moulins à vent, portes tournantes, jets d'eau tournants, tables pivotantes, ventilateurs de plafond
- objets lourds qui représentent le Yang – rochers, sculptures, statues
- produits électriques modernes qui peuvent simuler l'activité et le bruit – platines stéréo, radios, TV
- objets longs, creux – flûtes, de préférence de bambou, et carillons éoliens modernes faits de tuyaux
- couleurs – spécialement quand elles sont utilisées en harmonie avec le concept chinois des Cinq Eléments.

Ces objets peuvent être placés dans les secteurs appropriés de votre foyer pour activer vos aspirations. Des éclairages peuvent être disposés dans presque tous les secteurs, et ils comptent parmi les instruments les plus puissants qui augmentent les chances choisies. De même, des gadgets électriques modernes, placés de façon appropriée, peuvent améliorer les perspectives professionnelles, apporter bonheur et vie dans les relations familiales, dans les perspectives matrimoniales, créer des occasions merveilleuses d'être riche, permettre d'obtenir de l'aide de mentors, apporter le succès aux enfants, et accroître

Des roses rouges placées dans le secteur sud, celui du mariage, augmenteront les chances de trouver le ou la partenaire idéal(e).

Les poissons sont d'excellents agents d'enrichissement; il faut les placer au secteur sud-est de votre demeure.

ses chances de réputation et de célébrité. D'autres objets "améliorateurs" se rapportent spécifiquement à chacune des aspirations de l'existence.

FAMILLE ET RICHESSE

Mettre des plantes et des fleurs dans les secteurs sud et sud-est, améliorera les relations familiales, et les perspectives d'enrichissement. C'est parce que ces deux secteurs sont liés à l'élément Bois, qui peut être représenté par des plantes. Assurez-vous, cependant, que les plantes sont saines, et jetez celles qui sont mortes. Les plantes mortes créent un Shar Chi et portent malheur. Les plantes qui ont des épines ou des piquants, comme les cactus, ne doivent pas non plus être utilisées – les plantes qui convienent le mieux sont celles qui ont de grandes feuilles saines. Un petit aquarium placé dans ces secteurs fera aussi beaucoup de choses pour ces aspirations, mais il faut le tenir propre.

CARRIERE

Un petit aquarium dans le secteur nord de votre logis ou de votre séjour activera votre carrière, mais n'en mettez pas un trop grand: trop d'eau peut noyer vos projets. Mettez de petits guppys, ou des poissons rouges, dans l'aquarium, mais pas de poisson carnassier, ni d'ange, dont le corps anguleux détourne le Chi favorable.

CHANCE DES ENFANTS ET MENTORS

Des carillons éoliens suspendus dans les secteurs ouest et nord-ouest augmenteront la bonne destinée des enfants, et attireront les gens secourables et influents. Les carillons doivent être creux, permettant au Chi de s'y engouffrer. Des fleurs fraîches sont aussi bienvenues dans ce secteur.

MARIAGE ET EDUCATION

Des cristaux naturels placés dans les secteurs sud-ouest et nord-est activeront vos secteurs de mariage et d'éducation. Les cristaux sont de merveilleux "amendeurs" de Feng Shui, spécialement s'ils sont combinés avec la lumière d'un lustre.

GLOIRE ET REPUTATION

En installant une lumière dans votre secteur sud, vous accroîtrez votre renom et votre réputation – plus vif est l'éclairage, plus grande est la chance. Les éclairages vifs sont de merveilleux conducteurs de bon Feng Shui; ils conviennent aussi bien au secteur sud-ouest qu'au secteur nord-est.

Des bougies flottant dans un bol d'eau créent un excellent équilibre entre le Yin (eau) et le Yang (feu). Placez cette composition bleue dans le secteur nord, pour réaliser vos perspectives professionnelles.

LE CARRE MAGIQUE LO SHU

Dans les livres qui content l'histoire de la Chine ancienne, il est écrit que, il y a quelque 4000 ans, une noble tortue sortit du fleuve légendaire Lo, sa carapace portant neuf nombres inscrits, disposés en grille, dont le dessin correspondait aux huit trigrammes du Pa Kua, disposés autour d'une neuvième partie qui en était le centre.

Les neuf nombres étaient disposés d'une façon telle que, si l'on en additionnait entre eux trois, horizontalement, verticalement, ou en diagonale, le résultat était toujours 15, qui est le nombre de jours qu'il faut à la nouvelle lune pour devenir la pleine lune.

Cette disposition des nombres, en grille, et trois par trois, fut appelée le carré Lo Shu. Le carré exerça une influence puissante et mythique sur le symbolisme culturel chinois, et le modèle numérique devint vite inextricablement lié aux trigrammes de l'arrangement du Ciel Postérieur du Pa Kua. En même temps, le symbolisme de la grille fut étendu, pour établir des connexions entre les nombres et les quatre animaux célestes – le dragon, le tigre, la tortue, le phénix. Le fameux carré "magique" Lo Shu est très en vedette dans les méthodes de l'Ecole de la Boussole de Feng Shui.

LA GRILLE LO SHU ET LE PA KUA

Certaines des puissantes formules de Feng Shui sont étroitement alliées aux secrets de la grille Lo Shu. Des corrélations entre le carré Lo Shu et le Pa Kua deviennent apparentes quand on superpose la grille au Pa Kua, en utilisant la direction de la boussole comme guide; le sud est toujours représenté par le chiffre 9, et le nord par le chiffre 1. Avec les nombres dans leurs places respectives, la grille Lo Shu dévoile d'autres significations dans le Pa Kua, fondées sur les documents sources chinois, la grille, et la numérologie (les sens de ces nombres).

Ensemble, ces deux symboles sont devenus la pierre d'angle des énoncés de l'Ecole de la Boussole de Feng Shui – considéré non seulement dans une dimension spatiale, mais aussi dans une dimension temporelle. C'est que chaque jour, chaque mois, chaque année, et chaque période de vingt ans, a son propre nombre Lo Shu spécial. En se fondant sur ces nombres Lo Shu, les adeptes sont à même de calculer les jours favorables et défavorables à une activité donnée. Etant donné que ces calculs sont fastidieux, ces jours fastes et néfastes pour entreprendre telle ou telle activité,

Selon la légende chinoise, le carré magique apparut il y a quelque 4000 ans, sur le dos d'une tortue qui émergeait du fleuve Lo.

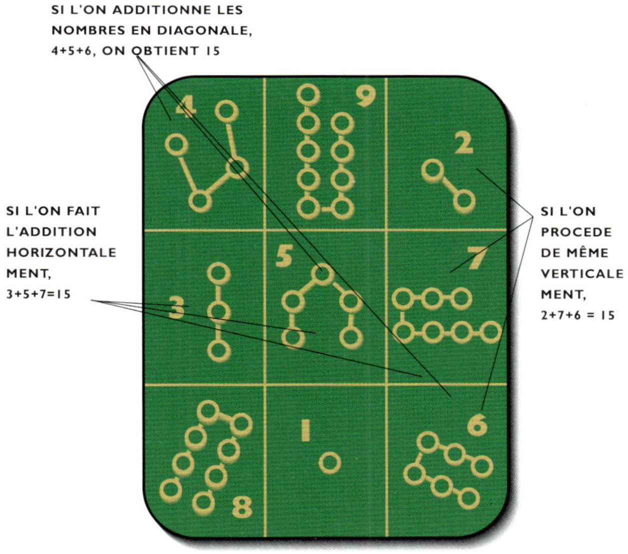

La disposition des points sur la carapace de la tortue représente les configurations numériques du carré Lo Shu. Si l'on additionne les chiffres dans n'importe quelle direction, on obtient toujours 15.

comme déménager ou changer d'emploi, sont calculés chaque année et publiés dans l'almanach annuel chinois, le Tong Shu.

PROPRIETES MAGIQUES

Le carré Lo Shu est devenu aussi le fondement de la pratique magique taoïste, et de nombreux rituels magiques taoïstes sont encore établis en correspondance avec le modèle Lo Shu. Peut-être est-ce à cause de cela, que les formules de Feng Shui fondées sur la grille numérique Lo Shu, ont été utilisées par de multiples générations de Chinois. C'est peut-être aussi que la grille Lo Shu, plus que le Pa Kua, avec son étonnante disposition de chiffres, est la clef réelle de la sagesse des anciens, une sagesse à la fois scientifique et de parenté magique.

CARRE MAGIQUE

Les anciens Chinois pensaient que l'univers était fondé sur des principes mathématiques; les nombres, ainsi, avaient une grande importance. Ils étaient considérés comme la clef des forces invisibles qui gouvernent le ciel et la terre.

Les érudits qui étudient les origines de la grille Lo Shu ont été frappés par les similtudes entre les nombres de la grille et certains symboles puissants d'autres cultures, spécialement l'ancien symbole hébreu de la planète Saturne, qui est semblable au signe créé en reliant les nombres dans leur ordre normal, dans la grille Lo Shu.

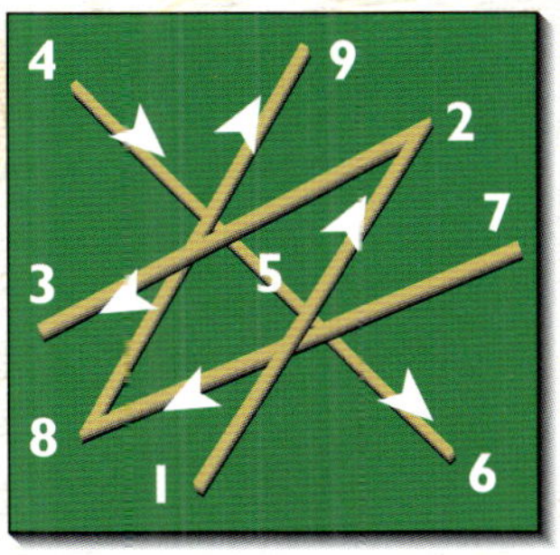

Le dessin créé par les chiffres de la grille Lo Shu, est remarquablement semblable au symbole hébreu du sceau de Saturne.

Chapitre Cinq

FORMULES SUPERIEURES

La pratique du Feng Shui requiert une appréciation des forces Yin et Yang, une connaissance des Cinq Eléments et de leurs cycles productifs et destructeurs, ainsi que du symbole Pa Kua octogonal, et la capacité de discerner la signification des trigrammes du I Ching. Tels sont les fondements de la pratique du Feng Shui. Les théories du Feng Shui supérieur reposent sur la compréhension de la façon dont les forces intangibles représentées par ces symboles agissent réciproquement pour créer équilibre ou déséquilibre dans l'atmosphère. Ces aspects de la pratique du Feng Shui sont présentés dans ce chapitre. Cependant, pour ceux qui ne se sont pas familiarisés avec les bases de la connaissance culturelle chinoise, les explications qui accompagnent les recommandations du Feng Shui peuvent sembler étranges au premier abord. Mais une fois que l'on a compris la logique qui sous-tend la pratique, celle-ci devient claire.

風水

La fascination qu'exerce la pratique du Feng Shui tient à ses nombreuses théories, méthodes, et interprétations – qui en font aussi un défi. C'est ainsi beaucoup plus qu'une simple superstition de village. La philosophie qui sous-tend sa pratique – vivre en harmonie avec la nature et les paysages naturels de la terre, et être conscient des lignes d'énergie subtile dans l'environnement – mérite qu'on s'y arrête, et qu'on y soit très attentif. La perspective de tirer de grands bienfaits du Feng Shui, fait que l'application de cette pratique ancienne dans un contexte moderne, mérite qu'on lui consacre nos efforts. Au cours des dernières années, le Feng Shui a été l'objet d'un important regain d'intérêt – rien qu'en Malaisie, il y a plus de 50 consultants, et ils sont tous surchargés de travail.

L'Ecole de la Forme du Feng Shui s'intéresse aux contours des éléments topographiques – montagnes et rivières, et leurs formes, leurs dimensions, et leur orientation. Les sites favorables et défavorables sont comparés à des représentations hautement symboliques des animaux célestes – le dragon, le tigre, le phénix et la tortue. Les régions d'abondance et de prospérité sont comparées à des sites remplis du souffle cosmique du dragon – le Chi vital. L'Ecole de la Forme de Feng Shui repose sur les pouvoirs d'observation et la créativité de l'imagination.

Avec l'Ecole de la Boussole, la pratique est plus précise. Un grand nombre de théories de l'Ecole de la Boussole sont complexes, mais à cause de sa base plus mathématique et scientifique, sa méthode est en fait plus facile à pratiquer.

Les méthodes et les pratiques de cette Ecole sont généralement fondées sur le Pa Kua octogonal, et le carré magique Lo Shu à neuf secteurs, avec des chiffres de 1 à 9 disposés de façon telle, qu'ils sont censés exercer une puissante influence sur les destinées de l'univers.

A partir de ces bases, il y a beaucoup de façons de pratiquer les méthodes de Feng Shui. Certaines sont statiques et fondées sur des mesures et des directions très précises, tandis que d'autres sont décrites par leurs exécutants comme "mouvantes", surtout parce qu'elles introduisent la dimension temporelle dans le calcul du bon ou du mauvais destin.

Les vieilles formules qui représentent une technique spéciale ou un secret étroitement gardé,

De nombreuses forces intangibles affectent nos demeures – les collines avoisinantes et les arbres, la direction de la porte d'entrée principale, les proportions de la maison même – et il y a beaucoup de méthodes d'interprétation de ces forces.

sont rarement divulguées. Le plus souvent, ces secrets, qui se rapportent à un "Kung Fu" spécial, ne sont transmis que de maître à disciple. Même au cours de l'enseignement, le Maître omet de divulguer quelque élément clef, le réservant à son disciple le plus brillant – quelqu'un qui est cru digne de prendre la succession du maître quand celui-ci est appelé à disparaître de ce monde. Ce chapitre a pour propos de mettre en évidence certaines des théories les plus populaires utilisées par les maîtres de Feng Shui d'aujourd'hui.

THEORIE DE LA MAISON DE L'EST / MAISON DE L'OUEST

Cette théorie Feng Shui suggère que les huit directions du Pa Kua octogonal représentent huit types de maisons, eux-mêmes répartis en deux catégories, chacune comprenant donc quatre maisons, appelées maisons de l'est et maisons de l'ouest. Les noms de ces maisons, les directions de leurs portes de devant et de derrière, et les éléments qui leur sont associés, sont présentés à la page suivante.

Pour identifier le genre de maison que vous avez, déterminez d'abord la direction de votre porte de devant et de votre porte de derrière. Prenez les directions à partir de l'intérieur, le regard tourné vers l'extérieur. Quand il y a un doute, utilisez la porte de derrière comme facteur déterminant pour identifier le type de la maison. Par exemple, si votre porte de derrière est orientée au nord-ouest tandis que votre porte de devant est au sud-est, votre maison est de type Chien. Elle appartient au groupe ouest et son élément est le métal. Si votre porte de derrière est orientée au sud, et que votre porte de devant soit face au nord, vous avez une maison Li. Elle appartient au groupe est de maisons et son élément est le feu. Si la porte de devant est au nord, et que celle de derrière soit orientée sud-ouest, c'est cette dernière qui prédomine, et, ainsi, il s'agit d'une maison Kun (et non pas Li), qui appartient au groupe ouest.

Les maisons du groupe est sont associées aux éléments Eau, Bois, et Feu. Les maisons sont ainsi dans des relations mutuelles harmonieuses, étant donné que l'Eau produit le Bois, qui produit le Feu. Les maisons du groupe est sont en conflit avec les maisons du groupe ouest, parce que leurs éléments sont en relation destructrice (le métal d'une maison ouest détruit le bois d'une maison est, par exemple).

Le Feng Shui des maisons du groupe est peut être amélioré avec des plantes, des fleurs, des lumières, et des structures aquatiques. Placez ces "améliorateurs" près de la porte de devant, ou dans les secteurs de l'élément correspondant, identifiés sur le Pa Kua *(voir pp. 80-81).*

Les maisons du groupe ouest sont associées avec les éléments Métal et Terre. Pour améliorer les maisons du groupe ouest, utilisez des carillons éoliens et des cristaux.

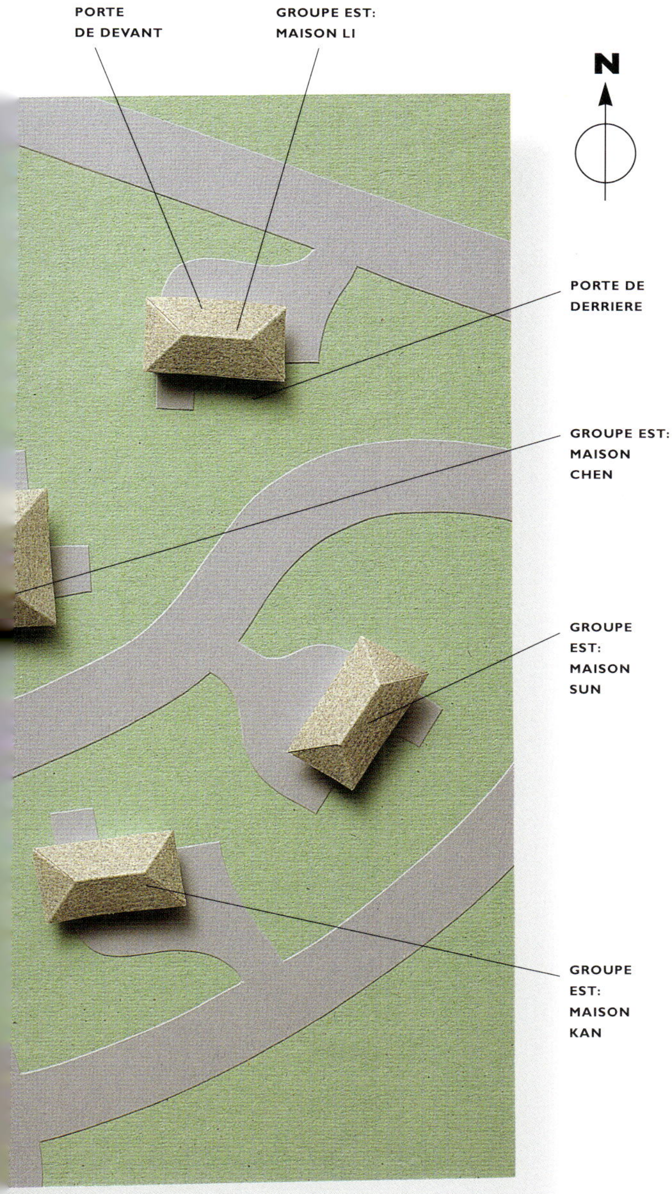

L'une des méthodes les plus pratiquées par les maîtres actuels de Feng Shui, est la théorie de la maison de l'est/maison de l'ouest. La direction de la maison est déterminée par la direction des portes de devant et de derrière.

Les fleurs et les plantes peuvent améliorer le Feng Shui des maisons du groupe Est.

LES MAISONS EST

Nom	Direction de la porte de devant	Direction de la porte de derrière	Elément
Li	Nord	Sud	Feu
Kan	Sud	Nord	Eau
Chen	Ouest	Est	Bois
Sun	Nord-Ouest	Sud-Est	Bois

LES MAISONS OUEST

Nom	Direction de la Porte de devant	Direction de la Porte de derrière	Elément
Chien	Sud-Est	Nord-Ouest	Métal
Kun	Nord-Est	Sud-Ouest	Terre
Ken	Sud-Ouest	Nord-Est	Terre
Tui	Est	Ouest	Métal

GENS DU GROUPE EST/GROUPE OUEST

Il y a une autre dimension à l'analyse de la maison Est/maison Ouest. Comme les maisons, les gens se répartissent en types groupe Est/groupe Ouest. Il est possible de vérifier si votre maison vous convient, en déterminant le groupe auquel vous appartenez (voir tableau p. suivante).

Il s'agit simplement de comparer votre date de naissance avec le trigramme indiqué. Vous apprendrez ainsi si vous êtes une personne de l'Est ou de l'Ouest, et quelle est la direction idéale de vos portes de devant et de derrière. Les gens du groupe Est doivent, naturellement, vivre dans des maisons de l'Est, et ceux de l'Ouest vivre dans le groupe de maisons correspondant, s'ils veulent bénéficier des meilleures chances.

Il s'ensuit que si vous appartenez au groupe Ouest, et que vous viviez dans une maison du groupe Est, votre destinée ne va guère être favorable. La meilleure disposition, c'est d'avoir une concordance parfaite, de sorte que si vous êtes une personne Kan, vous viviez dans une maison Kan, et que si vous êtes une personne Chien, vous habitiez une maison Chien.

REMEDIER A UNE DYSHARMONIE

Si les directions de vos portes ne vous correspondent pas, essayez de changer leurs positions, pour améliorer votre Feng Shui. Si votre porte de devant est dans une direction qui appartient à une maison de l'Ouest, et que votre porte de derrière soit orientée dans une direction appartenant à une maison de l'Est, choisissez le type de maison qui vous convient, et apportez des modifications en fonction de cela.

UNE MAISON DU GROUPE OUEST POUR UNE PERSONNE DU GROUPE OUEST

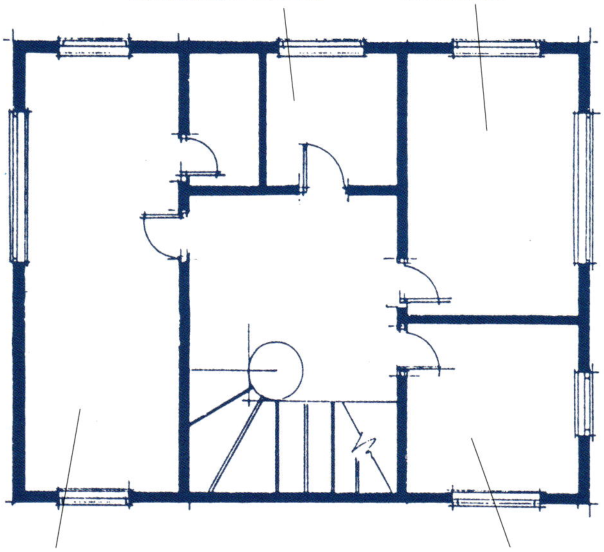

Les bonnes directions pour une personne du groupe Ouest sont le Nord-Ouest, le Nord-Est, le Sud-Ouest, et l'Ouest. Placez là les chambres et les cabinets de travail, et ne mettez pas les toilettes dans ces secteurs.

UNE MAISON DU GROUPE EST POUR UNE PERSONNE DU GROUPE EST

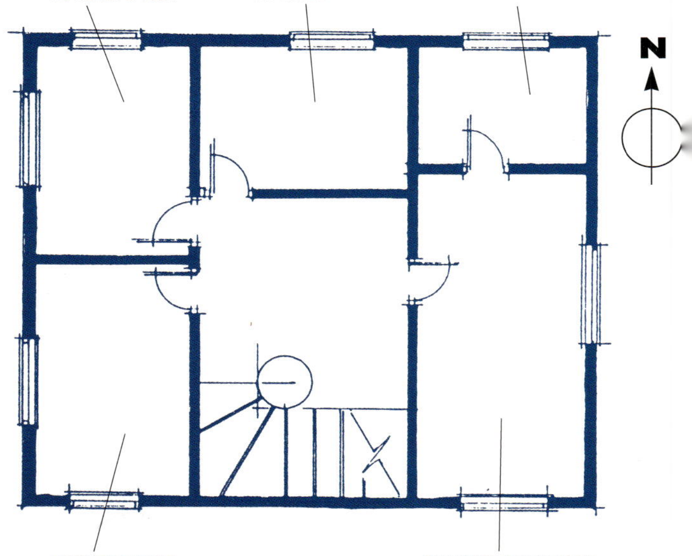

Les bons secteurs pour une personne du groupe Est sont le Sud, l'Est, le Nord, et le Sud-Est. Si vous êtes une personne du groupe Est, dormez au Sud ou au Sud-Est.

Cela dit, il faut reconnaître que ce n'est pas toujours facile, ni même possible, de changer une maison Est en maison Ouest, ou vice versa. Aussi, que devez-vous faire, si vous êtes une personne du groupe Est et que vous habitiez une maison du groupe Ouest? La réponse est que, même si la maison ne vous est pas favorable, vous pouvez améliorer votre Feng Shui en changeant l'attribution des pièces. Vous devrez identifier vos quatre bons secteurs et vos quatre mauvais secteurs, et n'utiliser que les bons pour vos pièces importantes et vos lieux de travail *(voir ci-dessous).*

ETES-VOUS DU GROUPE EST OU DU GROUPE OUEST?

A partir du tableau ci-dessous, comparez votre année de naissance avec le trigramme pour déterminer le genre de maison qui vous convient le mieux. N'oubliez pas que la nouvelle année lunaire chinoise commence début février. Si vous êtes né en janvier ou début février, votre année chinoise de naissance est ainsi celle qui précède votre année de naissance dans le calendrier occidental (quelqu'un qui est né en janvier 1956 doit utiliser 1955 comme année de référence, par exemple).

GROUPE OUEST	HOMMES					FEMMES				
CHIEN	1904	1913	1922	1931	1940	1901	1910	1919	1928	1937
	1949	1958	1967	1976	1985	1946	1955	1964	1973	1982
KUN	1905	1908	1914	1917	1923	1906	1915	1924	1933	1942
	1926	1932	1935	1941	1944	1951	1960	1969	1978	1987
	1950	1953	1959	1962	1968					
	1971	1977	1980	1986	1989					
KEN	1902	1911	1920	1929	1938	1900	1903	1909	1912	1918
	1947	1956	1965	1974	1983	1921	1927	1930	1936	1939
						1945	1948	1954	1957	1963
						1966	1972	1975	1981	1984
TUI	1903	1912	1921	1930	1939	1902	1911	1920	1929	1938
	1948	1957	1966	1975	1984	1947	1956	1965	1974	1983
GROUPE EST										
LI	1901	1910	1919	1928	1937	1904	1913	1922	1931	1940
	1946	1955	1964	1973	1982	1949	1958	1967	1976	1985
KAN	1900	1909	1918	1927	1936	1905	1914	1923	1932	1941
	1945	1954	1963	1972	1981	1950	1959	1968	1977	1986
CHEN	1907	1916	1925	1934	1943	1907	1916	1925	1934	1943
	1952	1961	1970	1979	1988	1952	1961	1970	1979	1988
SUN	1906	1915	1924	1933	1942	1908	1917	1926	1935	1944
	1951	1960	1969	1978	1987	1953	1962	1971	1980	1989

THEORIE DES HUIT SITES

Cette méthode de Feng Shui concerne l'intérieur des maisons. Selon cette théorie, chaque maison peut être divisée en huit sites, chacun correspondant à l'un des huit côtés (ou directions) du Pa Kua. Chaque localisation a certaines caractéristiques, qui peuvent être favorables ou défavorables.

LES BONNES LOCALISATIONS

Le site principal: convient pour les chambres à coucher (les Chinois pieux considèrent aussi que c'est le bon endroit pour installer l'autel). La cuisinière doit être placée dans une zone directement à l'opposé de la localisation principale.

Le site de santé: cette partie de la maison apporte bonne santé et énergie. C'est le meilleur endroit pour installer la salle à manger, et les chambres des membres de la famille qui peuvent être malades.

Le site de longévité: il va sans dire qu'il convient aux membres âgés de la famille.

Le site de prospérité: c'est la meilleure localisation pour créer de la richesse et apporter la prospérité au foyer. C'est le site le plus favorable pour installer la porte de devant, la chambre à coucher des maîtres de maison, le cabinet de travail, ou n'importe quel espace associé au travail ou aux affaires, et il faut qu'il reste bien éclairé, propre, et plein de vie. Il ne faut pas y placer les toilettes ni la cuisine.

LES MAUVAISES LOCALISATIONS

Le site des difficultés: cela désigne la partie de la maison qui cause les difficultés légales, les disputes, les querelles, la colère, et l'irritation. N'y mettez aucune pièce importante, comme les chambres à coucher, et les cabinets de travail. Il convient pour les toilettes et le débarras.

Le site des pertes et des scandales: il désigne un endroit qui engendre la paresse, l'apathie, et la perte d'énergie. Il convient aussi pour les toilettes, le débarras, ou la cuisine.

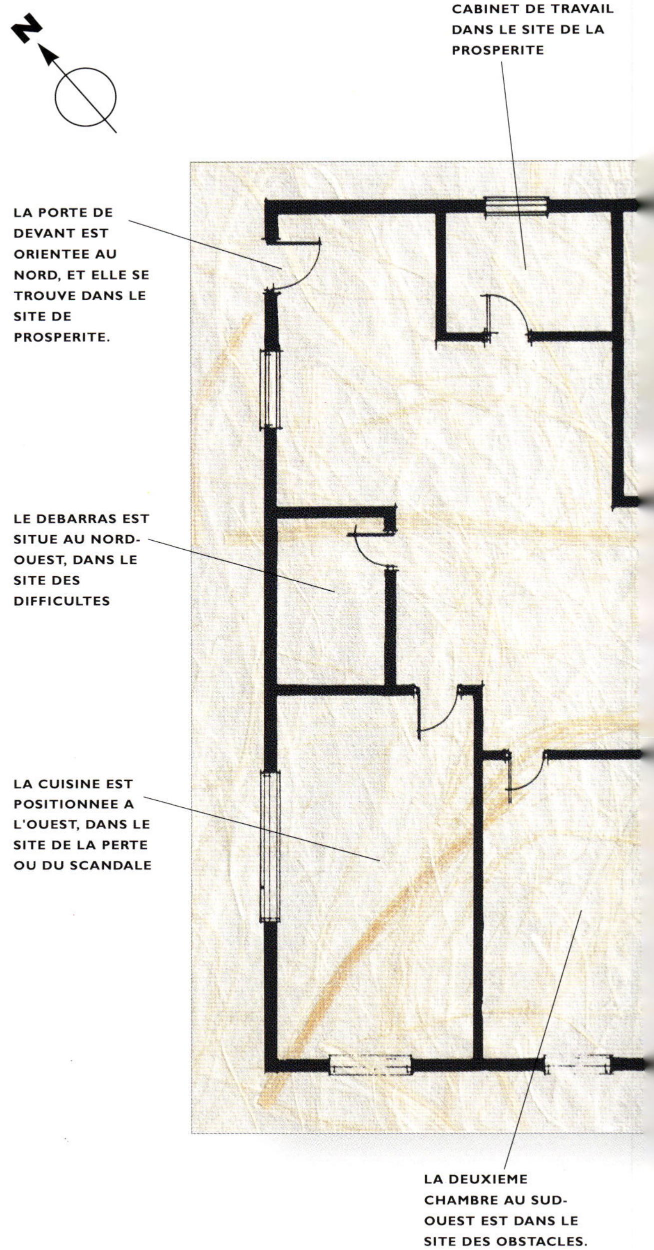

Ce plan de maison montre les quatre bonnes et les quatre mauvaises lovalisations; il s'agit d'une maison du groupe Est, et plus précisément une maison Sun.

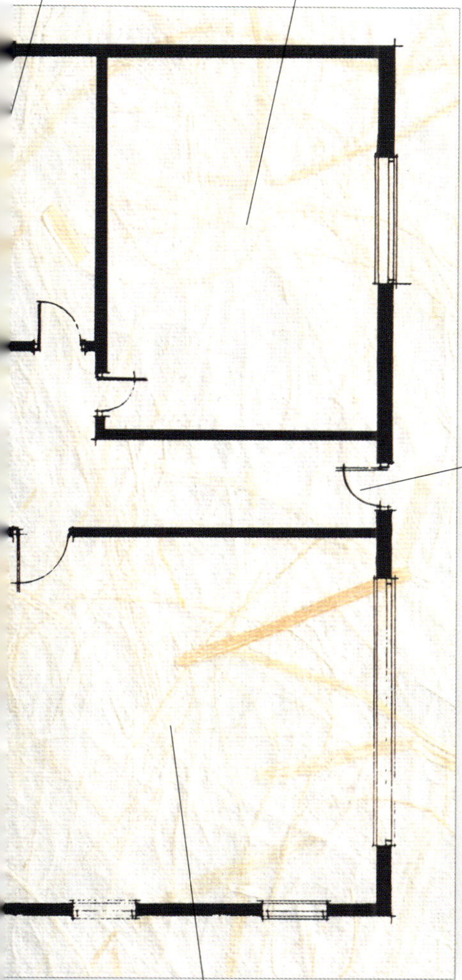

Le site des obstacles: il symbolise la perte, le vol, la tromperie, la trahison, les difficultés légales, et les pertes financières; il ne convient que pour les toilettes et la cuisine.

Le site de mort: il signifie accidents, mauvaise santé, maladie fatale, graves malheurs, perte, et mort.

ANALYSER LES LOCALISATIONS D'UNE MAISON

Les sites bons et mauvais diffèrent selon le type de maison considérée. Ici "type de maison" signifie maison du groupe Est ou du groupe Ouest, et, plus spécifiquement, le type du trigramme qui gouverne la maison. Nous savons, selon la théorie de la maison de l'Est / maison de l'Ouest, que cela dépend de la situation de la porte de derrière. Avant d'analyser la qualité des huit localisations de votre maison, vous devez d'abord déterminer le type de la maison que vous habitez.

Il est ensuite possible d'identifier les bonnes et les mauvaises localisations de votre demeure, en utilisant le tableau des pp. 94-95. Vous verrez alors que les bons sites, et les mauvais, suivent les caractéristiques Est et Ouest, selon le type de la maison. Les directions Est – Sud, Nord, Est et Sud-Est – sont bonnes pour vous si vous habitez une maison du groupe Est; de même, les directions du groupe Ouest – Nord-Ouest, Sud-Ouest, Ouest, et Nord-Est – sont bonnes si vous vivez dans une maison du groupe Ouest. Si vous habitez une maison Sun, votre site principal sera le Sud-Est, tandis que votre site de mort est le Nord-Est. Il vous faudra ainsi placer vos toilettes dans le secteur Sud-Est de votre logis, ou votre chambre à coucher au Nord-Est.

Une fois que vous aurez maîtrisé la théorie qui sous-tend cette méthode particulière, il vous sera facile d'établir les corrélations et – en vous aidant des trucs et instruments "améliorateurs" – vous finirez par être à même d'améliorer chacun de vos bons sites.

UTILISER LES BONS ET LES MAUVAIS SITES

Une fois que vous êtes parvenu à identifier les bons et les mauvais sites, il ne s'agit plus que d'arranger la disposition de vos pièces et lieux de travail, pour faire en sorte qu'ils profitent au mieux des forces du Feng Shui. Si votre demeure est une maison Tui du groupe Ouest, vous devez installer votre chambre à coucher à l'Ouest, qui est votre site principal, ou, si vous voulez devenir plus riche, dans votre site de prospérité, qui est au Nord-Ouest.

Cela marche si vous avez la chance d'être une personne du groupe Ouest vivant dans une maison qui est aussi de ce groupe. Mais si vous êtes une personne du groupe Est habitant une maison du groupe Ouest, vous pouvez améliorer votre Feng Shui en redisposant les pièces, à votre convenance, et ne pas tenir compte du type de maison dont il s'agit. Identifiez vos bons et vos mauvais sites, et installez dans les bons vos pièces importantes, et vos lieux de travail. Si vous êtes une personne Chen du groupe Est, donc, vos localisations excellentes sont le Sud, l'Est, le Nord, et le Sud-Est, et votre chance s'améliorera si vous dormez dans le secteur Sud, même si votre maison est du groupe Ouest. Une personne du groupe Ouest, dont les bons sites sont au Nord-Ouest, Nord-Est, Sud-Ouest, et Ouest, doit essayer de dormir dans les secteurs Ouest et Sud-Ouest.

Une fois que vous avez identifié les bonnes et les mauvaises localisations de votre maison particulière, ne vous tracassez pas si vous découvrez que vous avez des toilettes, disons, dans le site de prospérité, ou une chambre à coucher dans le site des difficultés. On peut modifier ces choses, et réduire ou accroître les effets des localisations. Si vous avez des toilettes situées dans le secteur de prospérité, essayez de ne pas les utiliser. Veillez à ce que leur porte soit toujours fermée. Si votre chambre à coucher est située dans le secteur des difficultés, changez de chambre, ou, si ce n'est pas possible, faites en sorte de dormir dans une position dans laquelle votre tête est dirigée vers la direction de la prospérité, de façon à puiser le bon Feng Shui de ce secteur.

CHEN (PORTE DE DERRIERE: EST)

SITE PRINCIPAL	**EST**
SITE DE SANTE	**NORD**
SITE DE LONGEVITE	**SUD-EST**
SITE DE PROSPERITE	**SUD**
SITE DES DIFFICULTES	**SUD-OUEST**
SITE DES PERTES ET SCANDALES	**NORD-EST**
SITE DES OBSTACLES	**NORD-OUEST**
SITE DE LA MORT	**OUEST**

SUN (PORTE DE DERRIERE: SUD-EST)

SITE PRINCIPAL	**SUD-EST**
SITE DE SANTE	**SUD**
SITE DE LONGEVITE	**EST**
SITE DE PROSPERITE	**NORD**
SITE DES DIFFICULTES	**NORD-OUEST**
SITE DES PERTES ET SCANDALES	**OUEST**
SITE DES OBSTACLES	**SUD-OUEST**
SITE DE LA MORT	**NORD-EST**

KAN (PORTE DE DERRIERE: NORD

SITE PRINCIPAL	**NORD**
SITE DE SANTE	**EST**
SITE DE LONGEVITE	**SUD**
SITE DE PROSPERITE	**SUD-EST**
SITE DES DIFFICULTES	**OUEST**
SITE DES PERTES ET SCANDALES	**NORD-OUEST**
SITE DES OBSTACLES	**NORD-EST**
SITE DE LA MORT	**SUD-OUEST**

CHIEN (PORTE DE DERRIERE: NORD-OUEST)

SITE PRINCIPAL	**NORD-OUEST**
SITE DE SANTE	**NORD-EST**
SITE DE LONGEVITE	**SUD-OUEST**
SITE DE PROSPERITE	**OUEST**
SITE DES DIFFICULTES	**SUD-EST**
SITE DES PERTES ET SCANDALES	**NORD**
SITE DES OBSTACLES	**EST**
SITE DE LA MORT	**SUD**

KUN (PORTE DE DERRIERE: SUD-OUEST)

SITE PRINCIPAL	**SUD-OUEST**
SITE DE SANTE	**OUEST**
SITE DE LONGEVITE	**NORD-OUEST**
SITE DE PROSPERITE	**NORD-EST**
SITE DES DIFFICULTES	**EST**
SITE DES PERTES ET SCANDALES	**SUD**
SITE DES OBSTACLES	**SUD-EST**
SITE DE LA MORT	**NORD**

KEN (PORTE DE DERRIERE: NORD-EST)

SITE PRINCIPAL	**NORD-EST**
SITE DE SANTE	**NORD-OUEST**
SITE DE LONGEVITE	**OUEST**
SITE DE PROSPERITE	**SUD-OUEST**
SITE DES DIFFICULTES	**SUD**
SITE DES PERTES ET SCANDALES	**EST**
SITE DES OBSTACLES	**NORD**
SITE DE LA MORT	**SUD-EST**

TUI (PORTE DE DERRIERE: OUEST)

SITE PRINCIPAL	**OUEST**
SITE DE SANTE	**SUD-OUEST**
SITE DE LONGEVITE	**NORD-EST**
SITE DE PROSPERITE	**NORD-OUEST**
SITE DES DIFFICULTES	**NORD**
SITE DES PERTES ET SCANDALES	**SUD-EST**
SITE DES OBSTACLES	**SUD**
SITE DE LA MORT	**EST**

LI (PORTE DE DERRIERE: SUD)

SITE PRINCIPAL	**SUD**
SITE DE SANTE	**SUD-EST**
SITE DE LONGEVITE	**NORD**
SITE DE PROSPERITE	**EST**
SITE DES DIFFICULTES	**NORD-EST**
SITE DES PERTES ET SCANDALES	**SUD-OUEST**
SITE DES OBSTACLES	**OUEST**
SITE DE LA MORT	**NORD-OUEST**

COMPARER LES FORMULES

Il faut noter que la théorie des Huit Sites est l'une des formules de la boussole utilisées par les maîtres de Feng Shui. Elle est semblable, mais pas identique, à la formule Pa Kua Lo Shu, qui est plus puissante *(voir pp. 98-103)*.

TRUCS PRATIQUES POUR IDENTIFIER LES MAISONS ET LES LOCALISATIONS

Quand il s'agit de définir les huit sites d'une maison, la première chose dont vous avez besoin, c'est du plan de la maison. Il doit être tracé en respectant l'échelle, car les mesures doivent être exactes. Ensuite, trouvez le centre de la maison, tracez un cercle autour, et divisez le cercle en huit secteurs égaux. Placez une boussole sur le plan pour déterminer les directions, puis marquez chaque secteur pour, selon la lecture de la boussole, identifier les huit directions et localisations.

Ce n'est pas seulement pour une maison que l'on doit se livrer à cette analyse; un immeuble, un ensemble commercial, une région entière, ou une petite chambre, doivent être estimés de la même manière. Il n'y a pas de limitation spatiale dans l'application du Feng Shui, parce que les influences du Feng Shui sont directionnelles. Elles s'appliquent aussi bien aux petites surfaces qu'aux grandes.

La position de la cuisinière est essentielle pour les calculs du Feng Shui. Si elle fait face à la porte de devant, ou de derrière, le Chi positif disparaîtra promptement. Si elle est trop près du réfrigérateur ou de l'évier, il y aura un conflit entre les éléments Feu et Eau.

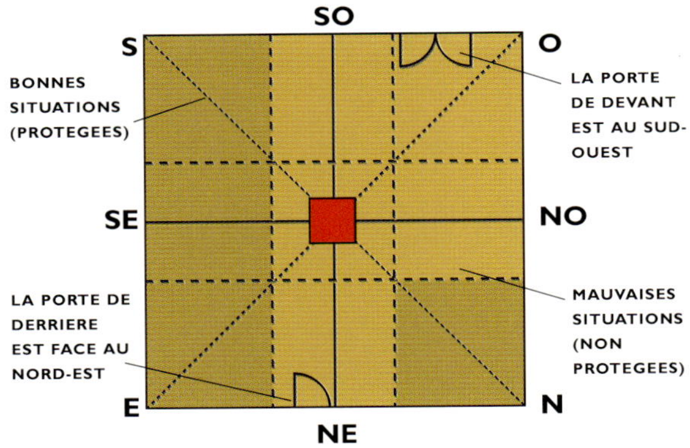

C'est en identifiant les directions de la boussole que l'on parvient à diviser une maison en ses huit secteurs bons et mauvais. Il s'agit ici d'une maison Ken, parce que sa porte de derrière est orientée au Nord-Est.

Pour identifier les maisons, et ainsi déterminer les localisations, il faut procéder à une détermination correcte et précise de l'orientation des portes de devant et de derrière. Cependant, avec la nouvelle architecture moderne, il peut être bien difficile de savoir quelle est la porte de devant, et quelle est la porte de derrière, surtout quand nous avons affaire à des maisons qui ont quatre portes, ou à celles qui ont plusieurs portes secondaires, comme les portes des patios, ou celles qui donnent sur le solarium.

Autrefois, les maisons bien situées étaient adossées à une montagne, et donnaient sur une rivière. Les maîtres de Feng Shui contemporains, remplacent les montagnes par de grands bâtiments, et substituent aux rivières, des routes – si bien que la direction de la maison ou de l'immeuble donnant sur la voie principale est considérée comme le devant, et le côté opposé comme l'arrière.

On tient aussi que le vrai devant de la maison est là où il y a la plus grande concentration de Chi favorable. C'est le côté du bâtiment qui donne soit sur la voie principale, soit sur une grande surface de terre non exploitée, comme un parc, un terrain découvert, un terrain de jeux pour les enfants, une zone piétonne. Le côté de votre maison qui donne sur ce genre d'espace est considéré comme le devant (l'arrière est bien entendu le côté opposé).

Dans les cas assez rares où la maison a une forme irrégulière ou inhabituelle (par exemple, en L, en croix, ou en papillon), elle est considérée comme n'ayant pas une seule porte de devant et une seule porte de derrière. Chaque aile du bâtiment est considérée comme une entité indépendante qu'il faut examiner séparément. Ce genre de maison est tenu pour défavorable, à cause de son absence de centre. Parce qu'elle n'a pas une porte de devant clairement établie, la maison pâtit – le Chi favorable qui y vient se disperse facilement, et il est ainsi perdu pour la maison.

Enfin, il est nécessaire d'aborder les difficultés pratiques liées aux plans architecturaux. Il n'est certes pas possible de borner l'utilisation de votre maison aux seuls bon sites. On ne peut placer tous les lits et toutes les portes de la maison dans les quatre bonnes localisations, et n'installer dans les quatre mauvaises que les toilettes et le débarras. L'affaire se complique encore quand les membres de la maisonnée se répartissent à égalité entre les groupes Est et Ouest. Il sera nécessaire de trouver un compromis.

Ce compromis peut être réalisé, si l'on parvient à déterminer les désirs prédominants de la famille. Est-ce la richesse, la santé, l'harmonie familiale, ou un bon mariage? Selon le résultat, vous pouvez prendre les bonnes dispositions.

Toutes les pièces n'ont pas une importance égale, dans le Feng Shui. Il est possible de classer les structures et les objets mobiliers selon l'influence qu'ils exercent sur sa destinée. Cependant, pour obtenir un bon Feng Shui, il y a trois choses qu'il convient de faire ressortir, à savoir: la situation et la direction des portes principales (devant et derrière), des chambres, et de la cuisinière.

S'il y a un conflit d'intérêt entre l'époux et l'épouse – parce que chacun apparient à un groupe différent – les portes principales et la cuisinière doivent être situées de façon bénéfique pour le mari, et la chambre doit être installée en un secteur qui profite à la femme.

Si la maison n'est pas symétrique, et que le "centre" se trouve à l'extérieur du bâtiment même, ou ne soit pas clairement défini, comme c'est le cas pour les maisons en L ou en U, il faut diviser la maison en deux ou trois parties séparées avant d'entreprendre de déterminer les huit sites.

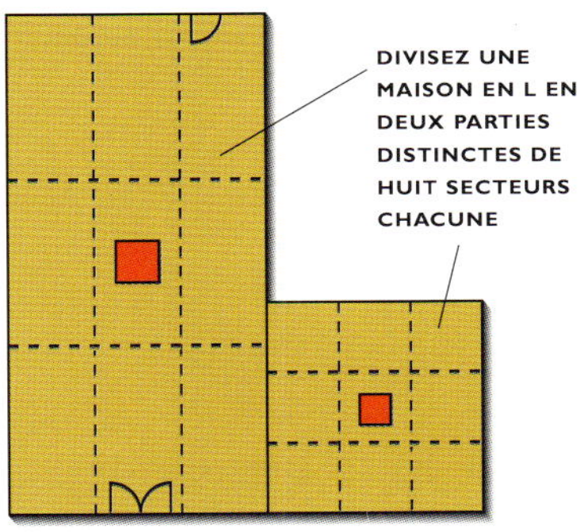

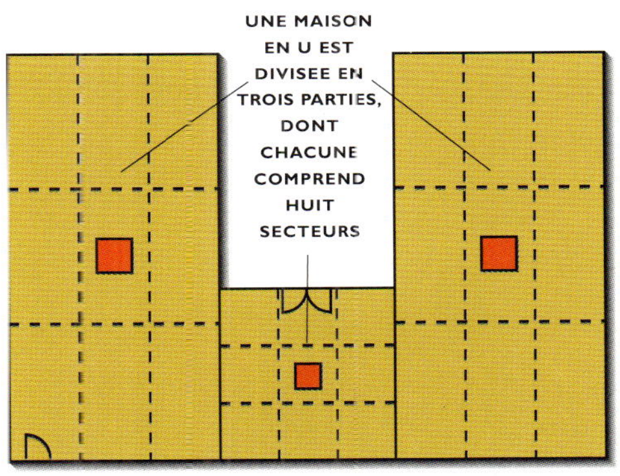

LA THEORIE DU PA KUA LO SHU

La théorie du Pa Kua Lo Shu, comme son nom le suggère, est fondée sur les deux premiers symboles de la pratique du Feng Shui – le Pa Kua octogonal, et le carré magique Lo Shu divisé en neuf secteurs. En combinant les puissances de ces deux symboles, les maîtres de Feng Shui ont formulé des énoncés qui sont censés être très puissants si on les observe scrupuleusement. Selon ces énoncés détaillés, il est possible pour chacun de déterminer quelles sont ses quatre directions favorables et ses quatre directions défavorables. De ce point de vue, cette théorie est très semblable aux deux autres, dont nous avons déjà parlé.

Selon la théorie du Pa Kua Lo Shu, chaque demeure peut être divisée en neuf secteurs, dont huit correspondent aux huit directions de la boussole, et aux huit côtés du Pa Kua, le neuvième étant le centre. Chacun de ces secteurs représente l'une des huit situations favorables ou défavorables (cf. infra). Il est nécessaire de faire la différence entre localisations et directions – les pièces doivent être situées dans une localisation favorable, et faire face à une direction favorable. Cependant, la direction est déterminée depuis l'intérieur de la maison, en regardant vers l'extérieur.

Selon les adeptes du Feng Shui, une fois que vous avez identifié avec succès les bonnes et les mauvaises caractéristiques Feng Shui des divers secteurs de votre maison, vous êtes à même de répartir les pièces et de les disposer de façon qu'elles soient bénéfiques, pour vous et les membres de votre famille.

Comme pour toutes les théories du Feng Shui, il faut donner aux résultats une application pratique, et personne n'est tenu de se livrer à de vastes entreprises de reconstruction de pièces ou de

L'activation du secteur Sheng Chi de votre logis apportera la réussite dans vos examens.

Sheng Chi est la meilleure localisation pour la richesse et la prospérité.

redisposition de la porte de devant. Le plus souvent, il s'agit de solutions simples et pragmatiques, quelles que soient les formules de Feng Shui utilisées – ces mesures vont de l'installation d'une plante à la disposition de miroirs – ; dans les chapitres suivants, nous parlerons plus en détail du design intérieur.

L'activation du Nien Yen, le site de longévité du foyer, est particulièrement bénéfique pour améliorer la qualité de la vie.

UN CAS SERVANT D'EXEMPLE

M. Loh était un homme d'affaires populaire, qui vivait à l extérieur de Canton. Il avait une affaire florissante – qui consistait à acheter et à revendre du mobilier et des objets de décoration pour les intérieurs. Son nombre Kua était 4, et celui de son épouse, 1 (qui correspondait à son meilleur nombre Lo Shu, à lui). C'était une famille heureuse, qui avait eu le bonheur d'avoir cinq enfants (tous des garçons).

Mais quand M. Loh décida d'agrandir sa maison, les problèmes firent leur apparition. Par mégarde, M. Loh changea la position de son four, et, ce faisant, il orienta "la bouche à feu" de son appareil de cuisine au Sud-Ouest (i.e. chiffre Lo Shu, 2). C'était sa direction Wu Kuei – des Cinq Esprits. Et pis encore, c'était pour sa femme la direction Cheh Ming (la Pire). Et comme si tout cela ne suffisait pas, M. Loh avait aussi changé l'orientation de sa porte principale, qui maintenant était dans la direction Wu Kuei.

Une tragédie s'ensuivit. M. et Mme Loh perdirent leurs cinq fils. C'est tout à fait par hasard que M. Loh rencontra Maître Qi, un maître de Feng Shui de la région, qui était très compétent quant à la théorie Pa Kua Lo Shu. Il se rendit sur les lieux, et ne tarda pas à établir son diagnostic, et à demander que l'on procède à certaines modifications.

D'abord, le maître resitua la cuisine au secteur Sud-Ouest, le secteur Wu Kuei, pour "faire pression" sur les Cinq Esprits. Puis il orienta le four de façon qu'il soit dans la direction Nien Yen, à savoir le Nord. Et il fit déplacer la porte principale, de façon qu'elle soit dans la direction Tien Yi, au Sud.

Au bout de quelques mois, Mme Loh était enceinte, et, l'année suivante, un fils leur naquit.

Déterminer avec soin les sites favorables, assure une vie familiale heureuse.

LA RELATION ENTRE LES NOMBRES KUA ET LES LOCALISATIONS

Selon la théorie Pa Kua Lo Shu, la situation des sites favorables et des secteurs défavorables, est différente pour chacun. Pour identifier les quatre localisations favorables qui vous apporteront différentes sortes de chance, et les quatre localisations défavorables, qui doivent à tout prix être évitées, il vous faut d'abord calculer votre nombre Kua. Deux formules vous permettent de le faire – l'une pour les hommes, l'autre pour les femmes (cf. p. ci-contre). Vous trouverez de fréquentes références aux nombres Kua aux chapitres suivants. Il est bon, ainsi, que vous déterminiez votre nombre Kua, et que vous vous en souveniez.

Chaque nombre Kua est lié à des localisations favorables et défavorables, et chacun est représenté ci-dessous, pour plus de facilité, au centre d'un dessin octogonal (chaque dessin comporte le Nord en haut, pour faciliter l'orientation). Les sites favorables et défavorables sont nommés selon leur sens *(voir pp. 102-103)*, et colorés différemment *(voir ci-dessous)*. Il faut noter que dans ce système de Feng Shui, il n'y a pas de chiffre Kua "5"; les hommes qui ont 5 pour chiffre Kua doivent utiliser le chiffre 2, et les femmes qui sont dans le même cas, le chiffre 8.

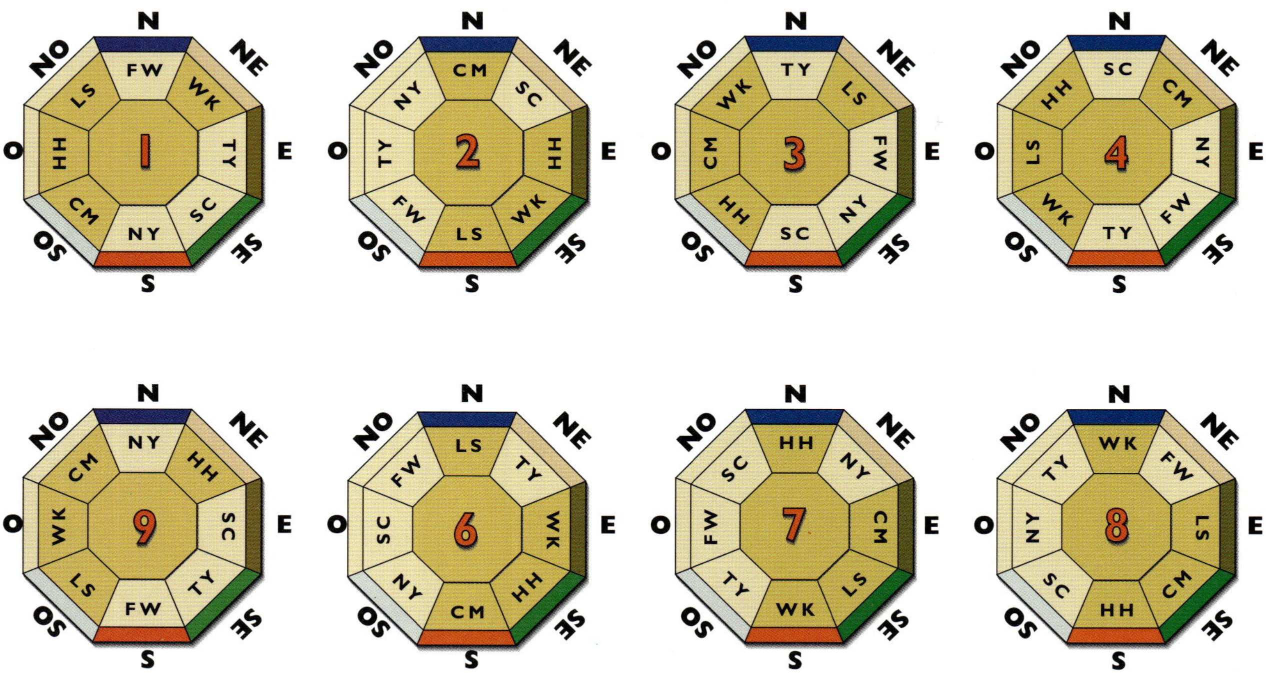

Une fois que vous serez en possession de votre chiffre Kua, vous serez à même d'utiliser les représentations octogonales ci-dessus, pour trouver vos localisations favorables et défavorables.

LOCALISATIONS FAVORABLES	LOCALISATIONS DEFAVORABLES
Fu Wei = FW	*Ho Hai = HH*
Tien Yi = TY	*Wu Kwei = WK*
Nien Yen = NY	*Chueh Ming = CM*
Sheng Chi = SC	*Lui Sha = LS*

CALCULER VOTRE CHIFFRE KUA

CHIFFRES KUA POUR LES HOMMES

Prenez votre année de naissance, et additionnez ensemble les deux derniers chiffres (dizaines et unités); si le résultat est 10 ou plus, additionnez les deux chiffres de ce résultat, pour le réduire à un seul chiffre; soustrayez le résultat à 10 – la différence est votre chiffre Kua.

CHIFFRES KUA POUR LES FEMMES

Prenez l'année de votre naissance, additionnez ensemble les deux derniers chiffres; si le résultat est 10 ou plus, additionnez-en encore les deux chiffres, pour obtenir un seul, puis ajoutez 5. Si la somme est encore de deux chiffres, additionnez-les pour n'en obtenir qu'un, qui est votre chiffre Kua.

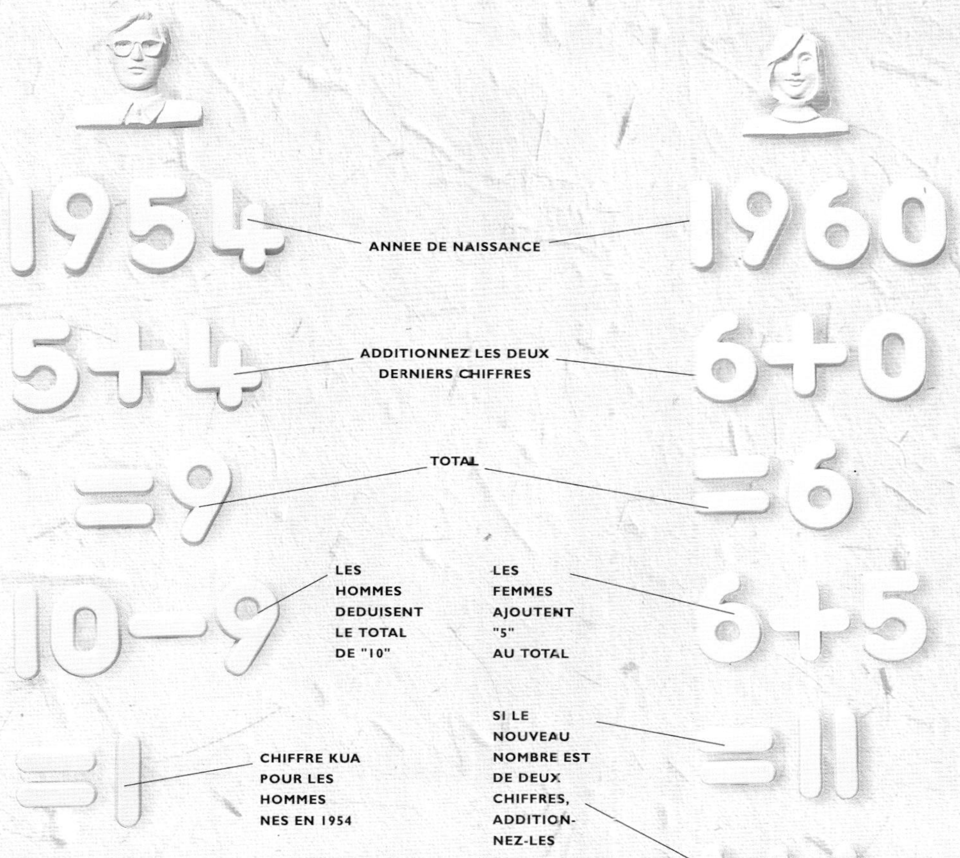

Pour que le calcul soit exact, vous devez ajuster votre année de naissance, si vous êtes né avant le Nouvel An lunaire – c'est-à-dire, en janvier, ou début février. Par exemple, si vous êtes né en janvier 1946, mais que votre date de naissance précède le nouvel an lunaire 1946, vous devez utiliser 1945 comme année de naissance.

LES LOCALISATIONS FAVORABLES

SHENG CHI

"le souffle générateur"

C'est le meilleur site pour attirer beaucoup de prospérité. Si vous êtes dans la politique, activer votre site Sheng Chi, ou y puiser, vous confèrera une position élevée et honorable. Si vous êtes étudiant, cela vous apportera le succès aux examens, et dans toutes les branches que vous étudiez. Si vous êtes homme d'affaires, cela vous donnera une grande richesse. Pour puiser le Sheng Chi, installez votre chambre, votre cabinet de travail et/ou votre porte de devant, dans ce secteur, et disposez votre porte de devant pour qu'elle soit orientée dans cette direction.

Si vous cherchez la prospérité sous n'importe quelle forme, placez votre porte de devant dans votre suite Sheng Chi.

TIEN YI

"docteur du ciel"

C'est la meilleure localisation pour les membres de la famille qui sont malades ou qui ont des problèmes de santé. Tien Yi est très efficace dans la guérison des maladies prolongées et inexplicables. Le meilleur moyen de puiser dans le site Tien Yi, c'est d'y installer la cuisinière familiale. Positionnez la cuisinière avec sa source d'énergie (la "bouche à feu") orienté dans la direction Tien Yi.

Mettre la cuisinière dans le secteur Tien Yi se révélera favorable pour la santé de la famille.

NIEN YEN

"longévité avec de riches descendants"

C'est la localisation pour améliorer la qualité de votre vie domestique et de vos relations familiales – entre mari et femme, parents et enfants, et frères et soeurs. La localisation Nien Yen doit être mise à contribution si les membres de la famille se disputent trop ou ne peuvent avoir d'enfants. C'est aussi favorable si des enfants arrivés à l'âge adulte ont des difficultés à trouver un parti. C'est aussi un site excellent pour situer la chambre du chef de famille, si le mari et la femme font chambre à part. Le Nien Yen est excellent comme lieu de guérison pour toutes sortes de problèmes et de difficultés familiaux.

Résolvez les problèmes de couple en installant la chambre du maître de maison dans le secteur Nien Yen.

FU WEI

"harmonie générale"

C'est le site propice à la paix. Il est favorable au maintien de la chance en général, et à la jouissance d'une vie de bien-être, bien qu'il ne contribue à rien de spectaculaire, quant à la richesse ou aux affaires. Fu Wei offre mieux qu'une destinée moyenne – des moyens d'existences confortables, plus de garçons que de filles dans la famille (les anciennes générations considéraient cela comme une manifestation de bonne destinée), et une forte protection contre le mauvais sort.

LES LOCALISATIONS DEFAVORABLES

HO HAI

"accidents et mésaventures"

Le site conduit à des pertes financières et toutes sortes de difficultés et de frustrations intermittentes. Cependant, c'est le moins défavorable des quatre sites défavorables. Un débarras dans ce coin conviendrait tout à fait.

Un débarras serait à sa place dans le site Ho Hai.

WU KWEI

"Cinq Esprits"

Ce site produit ce genre de mauvais sort qui aboutit à des incendies, vols, pertes de revenus, perte d'emploi. Il cause aussi des querelles et de l'incompréhension entre les membres de la famille, et entre vous et vos amis et collègues. Wu Kwei est cause de mésentente au foyer et au travail. Vous pouvez supprimer les Cinq Esprits en installant vos toilettes en ce lieu, ce qui aura pour effet de les faire partir en tirant la chasse.

Installer les toilettes dans le secteur Wu Kwei, est ce qui convient.

LUI SHA

"six meurtres"

Comme son nom l'indique, ce site représente un grand danger pour vous et votre famille. Il symbolise aussi les occasions manquées au travail et dans les affaires. Lui Sha cause des complications légales, des maladies, des accidents, et, au pire, la mort. On doit aussi placer les toilettes en ce lieu pour supprimer le mauvais Feng Shui. Vous pouvez aussi neutraliser complètement ce secteur en y installant votre débarras.

CHUEH MING

"perte totale des descendants"

Pour la mentalité chinoise, cette localisation représente le pire des désastres qui puissent arriver à une famille. C'est le pire des huits sites, et les adeptes du Feng Shui doivent éviter absolument de mettre la porte de devant (ou la chambre du maître de maison) dans ce secteur. La mauvaise destinée entre sous ses formes les plus graves – les symptômes en sont la perte des enfants, la perte de la richesse, la banqueroute, et/ou de graves maladies chroniques. Il faut coûte que coûte installer dans ce secteur les toilettes ou la salle de bain. Il peut être aussi neutralisé si on y met la cuisine, mais le four ou la cuisinière doit être orienté dans une direction favorable.

Installer la cuisine dans le secteur Chueh Ming neutralisera le mauvais destin associé à ce secteur.

CHOISIR ENTRE DIFFERENTES THEORIES

La philosophie et le symbolisme qui sont à la base d'une grande partie de la science du Feng Shui sont dérivés d'anciens textes, principalement le *I Ching*. Ainsi, comme nous l'avons vu, le symbole principal de la pratique du Feng Shui est le Pa Kua octogonal, avec ses trigrammes. Les interprétations et utilisations des diverses formules sont toutes fondées sur le Pa Kua – ainsi, toutes les théories sont des variations et des extensions mutuelles.

Inévitablement, la similarité entre ces différentes formules confondra quelque peu ceux qui abordent le sujet pour la première fois, et il est facile de tomber dans l'incertitude au sujet de la théorie à suivre. La meilleure approche, c'est d'être aussi pragmatique que possible (le pragmatisme est la grande vertu des Chinois) et d'essayer tour à tour chaque méthode, pour finir par trouver celle qui convient le mieux. Mieux encore, essayez de considérer toutes les méthodes comme des facettes d'un même système complet, et adoptez ce qu'on pourrait appeler une "approche holistique", consistant à marier les différentes théories, et à adopter les parties qui semblent le mieux adaptées à votre situation (c'est, après tout, ce que font beaucoup de professionnels du Feng Shui).

Les influences du Feng Shui ont des dimensions spatiales et temporelles. L'investigation temporelle du Feng Shui est appelée "Feng Shui de l'Etoile Volante".

Le Feng Shui est extrêmement efficace pour l'idylle et le mariage, si les secteurs qui y correspondent sont activés.

Peut-être la meilleure façon d'avoir une approche "totalisante" du Feng Shui, est-elle de prendre conscience de ce que tous les aspects ont pour objectif commun et ultime l'harmonie et l'équilibre. Tels sont les principes qu'il faut toujours avoir à l'esprit.

Il est également important de reconnaître que presque toute la pratique du Feng Shui est symbolique, et non littérale. Ainsi, les huit côtés du Pa Kuan et les trigrammes qui leur sont associés, peuvent symboliser beaucoup de choses différentes – couleurs, directions, objets, éléments, traits de caractère, saisons et planètes, vertus et vices, caractéristiques topographiques, pièces d'une demeure.

Dans ce livre, nous ne pouvons que donner un aperçu de l'ensemble du Pa Kua tel qu'il a été développé par les sages chinois au cours des siècles. Ceux qui souhaitent approfondir la science du Feng Shui doivent se livrer à une étude sérieuse du *I Ching*.

Le Feng Shui peut avoir des effets bénéfiques quant à la richesse et au mode de vie.

THEORIES SUPERIEURES

Il y a aussi des formules plus complexes que celles qui sont présentées dans ce livre. Elles sont généralement plus spécialisées, et concernent un plus grand nombre d'aspects de la pratique du Feng Shui. Par exemple, il y a des énoncés très spécialisés qui ont trait à la dimension temporelle du Feng Shui, où l'importance des forces variant selon les différentes périodes, les mois et les jours, est prise en compte. Cette méthode met en relief l'influence intangible des nombres, pris individuellement ou en combinaison, et elle se fonde sur le modèles des chiffres Lo Shu tels qu'ils se meuvent dans le cycle temporel du calendrier lunaire. L'énoncé et la méthode pour déterminer ces influences bonnes et mauvaises pour les maisons individuelles et les immeubles, sont génériquement appelées "Feng Shui de l'Etoile Volante"

Il y a aussi des formules consacrées exclusivement à l'eau, qui, comme symbole de richesse, joue un rôle essentiel dans la création du bon Feng Shui, et l'une des formules les plus puissantes est le Classique du Dragon de l'Eau. Cet énoncé présente douze directions d'écoulement de l'eau à travers un terrain, fondées sur douze catégories de maison. La méthode pour déterminer la catégorie de votre maison est incluse dans la formule.

Ces formules spécialisées sont pour la plupart extrêmement techniques, et ne doivent être étudiées que par ceux qui ont déjà acquis une base solide dans la pratique du Feng Shui.

Le Feng Shui peut avoir une influence remarquable sur le bien-être des enfants. Pour y parvenir, activer le secteur de connaissance de l'enfant.

TROISIEME PARTIE

LA PRATIQUE DU FENG SHUI

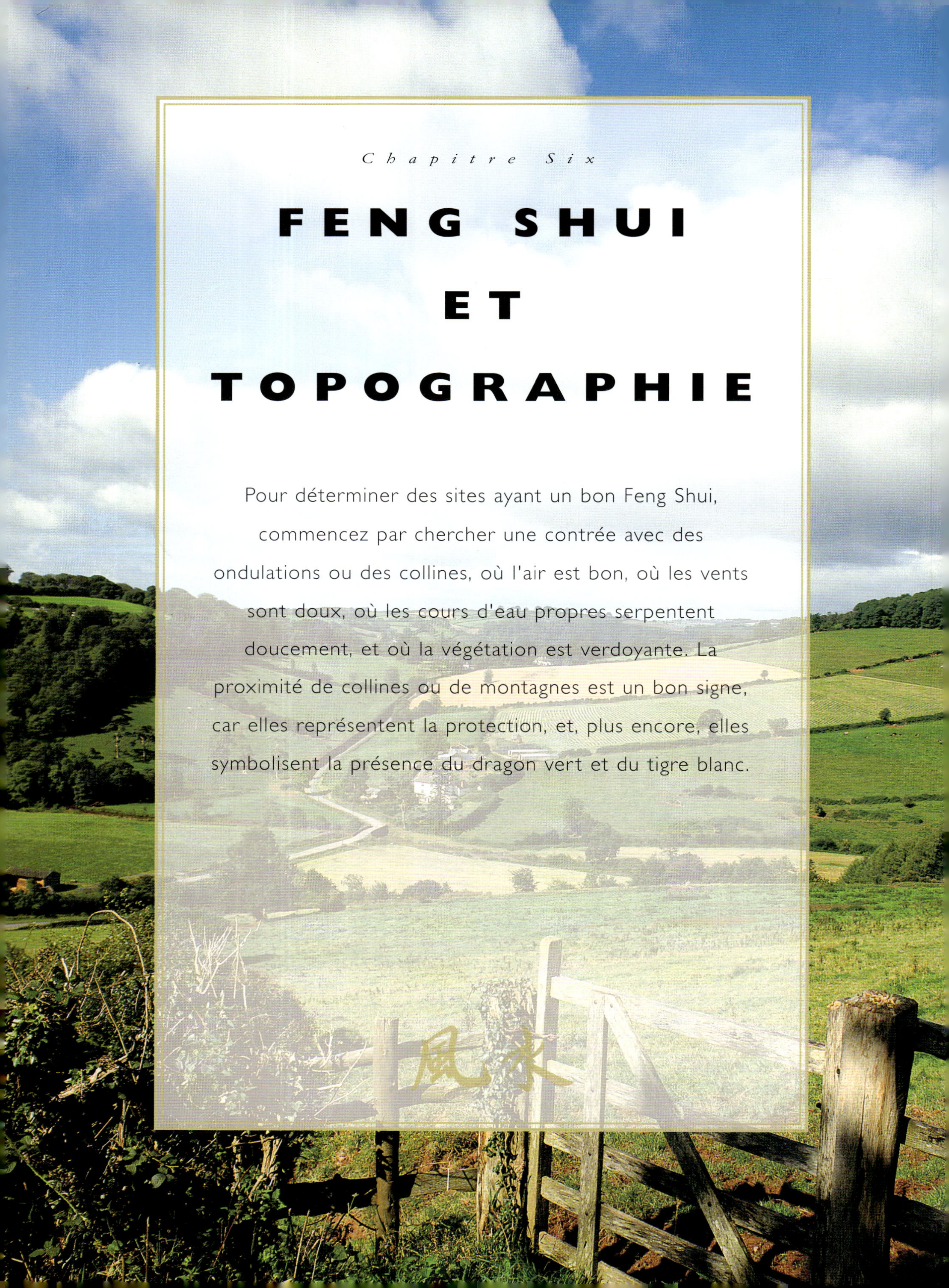

Chapitre Six

FENG SHUI ET TOPOGRAPHIE

Pour déterminer des sites ayant un bon Feng Shui, commencez par chercher une contrée avec des ondulations ou des collines, où l'air est bon, où les vents sont doux, où les cours d'eau propres serpentent doucement, et où la végétation est verdoyante. La proximité de collines ou de montagnes est un bon signe, car elles représentent la protection, et, plus encore, elles symbolisent la présence du dragon vert et du tigre blanc.

風水

Les maîtres de Feng Shui d'autrefois avaient compris que notre destinée est améliorée si nous vivons en harmonie avec la nature, puisant ainsi dans ses influences favorables. La nature est considérée comme un organisme vivant, dont le souffle pénètre tout. Elle produit ainsi les conditions que les adeptes modernes appellent "chance" ou "malchance". Les paysages qui entourent notre logis ou notre lieu de travail, doivent refléter cette interaction harmonieuse avec la nature, pour qu'il y ait un bon Feng Shui.

L'harmonie avec la nature est établie plus facilement si votre demeure est située en un lieu qui bénéficie des influences favorables du terrain, ce qui comprend les montagnes voisines, les lacs et les rivières proches; un endroit où la qualité de l'air et du vent suggère une présence abondante du "souffle" bienfaisant de la nature.

Dans la tradition du Feng Shui, les localisations favorables sont d'ordinaire des lieux légèrement élevés, où le "dragon vert de l'est" cohabite sans heurt avec le "tigre blanc de l'ouest", leurs corps étant incurvés l'un vers l'autre, en forme de fer à cheval, ou de fauteuil. En même temps, le site doit être protégé des vents du nord par une rangée de collines, appelées symboliquement "la tortue noire". Au sud, la présence du "phénix vermeil" améliore considérablement le site, et s'il y a aussi un cours d'eau lent ou sinueux, et que la végétation de l'endroit soit verte et luxuriante, vous avez trouvé alors le site Feng Shui idéal. Y asseoir votre demeure vous vaudra une richesse, un bien-être, et une chance abondants.

En revanche, certains types de terrains ne peuvent jamais être favorables. Les maîtres de Feng Shui disent qu'un terrain totalement plat ne peut héberger de dragon, non plus que les lieux où l'air est vicié, où les plantes ne peuvent s'épanouir, où les vents sont violents, et où les collines sont pointues.

Ce beau paysage des Alpes autrichiennes reflète l'équilibre naturel du Yin – l'eau étale – et du Yang – les montagnes dominantes.

SITES PREHISTORIQUES

Le symbolisme du dragon et du tigre, de la tortue et du phénix, peut aussi être lu dans les structures artificielles. Un tertre préhistorique, par exemple, peut être considéré comme une très belle colline en forme de tortue. Si l'arrière de votre maison est protégée par une telle colline, vous ne manquerez jamais de soutien. Mais si vous faites face à la colline, en ayant votre porte principale donnant sur elle, vous risquez d'être toujours accablé par le mauvais sort.

Silbury Hill, un tertre préhistorique du Wiltshire (Angleterre).

LES SYMBOLES DE LA TOPOGRAPHIE FENG SHUI

Les aspirants praticiens Feng Shui doivent comprendre que toutes les références à des animaux célestes sont purement symboliques. Les dragons et les tigres sont, en réalité, les collines et les montagnes, ou les contours d'un payage ondulé, comme la tortue et le phénix. Dans un contexte moderne, les maîtres qui pratiquent disent que les immeubles et les maisons avoisinants, peuvent aussi représenter les dragons et les tigres. Il est cependant essentiel de noter que les "collines" dragons doivent toujours être légèrement plus hautes que les "collines" tigres, et que le dragon doit toujours être à votre gauche (à l'est), et le tigre à votre droite (à l'ouest).

Le paysage doit aussi toujours être pourvu du souffle cosmique du dragon, le Chi qui joue un rôle si central et essentiel dans la pratique du Feng Shui. Ce sont les courants d'énergie – invisibles, mais puissants. Le Chi favorable est couramment appelé Sheng Chi ("souffle bienveillant"). Le propos du Feng Shui, c'est de capturer ce Chi, et, partout où c'est possible, de l'utiliser au profit de votre demeure ou de votre lieu de travail.

De tels endroits ne sont pas faciles à trouver, et celui qui pratique le Feng Shui doit faire preuve de quelque imagination. Si vous ne parvenez pas à trouver la parfaite configuration dragon vert/tigre blanc, sachez qu'un terrain légèrement ondulé peut faire l'affaire. Mais faites très attention aux hauteurs d'une certaine importance, et à la distance des montagnes (ou des bâtiments) environnantes. Il ne convient pas d'être cerné par de vastes montagnes (ou de grands édifices), ni d'avoir sa porte d'entrée qui donne sur un versant abrupt. Cherchez à installer vos pénates sur un terrain ayant une vue agréable. Si possible, que la vue donne sur un cours d'eau serpentant, ou sur la mer, au loin. Il est très important que la perspective que vous avez depuis votre maison, ne soit pas obstruée.

Royal Crescent à Bath (Angleterre).
Les maisons dont la porte de devant donne sur un parc, bénificient d'un bon Feng Shui, parce que le Chi a l'occasion de s'accumuler dans l'espace dégagé avant de pénétrer dans la maison. Les maisons ici sont toutes à peu près de même dimension et de même forme, permettant au Chi d'y circuler sans heurt.

Le site idéal – avec des collines aux contours de dragon – tigre – phénix – tortue.

LA "SALLE LUMINEUSE"

L'une des caractéristiques les plus importantes d'une topographie Feng Shui favorable, c'est la "salle lumineuse", c'est-à-dire, un terrain vide, dégagé, devant la porte principale – comme un parc ou un terrain de football, ou simplement un terrain vague. Si l'herbe est bien verte, les résidents des demeures qui y donnent, bénéficieront d'influences favorables.

Les quatre animaux célestes doivent être positionnés correctement, les uns par rapport aux autres, dans le paysage idéal.

LES SITES AYANT UN BON FENG SHUI

Nous ne sommes pas tous des hommes d'affaires comblés ou des stars de cinéma – qui eux peuvent choisir et s'offrir le site rêvé partout dans le monde. Mais nous pouvons cependant choisir un logis bien situé, du point de vue du Feng Shui, et éviter ceux qui sont édifiés sur de mauvais sites.

Lorsqu'on étudie les principes du Feng Shui, on s'aperçoit bien vite que l'ancienne sagesse chinoise relève d'un parfait bon sens, du point de vue moderne concernant les habitations. Chercher une maison d'où l'on jouisse d'une vue agréable, abritée des vents, et qui ne soit pas écrasée par les bâtiments voisins, qui ne soit pas non plus située à côté d'une artère principale, c'est sûrement une bonne pratique de Feng Shui, mais cela ressortit au bon sens, quel que soit le point de vue où l'on se place. Comme les agents immobiliers ne se lassent pas de le répéter, il n'y a que trois choses qui importent quand on achète une propriété, et c'est: la situation, la situation, et la situation.

Les maisons protégées par des bouquets d'arbres, ou des collines ondulantes, bénéficient d'un soutien au cours des époques troublées.

Aussi, supposons que vous soyez sur le point d'acheter un terrain sur lequel bâtir une maison, ou que vous soyez à la recherche d'une nouvelle maison, et que vous examiniez les mérites respectifs des offres qui vous sont faites. Quelles caractéristiques devriez-vous rechercher, du point de vue du Feng Shui?

EAU FAVORABLE

D'abord, cherchez un terrain doucement en pente qui donne sur un cours d'eau. La présence de rivières au cours lent ou de cours d'eau au courant doux, indique toujours un bon Feng Shui. Les meilleures situations sont celles qui semblent "embrassées" par l'eau. Symboliquement, le Chi favorable enveloppe la maison qui y est édifiée, apportant une bonne influence à ses résidents.

Si votre maison est située près d'une rivière, ou même d'un petit cours d'eau, elle a un formidable potentiel de Feng Shui, mais vous devez faire en sorte que l'eau reste claire et non polluée, et que son cours ne soit pas obstrué par des dépôts. L'eau stagnante, polluée, crée un souffle pernicieux, qui apporte maladie et malchance.

LA PROTECTION DES COLLINES

Si vous le pouvez, trouvez un terrain qui soit disposé de telle façon, que l'arrière de votre maison soit protégé par une rangée de collines, un autre bâtiment, un bouquet d'arbres, ou une éminence quelconque, à pente douce. Cela représente la Tortue Noire, qui vous soutient, vous et votre famille, dans les temps difficiles. En termes simples, elle protège vos arrières.

Si la protection naturelle fait défaut, vous devez voir si vous pouvez la créer artificiellement, par exemple, en plantant des rangées d'arbres. Pour cette raison, vous devez éviter d'acquérir une propriété située sur une crête, avec un à-pic à l'arrière de la maison. Cela vous expose au danger. Les bâtiments voisins peuvent aussi symboliser la protection, à condition qu'ils ne soient pas si grands en comparaison de votre maison, qu'ils vous écrasent. La constante de toute la pratique du Feng Shui, c'est la notion d'équilibre. Choisissez le genre de propriété qui soit en harmonie avec le paysage et les maisons environnantes.

SIGNES D'EQUILIBRE DANS LA VEGETATION

Quand vous scrutez le voisinage, observez l'état des plantes et des arbres qui poussent sur les terrains avoisinant votre propriété. Si l'herbe de votre terre est particulièrement verte et grasse, c'est qu'il s'agit d'un site qui a un bon Feng Shui. La végétation prospérera là où le Sheng Chi s'accumule en raison du bon équilibre Yin/Yang, représenté par le soleil et l'ombre, le vent et l'humidité. En un mot, un terrain fertile est un bon Feng Shui, au contraire d'une terre sèche, aride, rocheuse.

Ce siège a la forme favorable d'un fer à cheval, qui est celle du site d'habitation idéal.

Il est préférable de s'abstenir d'édifier une maison près d'une route qui a été percée dans la montagne, particulièrement si de la terre rouge a été exposée, indiquant un dragon blessé.

Vous devez observer aussi la façon dont les divers éléments de la nature – rochers, pierres, types de terre, eau, et la qualité et le type de végétation – coexistent. Quand ils sont en équilibre, aucun ne prédomine; ils sont au contraire complémentaires, et ils assurent la beauté du terrain. L'équilibre constant, telle est la clef permettant de découvrir des endroits pourvus d'un bon Feng Shui.

EXPOSITION AUX ELEMENTS

Enfin, il est essentiel d'éviter les lieux qui sont complètement exposés aux éléments – particulièrement au vent, à l'eau, à la pluie, et aux tempêtes. Les terrains situés au sommet des collines, ou sur les crêtes des falaises, ou trop près de la mer par exemple, sont défavorables.

CHERCHER UN BON SITE – LE TEMPS ET LE CLIMAT

Dans la recherche des sites ayant un bon Feng Shui, les maîtres de Feng Shui accordent une attention toute particulière au moment de la journée où ils mènent leur investigation topographique. Ils croient que certains moments de la journée sont plus favorables que d'autres, pour scruter et analyser les terrains ou les maisons.

Cependant, les maîtres de Feng Shui ont des opinions divergentes à ce sujet. Mais il semble que ce soient les petites heures du matin, juste après le lever du soleil, qui rallient le plus de suffrages, pour l'investigation d'un site, et que le soir, quand le soleil décline, beaucoup s'accordent à trouver qu'il est préférable de ne pas s'y livrer. Cela, dit-on, parce qu'il est important de voir comment le soleil levant affecte votre terrain, ou l'éclaire, pour que vous puissiez évaluer l'interaction et l'équilibre du Yin et du Yang.

Le soleil et ses rayons sont Yang, et l'ombre et l'obscurité sont Yin. Quand le soleil se lève, vous pouvez mesurer l'impact du Yang sur le terrain, alors qu'il se substitue au Yin qui prévalait pendant la nuit. Si l'équilibre est bon, l'endroit vous inspirera un sentiment harmonieux. S'il est en déséquilibre, les sentiments créés seront discordants, et, ainsi, défavorables.

Dans des pays où les changements climatiques saisonniers sont très marqués, les consultants Feng Shui conseillent que les analyses de site soient effectuées à ou vers midi en hiver, et au lever du soleil en été.

Plusieurs textes anciens attachent aussi une grande importance aux conditions climatiques qui prévalent le jour où l'on inspecte un terrain. La pluie est considérée comme favorable, et s'il commence à pleuvoir même quand vous êtes en train de scruter votre terrain, c'est un signe que celui-ci a un bon Feng Shui. Mais si la pluie devient une trombe ou une tempête, c'est que la journée est maintenant déséquilibrée. Ce n'est pas bon signe.

Il importe de noter que cette partie du conseil se fonde autant sur la superstition et le folklore culturel que sur l'autorité des maîtres classiques. Les Chinois ont toujours cru que la pluie légère est

Un paysage sec avec des vents violents, comme celui du Grand Canyon, n'héberge pas de dragon, et n'est donc jamais favorable.

En revanche, ce paysage montueux, verdoyant, est une demeure parfaite pour le dragon, et il sera rempli d'énergie prometteuse, et protectrice.

Décider du moment de la journée pour analyser le site, est une partie très importante du Feng Shui. Un jour orageux (à gauche) est défavorable, tandis que l'ensoleillement (ci-dessous) indique que la journée est trop avancée pour que l'on puisse juger de l'équilibre Yin/Yang.

un signe favorable pour presque tout – ils croient qu'elle est le signe d'un heureux dragon céleste et qu'elle symbolise l'abondance, l'argent, la richesse. Ces croyances ont sûrement leur origine dans le cycle saisonnier: la pluie légère est importante pour irriguer les champs et assurer une bonne récolte.

L'INFLUENCE DES TYPES DE VENT

Il est important de prendre garde à la direction et à la force des vents auxquels votre terrain sera exposé, parce que les brises légères sont favorables, mais les vents forts qui giflent votre maison éparpilleront le Chi bienfaisant et l'empêcheront de s'établir. Les sites qui sont à l'abri des grands vents sont excellents, comme le sont ceux dont l'avant est exposé aux brises chaudes, tandis que l'arrière est protégé du froid.

A Hong-Kong et en Chine, il était de règle de planter une ceinture d'arbres protecteurs au nord d'une maison ou d'un village, pour abriter des vents froids. Cet exemple peut toujours être suivi par les constructeurs, dans leurs plans immobiliers. Encore une fois, il est de bon sens d'abriter la maison, et de rendre l'environnement plus agréable.

Dans le contexte des villes modernes, les problèmes de vent sont encore plus importants, parce que les appartements des hautes tours sont vulnérables aux turbulences de l'air – vous ne voudriez pas acheter un appartement qui a un balcon si venteux que vous ne sauriez vous y asseoir en toute sécurité, ni y disposer de plantes. Au rez-de-chaussée, aussi, les espaces entre les édifices très hauts ont pour effet de concentrer et d'accélérer le vent, créant un violent courant d'air.

COLLINES ET ELEMENTS

Si vous avez la chance de pouvoir choisir votre terrain, il est conseillé d'éviter certains types de situation. Les hauts des collines sont des situations défavorables parce que l'eau, et le Chi, s'écoulent du terrain qui s'y trouve, et ainsi, les influences favorables ne peuvent s'y accumuler. Il y a aussi peu de protection contre les ennemis, si le terrain est totalement exposé. Si, cependant, il y a un terrain encore plus haut à proximité, et que vous puissiez y adosser votre maison, le Feng Shui sera considérablement amélioré.

Il y a une autre dimension au Paysage Feng Shui, qui consiste en l'association entre différents éléments et formes de collines. Ainsi, les collines avec des pics aigus représentent l'élément Feu; celles qui sont doucement arrondies au sommet, représentent le métal et l'or. Le Bois est représenté par des collines abruptes, ou qui ont des côtés abrupts, comme les falaises. Enfin, si le plateau a une surface irrégulière, il représente l'élément Eau.

C'est très souvent que même les experts en Feng Shui sont en désaccord au sujet de la forme précise de la colline, et de l'élément représenté. Il faut de l'expérience pour identifier les formes des collines. Mais d'autres indices peuvent aider. Un sol détrempé indique la domination de l'élément Eau, la présence de rochers et de pierres non cimentés par de l'argile, indique l'élément Feu, et une abondance d'arbres indique le Bois.

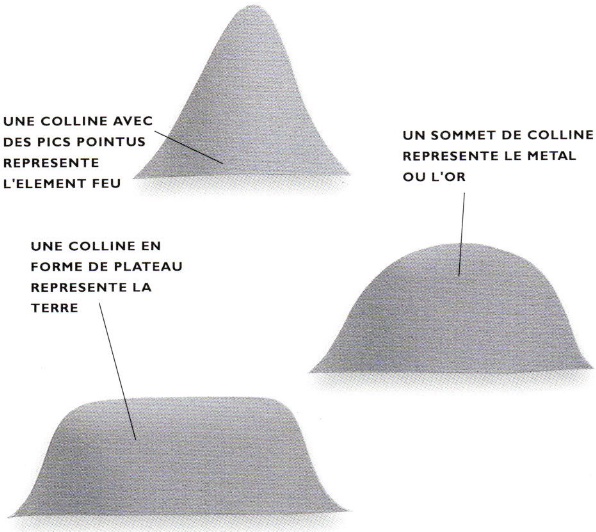

Pour pratiquer le Feng Shui de la topographie, il est nécessaire d'interpréter la signification des formes des collines, car elles peuvent influer sur la contrée environnante. Par exemple, des collines représentant le Feu et l'Eau bouleverseront l'harmonie du pays, et l'eau détruit le fer.

La démarche à faire ensuite, c'est de considérer si les éléments que l'on a identifiés sont en relation mutuelle harmonieuse *(cf. pp. 70-71, cycles élémentaux productifs et destructeurs)*, et – c'est aussi important – s'ils sont en relation harmonieuse avec votre propre élément. *(Toute année de naissance est gouvernée par l'un des Cinq Eléments: vous pouvez voir quel est le vôtre grâce au Tableau des pp. 214-215).* Par exemple, la proximité de collines et de rochers est très préjuciable, car elle rend les résidents prompts à se quereller. D'autre part, là où les combinaisons élémentales sont bénéfiques, les bonnes influences prédominent.

Une piscine en haut d'une colline ou d'un appartement, est de mauvais augure – l'eau située en haut, signifie danger.

MODIFICATIONS QUE L'HOMME APPORTE A LA TOPOGRAPHIE

Quand les contours naturels font défaut dans le paysage, où quand il y a un déséquilibre des forces ou des éléments, créant une dysharmonie dans le site, le Feng Shui conseille de procéder à une modification judicieuse de la topographie. Les effets des rivières rectilignes, et des collines qui menacent la vie et la prospérité, par exemple, peuvent et doivent être modifiés si l'on plante des bouquets d'arbres qui fournissent protection et abri.

Les modifications que l'homme peut apporter à la topographie, ne sont pas toujours heureux. Quand on examine un site, il faut aussi chercher la présence d'un développement potentiel qui peut être actualisé, affectant ainsi le Feng Shui du terrain. Creuser des tunnels dans des collines et des montagnes pour faire des routes droites, n'a rien de bon, car de tels routes apportent le Char Shi et les flèches empoisonnées. Les routes et les constructions peuvent bouleverser l'équilibre du Yin et du Yang, et les directions des vents et des eaux. Et, pire encore, elles peuvent blesser le dragon.

Quand l'empereur Shih Huang Ti ordonna la construction de la Grande Muraille, on pensa que le Feng Shui du pays en serait profondément affecté – et, effectivement, des millions de Chinois y moururent. Depuis lors, le mur symbolise pour les Chinois une grande douleur, et il y a une multitude de légendes déchirantes à ce propos.

CI-DESSUS La Grande Muraille de Chine, construite initalement dans un but défensif, a été la source d'une grande tragédie.

CI-DESSOUS Beaucoup d'interventions humaines dans la topographie ne font en fait que défigurer des sites potentiellement favorables.

FORMATIONS ROCHEUSES

La pratique du Feng Shui a toujours reflété l'inluence des symboles, et l'éventail des symboles favorables et défavorables est si large que l'imagination peut se donner libre cours. Les maîtres de Feng Shui de Hong-Kong sont spécialement imaginatifs, dans leurs interprétations des formations rocheuses, montagneuses, etc.

Maisons sur le Mont Huangshan (Chine).
Vivre au sommet d'une montagne exposée peut être très hasardeux, parce que le Chi est vite dispersé.

S'il y a une formation rocheuse, un bloc de pierre, ou une colline près de la terre que vous examinez, il est conseillé que vous estimiez sa forme et son impact possible. Essayez de vous imaginer confronté chaque jour à elle, quand vous entrez et sortez. Si vous la ressentez comme menaçante d'une façon quelconque, peut-être est-il préférable de s'abstenir de s'établir sur cette terre. En revanche, si vous avez un sentiment heureux chaque fois que vous la voyez, c'est que l'énergie qui en émane peut être très positive.

Il y a dans le folklore du Feng Shui une multitude d'histoires merveilleuses au sujet de villages entiers qui bénéficièrent de l'influence favorable d'un rocher en forme de phénix, ou de tortue, qui veillait avec bienveillance sur la destinée de leurs habitants. Mais d'autres histoires parlent de destructions de récoltes, qui durèrent jusqu'à ce que fût arasée une petite éminence qui dominait le village, et qui semblait représenter un rat avide.

Cette formation rocheuse en forme d'aigle à l'aspect terrible, peut signifier un mauvais destin pour les gens qui vivent à proximité.

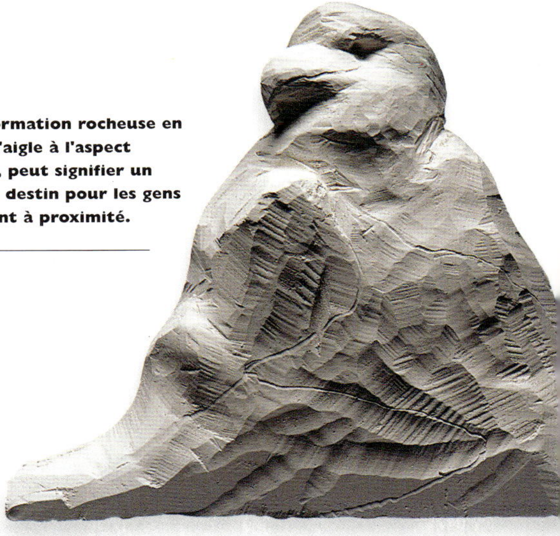

Considérez les collines ou les plates-formes rocheuses qui évoquent pour vous un symbole de chance (une tête de serpent ou de dragon, spécialement si elle semble expectorer une perle). Si la vue de votre propriété, donne sur un tel symbole, votre séjour en ce lieu fera de vous un homme ou une femme riche. Trois petits pics à portée de vue signifient de grands honneurs académiques pour vos enfants, tandis que des

collines et des rochers qui représentent des animaux féroces ou malveillants (tigres, rats, ou aigles) peuvent avoir de mauvaises influences, se traduisant par une mauvaise santé, ou la pauvreté.

Evitez les sites qui se trouvent au-dessous d'une colline couronnée d'une grosse formation rocheuse. Ces pierres peuvent écraser les chances des gens qui vivent à proximité, donnant lieu à une malchance et une pauvreté très graves. Cette recommandation est l'une des plus importantes que font les maîtres de Feng Shui, parce que la présence de formations rocheuses défavorables peuvent retirer tout le bon Feng Shui, même celui des sites idéaux "dragon et tigre". De bonnes caractéristiques Feng Shui ne peuvent prévaloir sur les effets pernicieux de ces mauvaises structures topographiques, à moins qu'on ne trouve un moyen de les détourner, les renvoyer, ou les détruire.

Cet agréable paysage anglais présente un bon Feng Shui. Le terrain est ondulé, échappant ainsi à la monotonie que confère la platitude; il n'est pas non plus escarpé de façon menaçante; les bouquets d'arbres procurent un équilibre d'ombre et de clarté.

L'EFFONDREMENT DES "MID-LEVELS"

Une saillie rocheuse ressemblait à une grenouille malveillante prête à engloutir les alentours.

A Hong-Kong, au cours de pluies diluviennes de 1974, un grand complexe immobilier, sur Po Shan Road, dans le luxueux district des Mid-Levels, s'effondra au beau milieu de la nuit, tuant 300 personnes. Les maîtres de Feng Shui avaient plusieurs fois attiré l'attention des résidents sur le danger représenté par une saillie rocheuse située juste au-dessus du bâtiment, dont la forme ressemblait à celle d'une grenouille malveillante avec la bouche grande ouverte, comme prête à engloutir tous ceux qui se trouvaient au-dessous. Ceux qui prirent au sérieux les avertissements des maîtres de Feng Shui partirent et échappèrent au terrible sort qui fut réservé aux résidents qui restèrent. Depuis ce temps, aucun nouvel immeuble n'a été construit dans le voisinage de la grenouille.

FENG SHUI ET EAU

L'eau symbolise presque toujours la richesse et la prospérité. C'est parce qu'elle est censée être un excellent pourvoyeur de Chi, spécialement si son cours décrit des méandres, si elle est propre, si son courant est lent. Ces caractéristiques permettent au Chi de s'établir, apportant ainsi de bonnes influences. Les rivières au cours rectiligne, et les cours d'eau au courant rapide, ne sont pas considérés comme favorables, parce que le Chi est emporté aussitôt qu'il est créé.

La présence d'eau peut être aussi artificiellement créée, et cela peut être tout aussi efficace, pour le Feng Shui. Les dimensions de l'étang ou du lac qui est ainsi créé, doivent refléter l'équilibre et l'harmonie. Plus l'eau est proche de la résidence, plus la surface doit être petite, pour ne pas submerger la maison avec un Chi trop fort.

Une terre nichée dans les collines, avec vue sur la mer au loin, est préférable à un terrain près de la mer. Il en va de même pour les lacs et les étangs, surtout s'ils sont grands. Ayez toujours à l'esprit que trop de quelque chose, est un déséquilibre. Trop d'eau peut vous noyer.

L'eau sale crée Shar Chi, le souffle empoisonné, qui apporte des vibrations néfastes, spécialement la mauvaise santé. C'est encore pire si l'eau est puante, émanant une odeur de putréfaction, ou si elle est vaseuse et polluée. Un Feng Shui vraiment sain ne peut être créé qu'en présence d'eau pure qui coule sans obstacle.

Les formes décrites par les rivières et les cours d'eau quand ils serpentent, se ramifient, et

Des bâtiments qui, comme ce cottage d'Ecosse, donnent sur une eau paisible, et ont derrière une colline protectrice, ont un excellent Feng Shui.

LE CLASSIQUE DU DRAGON DE L'EAU

Il est utile d'observer le conseil donné dans le *Classique du Dragon de l'Eau*, quand on évalue les mérites relatifs des cours d'eau. Selon cet ouvrage, "si l'eau s'écoule rapidement d'un site, comment la richesse et l'abondance peuvent-elles s'accumuler? Si elle arrive en ligne droite, et si elle part en ligne droite, elle nuira sûrement à l'homme. Si elle se précipite à gauche, le fils aîné connaîtra une mauvaise destinée, si elle se précipite à droite, ce sera le benjamin qui sera en butte à la calamité."

Quand les cours d'eau se rejoignent ou serpentent, les cycles productifs et destructeurs entrent aussi en jeu. Ainsi, l'eau est, en règle générale, très favorable, mais il convient de considérer aussi son cours. Parfois, certaines configurations, au lieu d'apporter un bon destin, peuvent créer un mauvais sort, comme lorsqu'une eau en forme Feu ou en forme de Bois, rencontre une eau en forme de Métal. C'est parce que le Feu détruit le Métal, et que le Métal détruit le Bois. Les cours d'eau représentant le Métal ont de larges méandres, peu accentués, tandis que ceux qui représentent le Feu zigzaguent dans le lit de la rivière. L'eau en forme de Terre change abruptement de cours. (Dans le Feng Shui urbain, les routes peuvent remplacer les cours d'eau).

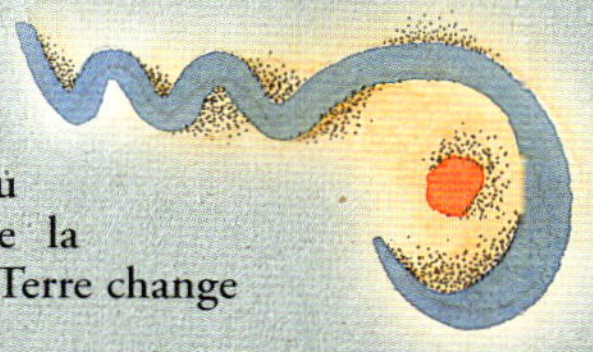

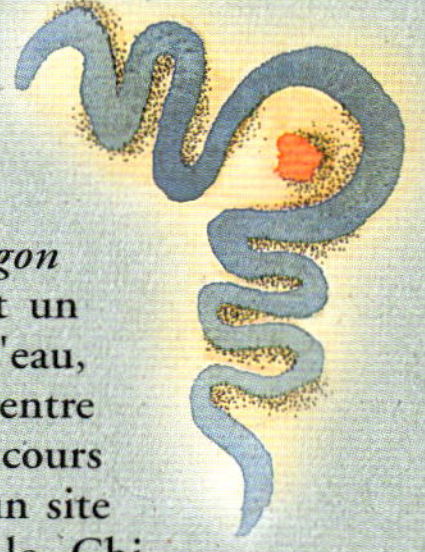

Dans le *Classique du Dragon d'Eau*, une localisation idéale est un site qui se niche parmi les cours d'eau, de façon à être protégé dans le ventre du dragon. Le Chi coule avec les cours d'eau, et les bras qui entourent un site et le protègent sont appelés le Chi intérieur, tandis que le cours principal de la rivière qui entoure le site plus extérieurement véhicule le Chi extérieur. Le Chi extérieur a la capacité de nourrir le Chi intérieur, qui à son tour alimente la maisonnée. Les croquis de cette page montrent des sites favorables pour établir des maisons, en relation avec les divers types de cours d'eau, en prenant en compte leur forme, leurs bras, leurs confluences.

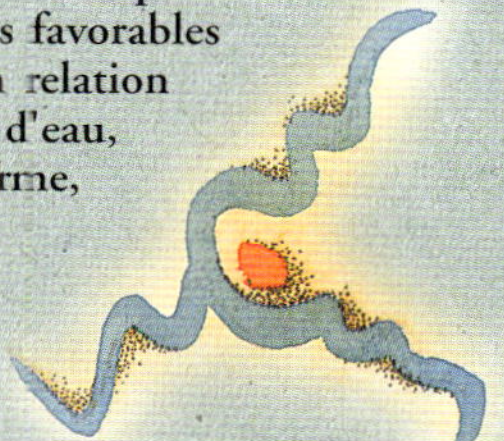

Dans les sites représentés ici, le point indique la situation favorable pour une demeure, où les habitants peuvent obtenir prospérité, richesse, et bonne réputation.

confluent, sont également importantes du point de vue du Feng Shui. Les formes diverses sont associées aux éléments divers, et il est important de vérifier que les relations élémentales sont en harmonie avec votre année de naissance, pour qu'il y ait un bon Chi.

Une maison entourée par les bras protecteurs d'une rivière au cours paisible, est l'une des meilleures positions pour le Feng Shui.

STRUCTURES ARTIFICIELLES

Dans la pratique moderne du Feng Shui, les maisons et les routes peuvent être considérées comme les collines, les maisons, et les voies des anciens maîtres. Il y a cependant de nombreux écueils à éviter, et les structures artificielles doivent être analysées avec soin, car beaucoup sont plus dangereuses que bienfaisantes.

Par exemple, n'allez pas acheter une propriété qui est dominée par un grand bâtiment, ou un terrain qui donne sur une grande structure artificielle, comme des pylônes d'électricité, des tours de transmission, des centrales électriques, ou des châteaux d'eau. Evitez aussi d'acquérir un terrain qui donne sur une voie toute droite (spécialement au bout d'un cul-de-sac), une voie ferrée, et un croisement en T. Cela apporte du Chi empoisonné, auquel il est difficile de remédier, comme le font aussi les bâtiments comportant une croix ou un clocher. Dans le Feng Shui, tout ce qui est droit, et qui est dirigé sur la maison ou le terrain, doit être évité.

De même, les maîtres de Feng Shui n'aiment pas qu'une terre soit située trop près d'une église ou d'un cimetière, un crématorium, ou un hôpital. De ces lieux, les demeures des morts, émanent de fortes vibrations Yin, qui étouffent le souffle de vie. On trouve aussi rarement des dragons résidant près de ce genre de constructions.

De même qu'il convient d'éviter les collines qui symbolisent des animaux malveillants, ainsi on doit se tenir à l'écart des bâtiments qui ressemblent à des objets menaçants, ou qui ont des caractéristiques défavorables. Les autoponts qui ressemblent à des couteaux et à des faux déchirant votre terrain, sont aussi défavorables. Gardez-vous de ces structures et bâtiments, et évitez surtout d'acheter un terrain à proximité, ou, pire, qui donne directement dessus.

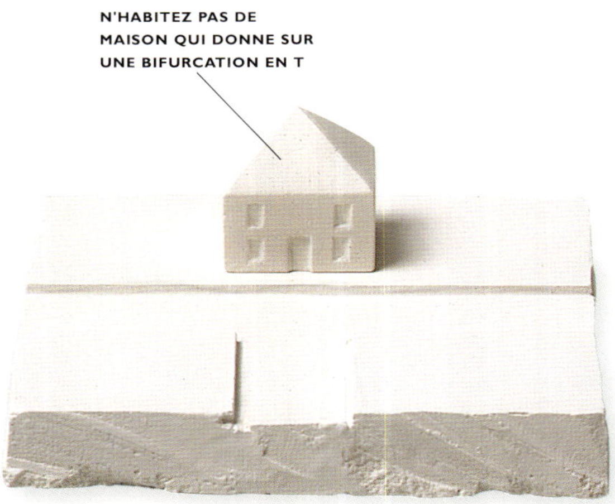

Une maison située juste en face d'un carrefour en T est la cible d'une flèche empoisonnée.

Les bâtiments hauts et les structures artificielles semblables ne doivent pas être édifiés près de maisons aux dimensions plus réduites.

L'EFFET NEFASTE DES AUTOPONTS

Du point de vue du Feng Shui, l'une des structures artificielles les plus nuisibles, c'est peut-être l'autopont. S'il y en a un en face de votre maison ou de votre appartement, ou que vous appreniez qu'on projette d'en construire un, et qu'il serait positionné de manière à sembler faire irruption dans le bâtiment, vous ferez bien de partir le plus tôt possible, étant donné que le "souffle qui tue" des autoponts est extrêmement difficile à contrecarrer.

Au milieu des années 80, à Hong-Kong, un homme très riche et influent reçut ce genre d'avertissement, qu'il négligea – une décision qui devait lui causer un tort immense. Quand un nouvel autopont fut construit près de sa demeure luxueuse, son maître de Feng Shui l'exhorta à déménager à tout prix avant le Nouvel An. A cause de son emploi du temps chargé, il ne trouva pas le temps nécessaire pour déférer à ce conseil, et finit par l'oublier.

Plus tard, dans la même année, il prit un certain nombre de décisions dans ses affaires, qui eurent un effet drastique sur le marché des changes de Hong-Kong, à une époque où les bourses du monde entier étaient en crise. Elles eurent aussi de graves conséquences sur sa propre carrière.

Au début de l'année suivante, il fut arrêté et accusé de corruption, ce qui ébranla l'établissement jusque dans ses fondations. Il lui fallut beaucoup de temps, et beaucoup de procès coûteux, pour résoudre ses problèmes. S'il avait suivi le conseil de son maître de Feng Shui, les choses auraient été tout autrement.

Le Chi empoisonné est présent si la maison est en face d'une grande croix, ou si l'ombre de la croix tombe sur la maison.

Les maisons Yang (demeures des vivants) ne doivent pas être écrasées par une architecture brutale, hostile.

CHOISIR SON TERRAIN

Si vous projetez de faire l'acquisition d'une maison, il est conseillé de chercher tout d'abord si le terrain à vendre est asséché ou comblé, étant donné que le Chi de la terre de ce genre de terrain est souvent instable, et, ainsi, peu favorable.

Quand on choisit de petits lots de terrain dans une agence immobilière, il est conseillé de s'enquérir si tous ceux qui sont en vente sont à peu près de la même dimension, de façon que les maisons qui y seront construites contribuent à un développement régulier et équilibré, et qu'il n'y ait pas de maison aux dimensions extravagantes qui crée un Chi écrasant pour les demeures voisines. L'équilibre encouragera le Chi à circuler sans heurt d'une maison à l'autre. Vous devez aussi vérifier la forme et la position des lignes de la toiture des maisons à construire sur les terrains voisins, pour éviter d'être blessé par des pointes ("flèches empoisonnées").

Vérifiez le système vicinal chez l'agent immobilier, pour voir si le terrain dont vous faites l'acquisition ne donne pas sur une voie rectiligne. Les maîtres de Feng Shui mettent toujours en garde contre l'acquisition de terrains situés dans un cul-de-sac, surtout s'ils se trouvent à l'extrémité même de la voie. Non seulement un tel terrain fait théoriquement face à une flèche empoisonnée dirigée droit sur lui, mais il se trouve aussi symboliquement comme placé dans une "mauvaise passe". Pour les gens qui sont dans les affaires, spécialement, vivre dans un cul-de-sac suggère que les solutions ou les sorties de secours seront difficiles à trouver s'ils se trouvent en butte à des difficultés.

Enfin, prenez connaissance du rythme prévu de construction, de façon qu'un terrain fraîchement creusé, exposé, n'ait pas sur vous d'effet contraire. Quand le terrain a été creusé ou détérioré par la construction, et que le sol est retourné (surtout quand il s'agit de terre rouge), les adeptes superstitieux croient que la terre exposée symbolise le sang d'un dragon blessé, ce qui est un mauvais Feng Shui.

Jusqu'à ce que la situation soit rétablie grâce à une plantation ou à une nouvelle croissance de la végétation, il est conseillé d'éviter de vivre dans de tels sites, ou à proximité. Il vaut mieux éviter d'acheter des propriétés trop proches d'un terrain à construire, surtout si les collines qui doivent être retournées se trouvent au-dessus de votre terre. Les dragons blessés planant au-dessus de vous créeront un mauvais Feng Shui.

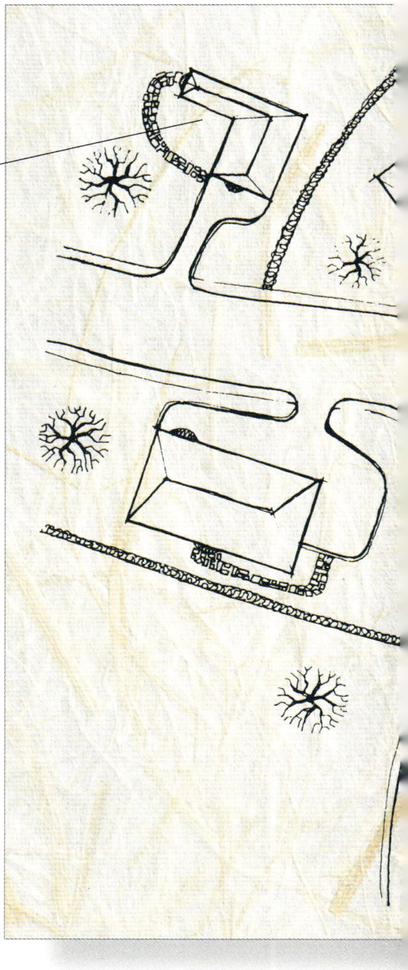

LES TERRAINS DE FORME IRREGULIERE BOULEVERSENT L'HARMONIE DES ENVIRONS.

Le projet de construction d'une agence de promotion immobilière peut donner lieu à une interaction de forces qui créent un mauvais Feng Shui.

Les arbres indiquent qu'il y a beaucoup de Chi sain dans la terre, à laquelle ils apportent une bonne influence. Ils peuvent aussi être utilisés pour arrêter la circulation de Chi préjudiciable.

LA MAISON FAIT FACE A UNE VOIE QUI AMENE UN MAUVAIS SHAR CHI DIRECTEMENT A LA PORTE DE DEVANT

LES MAISONS EN FORME DE L OU DE U ONT DES "SECTEURS MANQUANTS" ET SONT DEFAVORABLES.

UN TERRAIN TRIANGULAIRE EST TRES DEFAVORABLE

DES FLECHES EMPOISONNEES ISSUES DES LIGNES DE LA TOITURE SONT DIRIGEES SUR LA MAISON VOISINE.

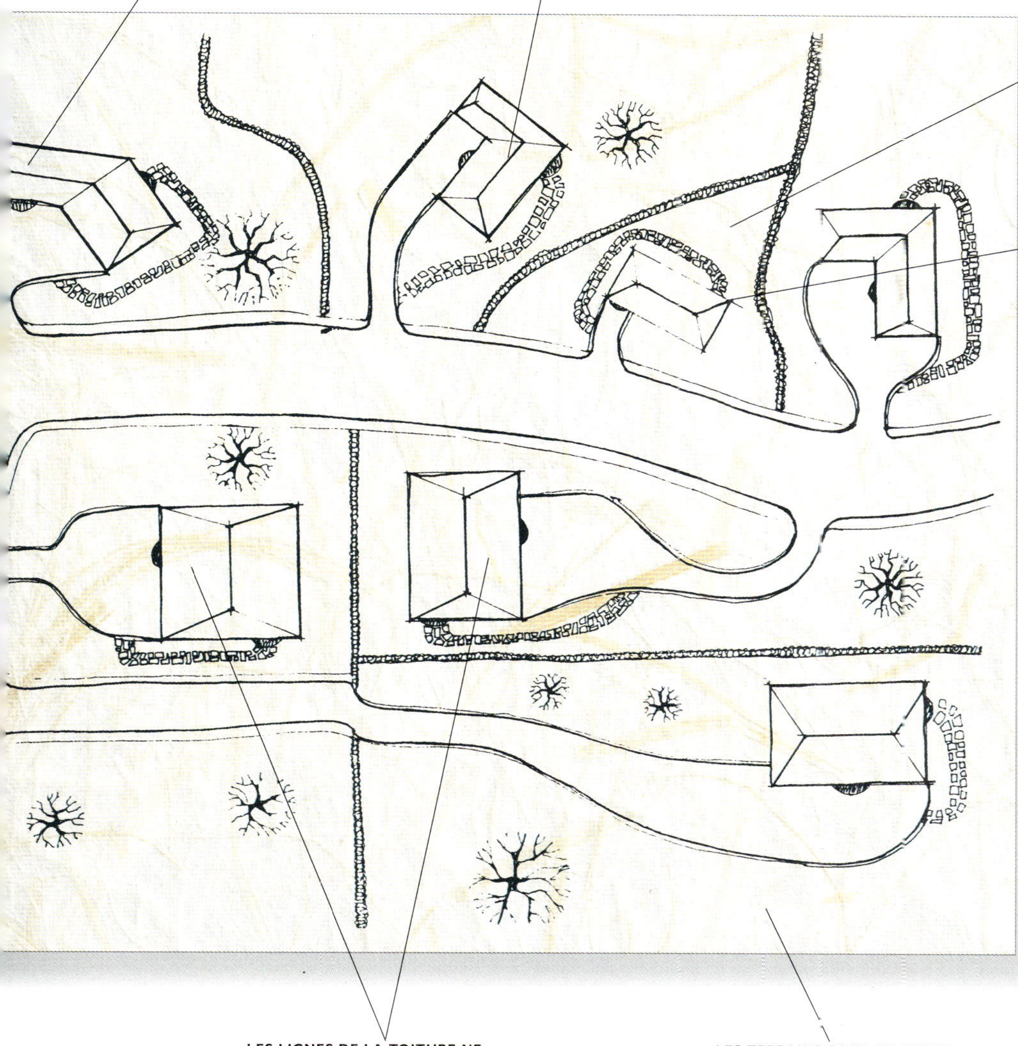

LES LIGNES DE LA TOITURE NE CREENT PAS DE FLECHES EMPOISONNEES POUR LE VOISINAGE.

LES TERRAINS SONT DE FORME REGULIERE, ET LE PLAN D'ENSEMBLE EST EQULIBRE.

Chapitre Sept

LE FENG SHUI ET VOTRE FOYER

Un Feng Shui favorable dans votre foyer est essentiel pour que vous puisiez dans la bonne influence de la terre. Peu importe que le logis soit un palais ou une chambre de bonne. L'endroit où vous demeurez, le lieu où vous dormez et vous abritez, où vous mangez et élevez vos enfants, est celui où vous devez faire en sorte de créer le meilleur Feng Shui possible.

Une fois que votre logis est confortable et équilibré, le courant harmonieux de Chi vous apporte une influence bénéfique, à vous et votre famille, et les problèmes et les obstacles seront plus faciles à vaincre. Le travail au bureau ou ailleurs sera aussi moins stressant, et durant les périodes bénéfiques (quand votre destin céleste est particulièrement favorable), vous bénéficierez d'une très grande chance.

風水

Le chapitre précédent s'achevait par des directives sur le choix d'un site pour votre foyer, du point de vue le plus général – et en particulier, sur sa situation dans la topographie. Une fois que vous avez franchi cette étape, il est nécessaire de passer à la suivante, et de considérer les mérites des terrains individuels, et la situation de la maison sur le terrain.

Le terrain qui a une forme régulière est toujours préférable à celui qui est irrégulier, et les meilleures formes sont le carré et le rectangle. Les formes à éviter sont les triangles, les formes en L, T, ou U, et toute parcelle où les côtés ne sont pas parallèles, ou ont des dimensions inégales. La forme irrégulière du terrain indique souvent qu'il manque un secteur, et cela a de sérieuses implications dans l'analyse Pa Kua, où chaque secteur représente une situation de l'existence. Le Pa Kua octogonal et le carré magique Lo Shu, deux instruments très importants de la pratique du Feng Shui, marchent toujours mieux – et sont moins ambigus dans leurs réponses – quand ils sont appliqués à des parcelles de terre de forme régulière.

Que votre demeure soit un palais (ci-dessous) ou une humble chaumière (à droite), vous et votre famille pouvez bénéficier de l'application des principes du Feng Shui.

EQUILIBRE ET CONCEPTION HARMONIEUSE

Quand vous faites le plan de votre maison, prenez en considération la notion d'équilibre. Un bon Feng Shui a pour dessein de créer et de maintenir l'équilibre entre les divers éléments de l'environnement. Cela signifie considérer attentivement les dimensions de la maison, en proportion avec l'environnement – la taille des portes et des fenêtres, la surface des pièces, et le nombre de portes et de fenêtres. Cela signifie aussi garder un équilibre entre les zones d'ombre et les endroits ensoleillés, entre les pierres et la verdure, entre les couleurs, entre le Yin et le Yang.

PROPORTION

L'équilibre crée l'harmonie, qui à son tour crée un bon Feng Shui pour la maison. Si votre maison est si grande qu'elle écrase ses voisines et, pire, si elle écrase votre terrain, faites en sorte d'avoir dans la disposition architecturale des éléments de compensation. L'utilisation d'éclairages extérieurs a pour effet d'"agrandir" la cour, tandis que les couleurs sombres peuvent être utilisées pour équilibrer la force Yang d'une maison qui est trop grande pour le terrain sur laquelle elle se trouve.

Idéalement, votre maison, ou votre parcelle de terrain, doivent être d'une taille semblable à celles de vos voisins, de façon que le Chi circule sans heurt de l'un à l'autre. Les terrains assez grands pour laisser une assez grande surface autour de la maison sont excellents, et ils permettent la circulation de Chi positif, alors que les demeures qui sont à l'étroit étoufferont le courant de Chi.

L'équilibre doit aussi prévaloir dans le rapport des dimensions des fenêtres à celles des portes (de trois à un), et dans la taille et la hauteur des pièces. Les grandes pièces aérées sont mieux que les petites, mais elles ne doivent pas être trop grandes, ni trop hautes, pour ne pas créer de déséquilibre.

COULEUR

Si possible, faites en sorte que les éléments – représentés par les couleurs des murs – soient

LA PLACE DE LA MAISON DANS LE TERRAIN

Mettez la maison au milieu du terrain, de façon que ni l'avant ni l'arrière ne soient trop grands ou trop petits. Placer la maison trop en avant ou en arrière crée un état de déséquilibre.

Une maison doit être située au centre du terrain; cependant, la cour arrière peut être légèrement plus grande que la cour antérieure, pour assurer une protection à votre maison.

Si le terrain sur lequel une maison doit être édifiée, est de forme irrégulière, vous pouvez "guérir" le problème en utilisant des éclairages de jardin, pour remplacer par la lumière les "secteurs manquants", régularisant ainsi la forme générale. On peut aussi planter des arbres, pour camoufler les irrégularités. Souvent, les petits terrains présentent l'inconvénient d'héberger des bâtiments trop importants, qui ne laissent que peu de place pour la cour. Dans ce cas, "agrandissez" le terrain avec des lumières.

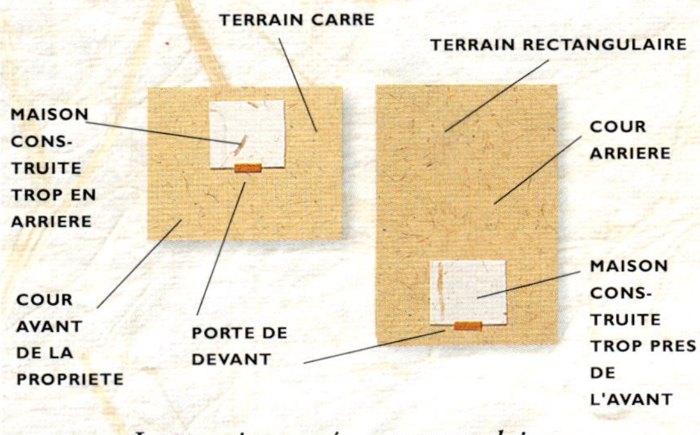

Les terrains carrés ou rectangulaires sont des sites idéaux pour le Feng Shui.

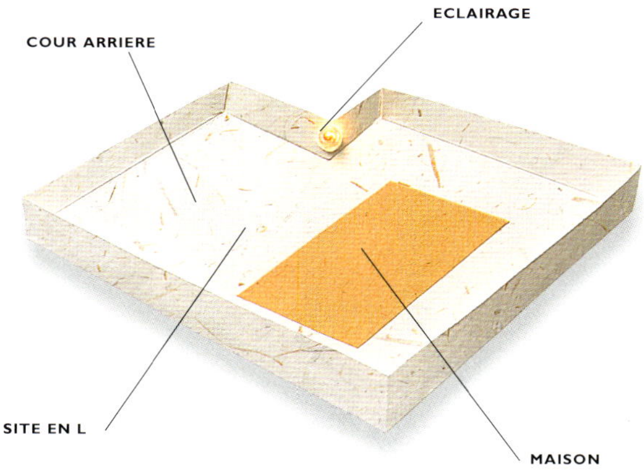

Le coin manquant d'un terrain en L peut susciter des maladies ou une augmentation des accidents pour les habitants de la maison. Cette caractéristique potentiellement préjudiciable de votre propriété peut être neutralisée grâce à l'installation d'éclairages de jardin.

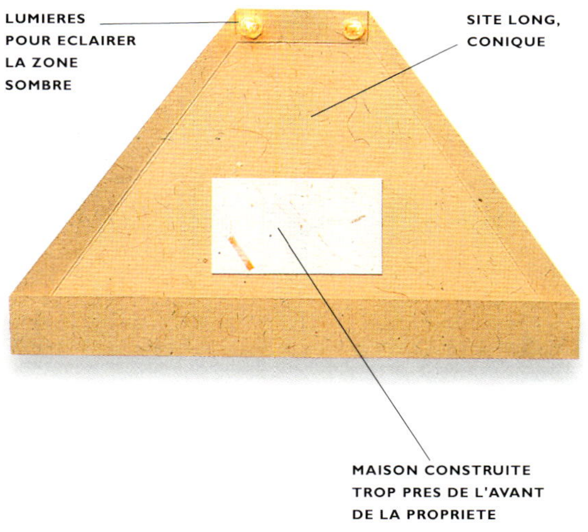

Ce terrain long, conique, pourrait créer des problèmes pour les résidents, si des efforts ne sont pas faits pour éclairer la zone étroite, défavorable, à l'arrière du jardin.

harmonieux, en vérifiant leurs relations et leurs cycles productifs/destructifs. Les pièces utilisées par les enfants des classes dominantes étaient toujours situées dans le secteur Est de la maison. Ce secteur représente la croissance, selon le Pa Kua, et il est représenté à son tour par l'élément Bois. Pour améliorer le Feng Shui de ce secteur, on mettait sur le toit des tuiles vertes, représentant l'élément Bois.

Du point de vue du Feng Shui, l'équilibre est aussi maintenu par l'utilisation de la symétrie, qui doit partout remplacer l'asymétrie.

MAUVAIS VENTS

Si vous doutez de la façon dont vous devez positionner votre maison, cherchez un terrain qui vous permette de donner sur le Sud. Beaucoup de maîtres de Feng Shui sont partisans de cela, se fondant sur la croyance très partagée que le Sud est la source de la chaleur et de la richesse. Le Sud est considéré comme favorable parce qu'il évoque un chaud soleil d'été et de bonnes moissons, tandis que le Nord est considéré comme la source des mauvais vents. Certains maîtres de Feng Shui affirment que la pire localisation est le Nord-Est, parce que, disent-ils, c'est la porte de l'enfer, si bien que les portes principales qui sont dans cette direction, recevront le souffle pernicieux de l'enfer!

Le meilleur exemple donné pour étayer cette opinion, c'est le repositionnement des portes de l Hôtel Hyatt à Singapour. Les affaires allèrent mal jusqu'à ce que changement fût opéré. Alors, elles reprirent immédiatement, et, depuis, elles vont fort bien. Les motifs exacts du déplacement des portes de devant n'ont jamais été révélés, et cela, en soi, n'est pas inhabituel – les hommes d'affaires qui consultent les maîtres de Feng Shui ne veulent pas ébruiter leurs manoeuvres, de crainte que leurs concurrents ne fassent la même chose. Je ne suis cependant pas convaincue que le Nord-Est soit la "porte de l'enfer".

LES FORMES DES MAISONS

En général, les logis carrés ou rectangulaires, sont de meilleurs conducteurs de bon Feng Shui, que ceux auxquels des annexes donnent une forme irrégulière, ou qui sont en forme de L, de U, ou de triangle. Les maisons à la forme régulière sont plus équilibrées et complètes, et elles se prêtent mieux aux améliorations du Feng Shui.

Evitez d'habiter une maison qui a trop d'angles. D'eux émane un mauvais Shar Chi, et ils ne sont pas conducteurs de bon Chi. De même, il est préférable de ne pas habiter de maison en L, parce que cette forme ressemble à celle d'un couperet à viande, et elle est très défavorable, suggérant la rupture de liens vitaux, et des blessures pour les occupants. Les formes en L suggèrent aussi l'absence de certains secteurs, et, ainsi, le déséquilibre. Les résidents d'une maison en U sont de même exposés au mauvais sort, et peuvent s'attendre à se livrer à des querelles fréquentes, ou à avoir un mariage malheureux.

Une maison en forme de L ressemble à un couperet à viande ou à un couteau, et est très défavorable.

La maquette de cette maison manifeste certaines caractéristiques d'un bon Feng Shui. Elle a une forme symétrique, équilibrée, sans aucun angle supplémentaire, superflu, ou aigu.

Une autre fugure défavorable: la maison en U.
Cela crée beaucoup de malheur.

Evitez d'habiter des maisons triangulaires ou des maisons avec trop d'angles, desquels émane un mauvais Shar Chi, et qui n'attirent pas les bons courants de Chi.

LIGNES DE TOITURES

Faites en sorte qu'il n'y ait pas de nombreux angles sur le toit, car cela serait préjudiciable pour le voisinage. Les flèches empoisonnées qui en émanent pourront se retourner contre vous, si vos voisins utilisent des "remèdes" qui renvoient le mauvais sort.

Symboliquement parlant, les toits peuvent être comparés aux formes des collines, et à leurs associations élémentales. Encore une fois, il est recommandé de s'enquérir des cycles productifs et destructeurs des éléments. Les toits qui sont en pente douce ressemblent aux collines qui sont liées à l'élément Terre; ils sont favorables. Les toits à pente raide représentent l'élément Feu ; les maîtres de Feng Shui disent que ces formes de toits sont défavorables. Les toits en forme de pyramide sont plus difficiles à évaluer. Pour les maîtres de Feng Shui, les formes pyramidales sont favorables, car elles ont une pente douce équilibrante. Cependant, il ne faut pas oublier que les pyramides sont associées aux sépultures des Pharaons, et qu'elles sont, ainsi, considérées comme les demeures des morts – des demeures Yin.

Les grands immeubles avec des toits plats suggèrent des collines avec des plateaux, lesquelles ne sont guère favorables. L'idéal, c'est d'avoir une ligne de toiture en pente douce, qui représente des formes de montagne, douces, ondulantes, qui sont si appréciées par l'Ecole de la Forme du Feng Shui.

LES FORMES DES APPARTEMENTS

Les mêmes règles s'appliquent aux formes des appartements. Les formes carrées et rectangulaires sont préférables. Quand ce n'est pas le cas – et ça l'est rarement –, il est recommandé de faire quelque chose pour corriger l'irrégularité de la forme. On peut utiliser des miroirs pour les appartements en L. Des éclairages peuvent être installés sur le mur qui représente la "longueur" d'un appartement rectangulaire oblong, pour l'"élargir".

ALLEES

L'allée menant à votre maison doit être avenante, pas sinistre. Les allées circulaires et semi-circulaires sont les mieux conçues pour attirer les courants de Chi, car le Chi se meut de façon circulaire. S'il y a suffisamment d'espace, tracez un chemin d'accès courbe, ou sinueux.

Si on ne peut faire autrement que d'avoir une allée droite, on peut adoucir cette linéarité en paysageant avec des plantes – buissons ou arbrisseaux fleuris – qui brisent et camouflent l'acuité et la dureté des lignes droites. Par-dessus tout, veillez à ce que l'allée ne donne pas directement dans l'entrée de la maison. Faites en sorte, plutôt, que votre allée soit à angle droit par rapport à votre porte. Si elle arrive tout droit à la porte, elle devient une flèche empoisonnée, et l'effet est encore pire si l'allée se rétrécit à mesure qu'elle s'approche de la maison.

Votre allée doit être toujours de même largeur. Les allées dont les côtés ne sont pas parallèles suggèrent le resserrement, et cela a un effet limitateur sur la carrière ou les affaires. Des lumières placées aux extrémités étroites aideront à

L'ALLEE DONNE DIRECTEMENT SUR LA PORTE DE DEVANT, AGISSANT COMME UNE FLECHE EMPOISONNEE, VEHICULANT LES COURANTS D'ENERGIE NEGATIVE.

UNE ALLEE QUI SE RETRECIT, COMME CELLE-CI, PEUT AVOIR UN EFFET CONSTRICTEUR SUR VOTRE CARRIERE ET VOS AFFAIRES.

L'allée est le chemin le plus important qu'emprunte le courant de Chi, de la voie principale à votre maison. Si votre allée est trop large, le Chi s'évapore. Si elle est trop étroite, le Chi est trop ressserré.

neutraliser le Feng Shui défavorable, si l'on ne peut éviter les rétrécissements. Essayez de faire en sorte que le plan des allées soit en harmonie avec les dimensions de la maison.

Les allées doivent être larges et plates, et ne pas descendre en s'éloignant de la maison. De telles allées font s'écouler le Chi, emportant avec lui les bonnes influences permettant l'enrichissement.

Cette allée courbe est à la fois esthétiquement réussie, et favorable. C'est un exemple d'acheminement de bon courant de Chi à la maison.

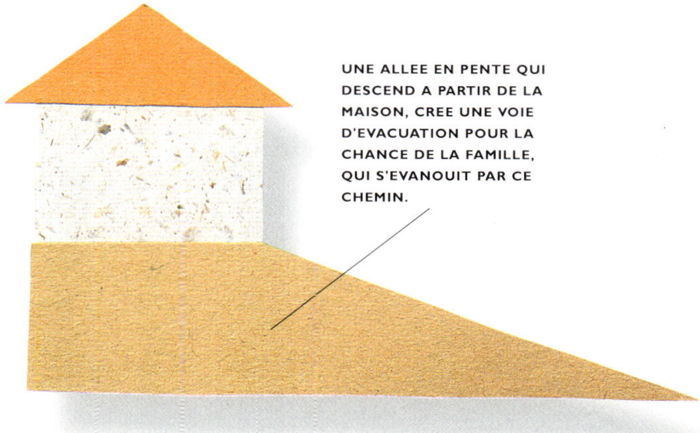

Les allées en pente sont défavorables, qu'elles montent ou qu'elles descendent vers la maison. Les allées plates représentent le meilleur Feng Shui.

LES VOIES DROITES ONT UNE MAUVAISE INFLUENCE

Les maîtres de Feng Shui mettent vigoureusement en garde contre le fait d'habiter une maison qui donne directement sur une voie droite, comme cela peut arriver si une maison est située au bout d'une bifurcation en T. La nuit, des phares de voitures qui ressemblent à des tigres féroces dardent leur férocité sur la maison. L'effet en est mortel. Pour en avoir le coeur net, entrez dans un lotissement, et observez les maisons dont la porte donne directement sur une route droite. Vous vous apercevrez que ces logis donnent une impression de morbidité, que les plantes y poussent mal, et que la maison elle-même a une allure triste et très malsaine.

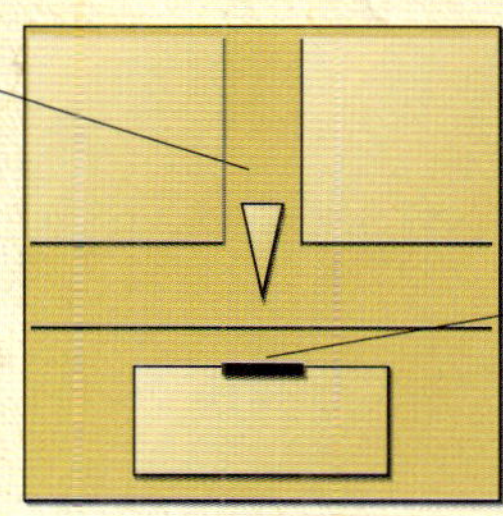

Une bifurcation en T néfaste.

LES POSITIONS DES PORTES ET DES FENETRES

Idéalement, toutes les portes de votre maison doivent être disposées de façon à être orientées le plus favorablement possible pour vous personnellement (les directions sont déterminées à partir de l'intérieur de votre maison, en regardant à l'extérieur). Il y a plusieurs méthodes pour déterminer les meilleures directions de la boussole à suivre *(voir Chapitre Cinq)*, mais la méthode Maison de l'Est / Maison de l'Ouest, fondée sur l'analyse des éléments, est très prisée par les maîtres de Hong-Kong, et nombreux sont ceux qui trouvent que la formule Pa Kua Lo Shu est très puissante.

Vous pouvez aussi suivre les recommandations contenues dans le texte intitulé *Classique de la Demeure Yang*, un manuel très prisé par les maîtres de Feng Shui, qui donne des directives au sujet des positions de la maison et des pièces. Selon cet ouvrage, les pièces les plus importantes de la maison, comme la chambre du maître de maison et le cabinet de travail, ainsi que la porte principale, doivent être orientées au Sud.

Les cuisines, est-il dit, doivent regarder l'Est, et jamais le Sud-Ouest. Les membres les plus âgés de la famille doivent dormir en direction du Sud-Est. Si la famille est dans les affaires, les bâtiments consacrés aux affaires doivent faire face au Sud, et jamais au Nord Est ni au Sud-Ouest.

VUES NEFASTES

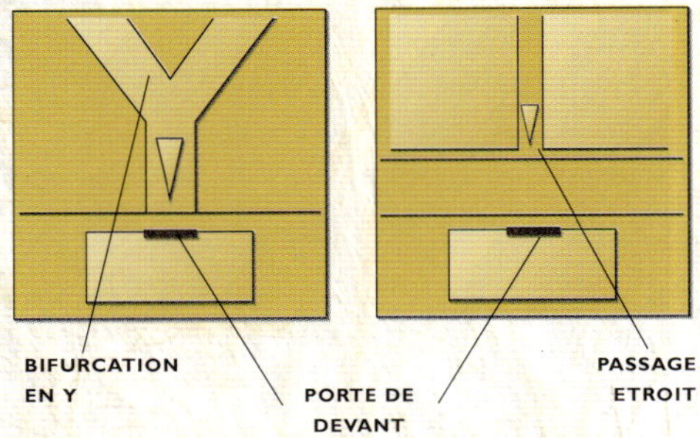

Les portes ne doivent pas donner sur des bifurcations en Y, ou des passages étroits entre les bâtiments.

Les Chinois n'aiment pas les fenêtres à guillotine, ni celles qui donnent sur des flèches empoisonnées. L'éclat du soleil d'après-midi ou des phares de voiture, est aussi considéré comme néfaste. En pareil cas, le Feng Shui recommande de condamner les fenêtres. Votre porte principale ne doit pas non plus donner sur ces éléments pernicieux, et ces forces nuisibles.

Des petits carreaux font en sorte que le Chi qui entre ne soit pas écrasant.

Les Chinois n'aiment pas les fenêtres à guillotine.

Les fenêtres qui s'ouvrent vers l'intérieur sont préjuciables pour la carrière, et les occasions de gagner de l'argent.

Les fenêtres qui s'ouvrent vers l'extérieur augmentent la quantité de bon Chi qui entre dans la pièce.

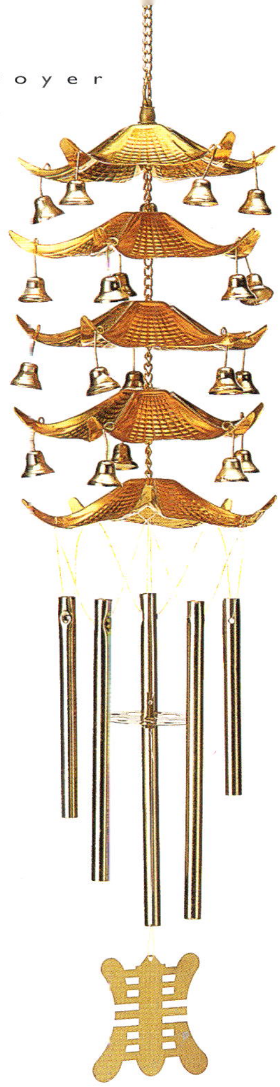

Des carillons éoliens suspendus au-dessus d'une porte, ou à proximité, font fuir le Chi néfaste. Ils doivent être utilisés dans des maisons qui comportent trop de fenêtres; ils évitent ainsi qu'il y ait de la dissension entre les parents et les enfants.

REPOSITIONNER VOTRE PORTE DE DEVANT

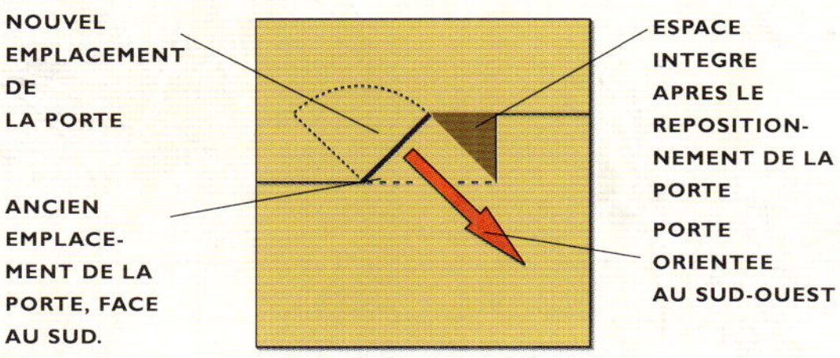

Changer la direction d'une porte du Sud au Sud-Ouest.

La direction de la porte principale a un rôle essentiel dans la détermination de l'excellence de votre Feng Shui. C'est parce que la porte principale est considérée comme l'endroit par lequel le Chi pénètre dans la maison. Elle doit donc être située de façon à attirer le bon Chi. Si plusieurs personnes vivent dans la même maison, la porte principale doit être positionnée selon la date de naissance de la personne qui gagne le plus d'argent de la maisonnée.

En outre, les portes principales ne doivent jamais donner sur un mur ou d'autres obstructions, comme un mur de soutènement, un autopont, une pente raide, un bâtiment écrasant, un grand château d'eau, ni aucune autre structure massive. Elles bloquent le courant du bon Chi. Positionnez votre porte de façon que des bâtiments ou des pentes raides protègent les côtés ou l'arrière, et ne vous nuisent pas en s'opposant à votre porte de devant.

Faites en sorte que votre porte principale ne donne pas sur un passage étroit entre deux bâtiments. Cela fait que les économies de la famille sont dilapidées. Il ne faut pas non plus que la porte principale donne sur une courbe de route, de rivière, ou sur le bord d'un autopont. Cela symbolise un couteau ou une lame tranchant la maison – provoquant des problèmes de santé et d'argent.

La situation et les dimensions des fenêtres peuvent aussi affecter le Feng Shui d'une maison. Idéalement, les fenêtres doivent être rectangulaires, et il est bon que l'on puisse ouvrir la fenêtre complètement, de préférence vers l'extérieur. Cela fait entrer le bon Chi et ouvre des perspectives pour les membres de la maisonnée. Les fenêtres s'ouvrant vers l'intérieur sont généralement considérées comme nuisibles à la carrière, et aux perspectives financières. S'il y a trop de fenêtres dans une maison, la discorde entre parents et enfants s'ensuivra. Dans de tels cas, suspendre des carillons éoliens ou utiliser des cristaux, résoudra le problème.

FLECHES EMPOISONNEES

La porte principale doit être protégée contre les flèches empoisonnées, qui créent un Shar Chi pernicieux. C'est l'un des aspects les plus importants de la pratique du Feng Shui. Même si le reste de votre maison a un excellent Feng Shui, une flèche empoisonnée frappant votre porte principale annule tout. La forme a le pas sur la direction de la boussole; aussi, si un angle est dirigé sur votre porte de devant, vous devez repositionner celle-ci, même si cela revient à lui faire quitter votre direction la plus favorable.

Les effets négatifs des flèches empoisonnées cachées ou secrètes sont si dévastateurs que c'est la première chose que recherchent les maîtres de Feng Shui, quand on leur demande d'examiner une maison. Beaucoup de caractères, artificiels ou naturels, peuvent constituer des flèches empoisonnées. Certains sont plus évidents que d'autres. La pratique du Feng Shui exige que l'on puisse déceler ces flèches empoisonnées, et, ainsi, que l'on développe ses pouvoirs d'observation.

Que sont les flèches empoisonnées, et comment opèrent-elles? Fondamentalement, tout ce qui est aigu, anguleux, pointu, ou droit, contient des flèches empoisonnées, lesquelles, quand elles sont pointées sur votre porte de devant, causent malheur, maladie, perte de perspectives, graves difficultés en affaires, querelles, perte d'argent. Les flèches empoisonnées créent le Shar Chi, emphatiquement appelé dans les anciens textes "souffle pernicieux et délétère", l'antithèse du Sheng Chi, le "souffle cosmique bienveillant". Les formes de toits anguleuses, les voies rectilignes, les

Tout ce qui est pointu, anguleux, ou droit, comme les poteaux téléphoniques, ou un grand arbre isolé, contient des flèches empoisonnées secrètes qui créent un Shar Chi.

Les lignes de toit en pente raide, anguleuses, sont des formes dangereuses de flèche empoisonnée, et sont spécialement dangereuses quand elles dont dirigées sur votre porte de devant. Plus l'angle est aigu, plus le Shar Chi est puissant.

voies ferrées, les arbres hauts, les poteaux télégraphiques, les réverbères, les hampes de drapeau, les croix, les tours, les rebords des maisons et immeubles voisins, une crête de colline, des rivières droites ou des canaux, entrent dans la catégorie des dispensateurs de flèches empoisonnées.

Un toit à pente raide, anguleux, qui est face à votre porte de devant, est la forme la plus commune de flèche empoisonnée, et il peut causer une malchance grave – maladie pour les enfants et les membres de la famille, ou problèmes dans la carrière ou les affaires. Les toits pointus sont les plus néfastes, quand les angles sont très aigus, parce que le Shar Chi créé est plus puissant. La meilleure solution, c'est de positionner votre porte de façon que les effets du mauvais Chi soient détournés.

Les arbres peuvent être un problème, mais seulement s'il s'agit d'arbres isolés dont le tronc semble de mauvais augure. Si les arbres sont groupés, formant un bouquet, ils ne représentent pas de flèches empoisonnées.

FLECHES EMPOISONNEES ET FENG SHUI DE LA TOPOGRAPHIE

Les lignes droites et les angles sont si dangereux, que même s'il y a une configuration idéale dragon vert/tigre blanc, mais que les lignes de crête sont droites et dirigées sur le site où est votre foyer, ou que des constructions artificielles le menacent d'une façon quelconque, on considère que la maison est mal située, et qu'il ne faut pas y résider. Cela, parce que la flèche empoisonnée blesserait le dragon, créant ainsi des quantités massives de Shar Chi délétère.

Quand on ne peut éviter que des flèches empoisonnées visent son foyer, le Feng Shui offre des remèdes pratiques. Il faut avoir à l'esprit que la pratique du Feng Shui est soumise au principe selon lequel c'est ce que l'on voit qui importe; aussi, toutes les variétés de flèches empoisonnées peuvent être dérobées à la vue grâce à un écran d'arbres au feuillage épais. Cela disperse le Chi meurtrier avec beaucoup d'efficacité, spécialement si les feuilles sont larges.

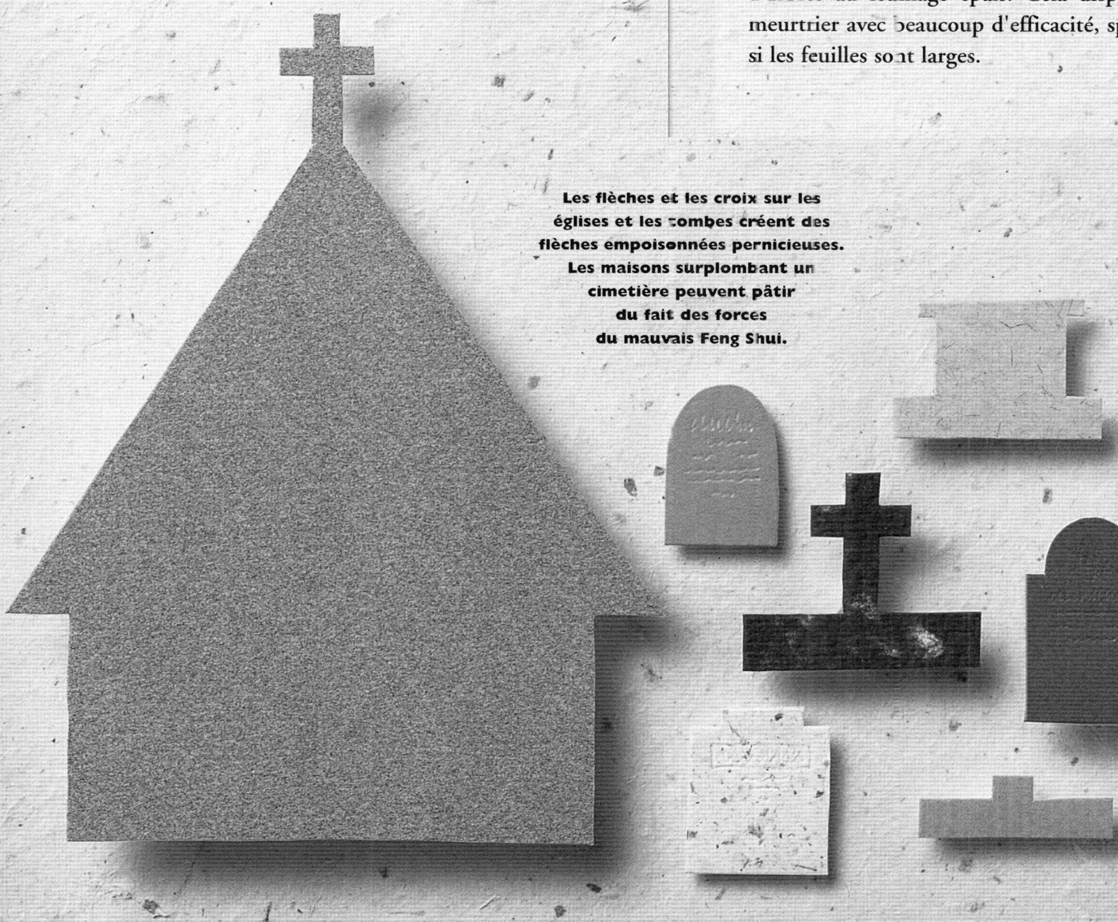

Les flèches et les croix sur les églises et les tombes créent des flèches empoisonnées pernicieuses. Les maisons surplombant un cimetière peuvent pâtir du fait des forces du mauvais Feng Shui.

Chapitre Huit

FENG SHUI ET *DESIGN* INTERIEUR

Les maisons doivent être conçues de manière à faire bénéficier du maximum possible de bon Feng Shui, tous les membres de la maisonnée. Nous examinerons aussi les divers principes du Feng Shui, concernant la situation des différentes pièces, selon leur fonction – chambres, cuisines, salles à manger, toilettes. Nous verrons aussi ce que disent les maître de Feng Shui, quant au *design* des portes, des couloirs, des angles, des poutres, des duplex, des escaliers, et à leurs relations mutuelles.

風水

Dans le *design* Feng Shui de la maison, la première chose à faire, c'est de diviser celle-ci en neuf secteurs correspondant aux huit directions de la boussole, plus le centre. Chacun de ces secteurs correspond à l'une des directions de la boussole – les directions cardinales (nord, sud, est, et ouest), et les directions intermédiaires (nord-est, sud-est, nord-ouest et sud-ouest). On y arrive plus facilement si l'on utilise un croquis du plan de la maison.

Avec ce diagramme de travail, vous pouvez procéder à la deuxième étape, qui consiste à superposer le Pa Kua au plan *(cf. pp. 78-79)*. Si votre maison a plus d'un niveau, les mêmes mesures et secteurs s'appliquent à tous. Vous êtes maintenant à même de commencer à identifier les secteurs les mieux situés pour les membres de la maisonnée. Vous pouvez aussi identifier les caractéristiques de chaque secteur de votre maison, ainsi que les attributions les plus adéquates des différentes pièces.

Les poutres apparentes et les fleurs séchées de cet intérieur de ferme, sont des sources potentielles de mauvais destin.

STYLES DE MAISONS

Les portes principales bien situées doivent s'ouvrir sur des pièces, ou des vestibules, larges et éclairés, qui suscitent des sentiments de bonheur et de bien-être. Les portes doivent s'ouvrir vers l'intérieur, et on doit y avoir vue sur la plus grande surface intérieure possible.

Rien ne doit empêcher le courant de Chi de pénétrer dans la maison par la porte principale.

L'entrée, par exemple, dans une zone sombre ou étroite, étouffe le courant de Chi. On peut le plus souvent corriger cela en installant un grand miroir sur un mur, et en améliorant l'éclairage de la zone. La porte principale ne doit pas cependant s'ouvrir sur une pièce trop grande. Si c'est le cas, on peut installer un écran pour créer une zone plus petite.

On doit éviter aussi d'avoir une porte principale qui donne sur un vestibule dont le plafond est bas, ou pourvu de poutres basses, lourdes. C'est souvent cause de maladie pour les résidents de la maison. Encore une fois, d'installer des éclairages au plafond, peut contribuer à résoudre ce problème.

Cet intérieur moderne a de nombreux angles dangereux, mais les effets négatifs sont quelque peu adoucis par l'éclairage et les plantes grimpantes.

EXEMPLE D'APPARTEMENT BIEN AGENCE

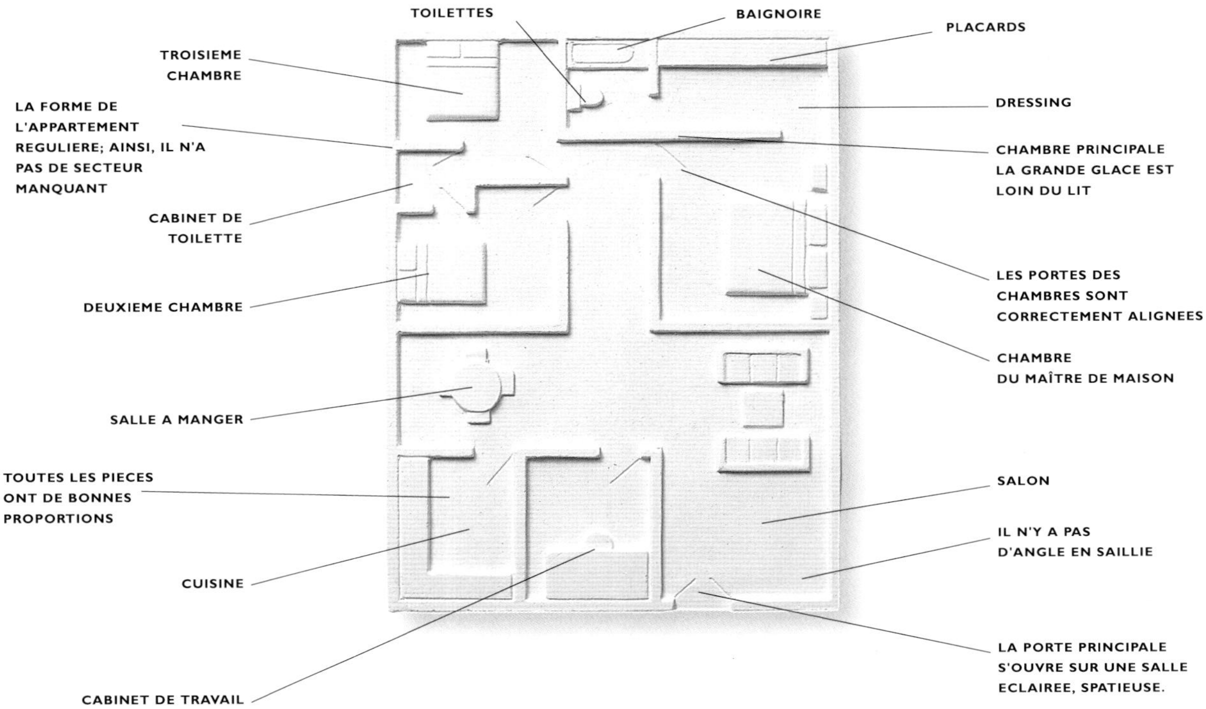

EXEMPLE D'APPARTEMENT AVEC UN FENG SHUI PROBLEMATIQUE

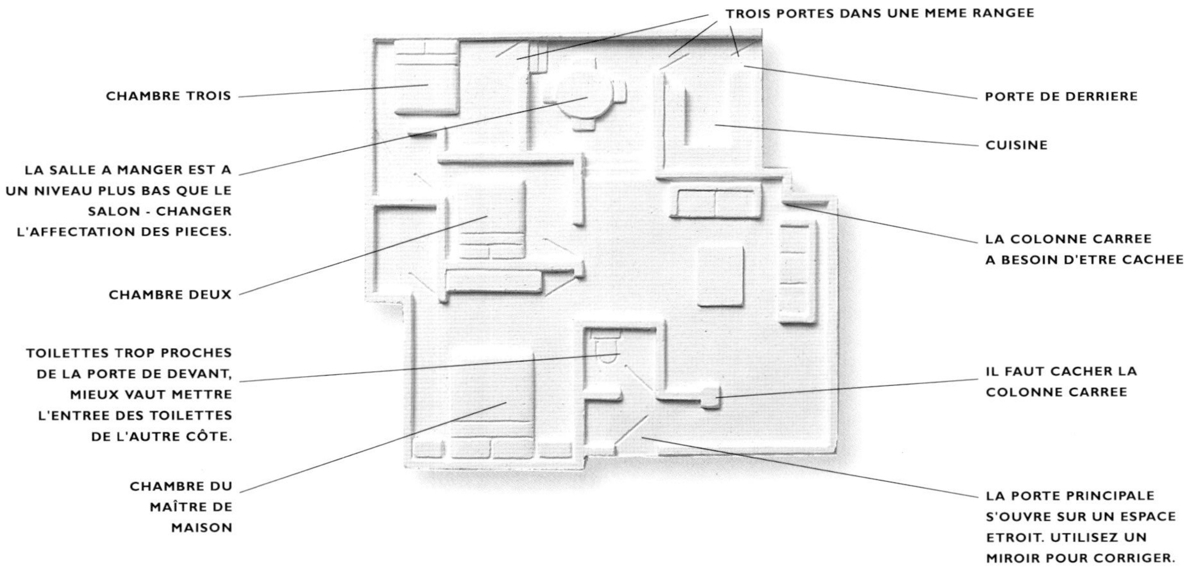

Ces plans de rez-de-chaussée montrent les différences qu'il y a entre un appartement bien proportionné qui a un bon Feng Shui, et un appartement qui a une forme et une disposition irrégulières, créant des coins qui posent problème, et auxquels doivent s'appliquer les instruments du Feng Shui.

LA REPARTITION DES PIECES

Une fois que vous avez superposé le Pa Kua au plan de votre maison, vous avez le choix entre deux méthodes pour déterminer l'attribution des pièces. La première est fondée sur la théorie des Huit Aspirations de l'existence, et la seconde, sur l'utilisation des trigrammes du Pa Kua.

LA METHODE DES HUIT ASPIRATIONS DE L'EXISTENCE

Elle se fonde sur une méthode éprouvée, qui détermine la correspondance entre chacune des huit aspirations de l'existence et chacune des huit directions du Pa Kua *(cf. pp. 78-79)*. Ainsi, le secteur Sud-Est du logis représente la richesse, et on peut en faire le cabinet de travail. La clef de l'attribution des pièces par cette méthode, c'est la détermination des aspirations que vous souhaitez activer. Le secteur Sud-Ouest, par exemple, symbolise l'idylle et le mariage, et un fils encore célibataire, ou une fille à la recherche d'un partenaire, pourraient l'utiliser. La chambre du maître de maison peut être située soit dans le secteur Nord-Ouest, soit dans le secteur Sud-Ouest, selon la personne qui est la plus importante pour la famille, du père ou de la mère. Dans la pratique chinoise conventionnelle, le patriarche familial dort toujours au Nord-Ouest, à moins que ce secteur ne représente une direction défavorable, du point de vue des chiffres Kua *(cf. supra, "Relations entre les chiffres Kua...")*.

UTILISATION DES TRIGRAMMES

Les pièces peuvent aussi être attribuées aux membres de la famille selon les trigrammes Pa Kua – chaque trigramme représentant un membre de la famille. Ils sont résumés ci-dessous (pour plus de détails, voir supra, "Les Trigrammes et leurs propriétés").

Chaque membre de la famille est représenté par un trigramme du Pa Kua. On peut procéder ainsi pour déterminer l'attribution des pièces.

TUI (OUEST) REPRESENTE LA BENJAMINE

KEN (NORD-EST) REPRESENTE LE BENJAMIN

LI (SUD) REPRESENTE LA FILLE DU MILIEU

KAN (NORD) REPRESENTE LE FILS DU MILIEU

SUN (SUD-OUEST) REPRESENTE LA FILLE AÎNEE

CHEN (EST) REPRESENTE LE FILS AÎNE

KUN (SUD-OUEST) REPRESENTE LA MERE

CHIEN (NORD-OUEST) REPRESENTE LE PERE

COLONNES ET POUTRES

Une fois que l'on a attribué les différentes pièces aux divers membres de la famille, on peut considérer plus en détail le design intérieur.

Chaque maison a ses coins, ses colonnes, et ses poutres, et ils sont tous des flèches empoisonnées potentielles qui doivent être neutralisées et hors d'état de nuire. Autant que faire se peut, les poutres de plafond ne doivent pas être apparentes – ni non plus trop basses. Les poutres, lorsqu'elles sont exposées, blessent le Chi de la famille, et sont un obstacle au développement et à l'accumulation de richesse. La mode qui sévit actuellement, de rendre apparentes des poutres fonctionnelles, qui ne furent nullement conçues pour être vues, rend l'apparence de votre maison plus ancienne, plus rustique, mais ne donne pas un bon Feng Shui.

En fait, les poutres apportent souvent un Chi nuisible, qui engendre la méfiance et la malhonnêteté. Quand des sièges, des lits, ou des sofas sont placés au-dessous d'une poutre

POUTRES

Un bon antidote aux poutres apparentes, c'est l'utilisation de la méthode du Pa Kua. Suspendez deux flûtes, chacune avec un fil rouge, à la poutre "blessante". Elles doivent être suspendues l'une en face de l'autre, l'embouchure en bas, figurant les trois côtés d'un Pa Kua. Les Chinois utilisent souvent deux flûtes de bambou de cette façon pour neutraliser le Shar Chi causé par la poutre apparente. Suspendre un carillon éolien est également efficace, mais à condition qu'il ait des baguettes creuses.

Les poutres et les piliers apparents sont des flèches empoisonnées potentielles, et ils doivent être neutralisés dans la mesure du possible.

Des carillons éoliens suspendus au plafond, atténueront l'influence préjudiciable des poutres apparentes.

apparente, ils deviennent cause de maux de tête, de malchance, et de difficultés dans les affaires. Si votre chambre a des poutres apparentes, il vous est conseillé de faire l'acquisition d'un lit à baldaquin, pour contrecarrer leurs influences – le baldaquin vous offrira une certaine protection.

Les ornements de plafond de plâtre avec éclairage encastré, sont une autre forme de poutre apparente nuisible, causant des flèches empoisonnées. Les plafonds doivent avoir une surface unie. Ayez si vous le désirez des roses ou des rosaces, ou d'autres motifs circulaires au plafond, mais bannissez-en tout motif anguleux.

Les angles en saillie, et les colonnes, sont à proscrire, du point de vue du Feng Shui. Malheureusement, beaucoup d'appartements aujourd'hui en comportent, surtout s'ils sont issus de la division d'une grande maison ancienne. Heureusement, il y a plusieurs moyens de résoudre ce problème.

D'abord, vous pouvez utiliser des plantes pour camoufler les rebords d'un coin en saillie, ou d'une colonne isolée. Les plantes (de préférence des plantes grimpantes avec des feuilles larges et rondes) émoussent efficacement la pointe aiguë des angles, qui diffusent ainsi le Feng Shui négatif. Eclairer les angles, ou les décorer avec des plantes, incite le Chi à circuler.

Ensuite, vous pouvez suspendre un carillon éolien au plafond. Cela émousse aussi les rebords aigus. Les carillons éoliens doivent avoir des baguettes creuses, car cela force le Chi à passer par elles, et les tintements du carillon éolien rendent alors le Chi amical et favorable. Les carillons éoliens qui ont des baguettes pleines ne sont pas efficaces.

Enfin, recouvrir la colonne avec des miroirs allant du sol au plafond, aidera à faire efficacement "disparaître" la colonne.

Si la poutre n'est pas apparente, le danger est considérablement moindre, mais si vous connaissez l'emplacement exact de la charpente de votre appartement, il est préférable que vous évitiez de demeurer sous les poutres.

ESCALIERS ET MEZZANINES

Les duplex et les mezzanines ne sont généralement pas recommandés par les maîtres de Feng Shui, mais si vous n'avez pas le choix, faites en sorte que votre salle à manger soit au niveau supérieur. Cela fait que le Chi des résidents est supérieur à celui des visiteurs, qui sont reçus dans le salon au niveau inférieur. Les chambres, les pièces familiales, et les cabinets de travail, ne doivent jamais être situés au niveau inférieur de la maison, pour la même raison.

Les directives du Feng Shui au sujet des escaliers, sont formelles: jamais ils ne doivent commencer directement devant la porte de devant. Ils ne doivent pas non plus finir devant une porte. Le Chi ainsi créé est trop fort et devient pernicieux. Les escaliers doucement courbés sont préférables à ceux qui sont droits et longs, et ils ne doivent pas être trop étroits, ni trop raides. Les marches doivent toujours être recouvertes, et jamais apparentes; elles doivent être aussi d'un seul bloc, épaisses et non ajourées. Elles ne doivent pas être trop étroites, ni être séparées par un vide, car cela fait partir le bon Feng Shui.

Les escaliers en spirale ne sont pas recommandés, car leur forme évoque celle d'un tire-bouchon vrillant dans la maison, et cela peut causer un mauvais Feng Shui. Cependant, ils ne sont pas nuisibles s'ils sont placés dans un coin discret. Si l'escalier est placé dans le secteur de richesse de la maison, il causera des pertes financières. Les escaliers en spirales sont dangereux s'ils sont placés au centre de la maison, étant donné qu'ils semblent forer dans le coeur du foyer. Le pire, c'est un escalier en colimaçon recouvert de rouge; le tapis rouge peut être interprété comme représentant le flot de sang issu d'une blessure causée par la vrille.

APPARTEMENT

Si vous achetez un appartement, vous devez prêter attention aux escaliers communs. Ils doivent être situés sur les côtés du bâtiment, et ne doivent pas donner sur la porte principale; le Char Shi pour tous les habitants de l'immeuble serait très pernicieux. L'entrée de votre appartement ne doit pas être en face de l'escalier.

Un escalier en spirales symbolise un tire-bouchon, mais il est moins préjudiciable quand il est situé dans un coin de la maison.

Selon les principes du Feng Shui, les marches de l'escalier ne doivent pas avoir d'espace vide entre elles.

LES ROMANOV DE RUSSIE

A Saint-Petersbourg, la plus belle ville de Russie, il est difficile de ne pas être frappé d'admiration à la vue des magnifiques palais des Tsars de Russie. Le Palais d'Hiver, en particulier, est stupéfiant, avec ses pièces imposantes de malachite, de lapis lazuli, et de toutes sortes de marbres, et ses plafonds où mille lustres de cristal étaient suspendus. Il y a aussi des motifs de sol et de table affectant la forme du Pa Kua – tout cela évoque un Feng Shui formidablement bon. En outre, les jardins des palais ont des fontaines, et ceux-ci font face à la Neva. Il n'est pas étonnant que Pierre et Catherine aient eu un règne si réussi.

Mais, en ce qui concerne le palais du Tsar Nicolas, c'est une autre histoire. Nicolas et sa femme et tous leurs enfants furent assassinés en 1917 par les communistes. Dans le palais du Tsar Nicolas, il y a un énorme escalier droit, qui fait directement face à l'entrée principale. La première chose que l'on voit quand on entre, c'est l'énorme escalier montant de façon rectiligne trois étages. Il serait difficile de trouver une flèche empoisonnée plus pernicieuse. N'est-ce pas cet escalier, qui causa l'extinction de la Dynastie des Romanov?

La salle du Pavillon du Palais d'Hiver a un bon Feng Shui, avec son jardin suspendu à droite et la Neva coulant à gauche.

Des escaliers en courbe douce, aux marches recouvertes, sont ce qu'il y a de plus bénéfique, selon le Feng Shui.

Un escalier en spirale est particulièrement dangereux s'il est situé au milieu de la maison.

PORTES ET COULOIRS

Nous avons déjà vu que les portes jouent un rôle important pour déterminer la qualité du Feng Shui dont une maisonnée peut faire l'expérience. Ce sont des choses très faciles à ajuster. Lorsqu'on examine le Feng Shui des portes, la chose la plus essentielle, c'est de faire en sorte qu'elles ne soient pas "heurtées" par quelque chose d'aigu ou d'anguleux. Après avoir fait en sorte que ses portes ne soient pas en butte aux attaques du Chi qui tue, il faut considérer leur alignement, et leurs relations mutuelles.

Bien que ce soit très chic, une série de portes s'ouvrant l'une à partir de l'autre, pour créer un effet d'enfilade (comme à la National Gallery), donnent un mauvais Feng Shui, car il est mauvais de ce point de vue d'avoir trois portes ou plus en enfilade, surtout si l'une d'elles est une porte de derrière, et une autre une porte de devant. Quand il y a des portes les unes en face des autres, faites en sorte qu'elles soient de même largeur et de même hauteur, et qu'elles soient directement en face l'une de l'autre. Si deux portes sont à angle droit l'une par rapport à l'autre, veillez à ce qu'elles s'ouvrent sur la pièce concernée, et ne donnent pas sur le couloir le couloir ou sur l'entrée.

Les portes massives sont préférables aux portes ajourées ou translucides, et le bois est meilleur que le verre ou l'acier. Les portes principales doivent avoir l'air de portes principales. Plus la porte principale est grande, plus elle est favorable pour la maison, à moins qu'elle ne soit disproportionnée par rapport à celle-ci. Mieux vaut cependant une porte qui semble trop grande, qu'une qui paraisse trop petite.

Si l'entrée de votre appartement se trouve au bout d'un long couloir, le courant de Chi qui y va sera trop violent. Son effet peut être adouci si l'on dispose une plante à la moitié du couloir – mais il ne faut pas qu'elle soit trop près de la porte. On peut amoindrir de la même façon les effets négatifs produits par un long couloir étroit, mais il vaut mieux ne pas avoir du tout de longs couloirs dans un immeuble résidentiel, car ils représentent des flèches droites qui créent Shar Chi. Utilisez des plantes buissonnantes pour apaiser le Chi qui circule par le corridor. Les plantes ont aussi pour effet de contraindre le Chi à procéder de façon sinueuse, le rendant ainsi favorable.

Les poutres de cette maison élisabéthaine ont créé une flèche empoisonnée pointée directement sur la porte de devant.

Les maisons de Dublin sont renommées pour leurs portes élégantes – un symbole Feng Shui favorable.

Décorées avec soin, les portes symétriques incitent le Chi positif à entrer dans la maison.

Ce porche crée des angles superflus, et les poutres au-dessus de la porte créent une flèche empoisonnée.

DIRECTIONS DES PORTES

Il y a plusieurs directives au sujet des directions des portes; la plus efficace est associée à votre date de naissance. Pour déterminer votre ditrection la plus favorable, mettez votre chiffre Kua (*cf. p. 101*) en relation avec une direction (ci-dessous). Quand vous cherchez un appartement ou une maison à louer ou à acheter, que c'en soit un dont la porte principale donne dans cette direction.

Ce sera également bénéfique si la porte qui ouvre sur votre chambre, votre cabinet de travail, ou votre bureau, fait aussi face à votre direction personnelle favorable.

HOMMES	
NOMBRE KUA 1:	**SUD-EST**
NOMBRE KUA 2:	**NORD-EST**
NOMBRE KUA 3:	**SUD**
NOMBRE KUA 4:	**NORD**
NOMBRE KUA 5:	**NORD-EST**
NOMBRE KUA 6:	**OUEST**
NOMBRE KUA 7:	**NORD-OUEST**
NOMBRE KUA 8:	**SUD-OUEST**
NOMBRE KUA 9:	**EST**

FEMMES	
NOMBRE KUA 1:	**SUD-EST**
NOMBRE KUA 2:	**NORD-EST**
NOMBRE KUA 3:	**SUD**
NOMBRE KUA 4:	**NORD**
NOMBRE KUA 5:	**SUD-OUEST**
NOMBRE KUA 6:	**OUEST**
NOMBRE KUA 7:	**NORD-OUEST**
NOMBRE KUA 8:	**SUD-OUEST**
NOMBRE KUA 9:	**EST**

Une porte à tambour invite le bon Chi à entrer dans la maison et aide à détourner le Chi néfaste.

Ces fortes doubles portes sont des protecteurs formidables pour les résidents de la maison.

L'énergie, ou Chi, devient favorable quand il entre par ces portes tournantes.

Le rouge symbolise l'énergie Yang et amène un sort favorable si la maison est près d'un hôpital ou d'un poste de police.

FORMES DES PIECES

Déterminez les portes des pièces avec soin. Il est beaucoup plus facile de susciter équilibre et harmonie quand les pièces ont des formes et des dimensions régulières. Aussi, dans la mesure du possible, faites toutes vos pièces carrées ou rectangulaires. Il en va pour les pièces comme pour les maisons: les formes en L, U, H ou T et les triangles, ont des conséquences défavorables pour les habitants. Les plafonds en pente sont aussi défavorables.

Quand il y a des annexes aux pièces, comme les dressings et des cabinets de toilette ou des toilettes attenantes, faites en sorte que chaque pièce soit de forme régulière. Là où des placards encastrés sont installés, faites en sorte qu'ils ne causent pas de déséquilibre en laissant des interstices où le Chi peut s'accumuler.

Les pièces en L sont considérées comme "incomplètes", comme vous le verrez quand vous entreprendrez de superposer votre Pa Kua au plan de votre logement. Selon la position des pièces, le coin manquant pourrait bien représenter une chose à laquelle vous aspirez, comme la richesse ou de meilleures perspectives de mariage.

Dans l'exemple donné ici, la chambre est devenue en forme de L, à cause de lu cabinet de toilette que l'on a ajouté. Si ce coin est le Sud-Ouest de la chambre, alors le secteur du mariage hébergera les toilettes. Une telle disposition fera que les perspectives de mariage partiront avec l'eau des toilettes.

Ce n'est donc pas une chambre qui convienne à une jeune fille désireuse de trouver un mari. On peut faire la même analyse pour d'autres situations. Imaginez simplement que toutes vos aspirations, comme l'idylle, la richesse, et le bon destin de votre famille, soient chaque jour balayées par la chasse d'eau.

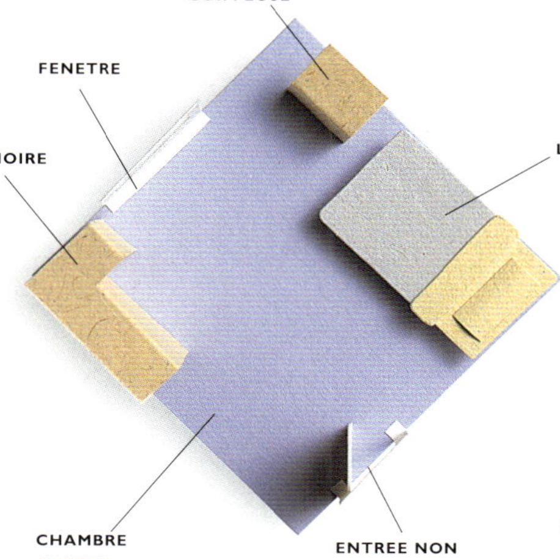

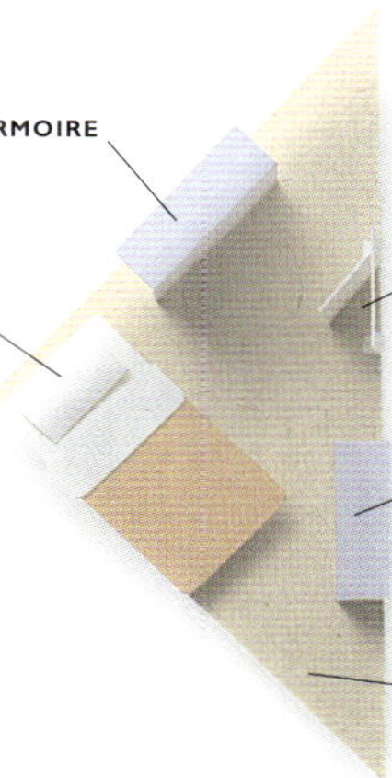

La chambre carrée à gauche avec son mobilier bien placé est un exemple de bonne pratique de Feng Shui. La forme triangulaire de la chambre à droite est très défavorable.

DISPOSITION DU LIVING

L'agencement de la chambre ci-dessous représente un bon Feng Shui. Les sofas, les chaises, et la table basse, sont disposés en forme de Pa Kua, qui est bénéfique et équilibrée. Un meuble télé triangulaire d'angle placé en haut à gauche du plan de la pièce, serait un excellent ajout, servant de support à la disposition de sièges. Les peintures sur les murs doivent représenter un bon symbolisme, ou stimuler l'élément représenté par ce coin. On peut suspendre dans le secteur Bois un tableau représentant des plantes et des fleurs, et, dans le secteur Terre, une peinture représentant des montagnes. Pour parfaire cet arrangement, remplissez l'espace délimité sur le plan par des lignes pointillées, d'objets décoratifs.

Cet agencement de pièce représente le même living, mais avec une mauvaise disposition des meubles. Les sofas, qui ont été disposés en L, forment une figure déséquilibrée et de mauvais augure. Tous les angles créés par les coins en saillie et les buffets hauts ont été laissés exposés, faisant en sorte que le mauvais Chi se dirige vers les gens assis dans la zone des sofas. Enfin, il y a une impression d'encombrement, et cela semble faire obstacle à la circulation du Chi.

Un agencement défavorable du mobilier peut être rectifié, et devenir favorable, grâce à quelques recettes simples.

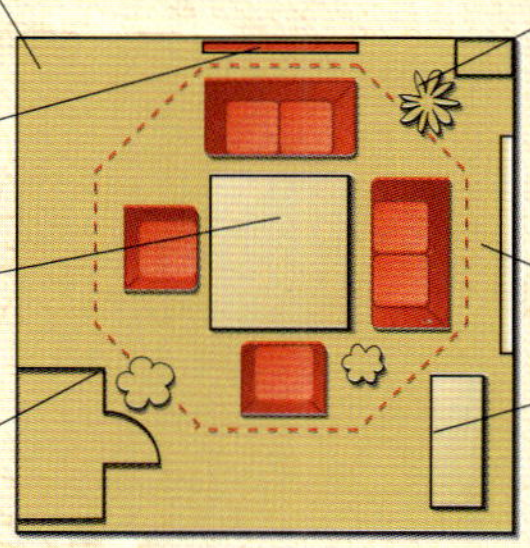

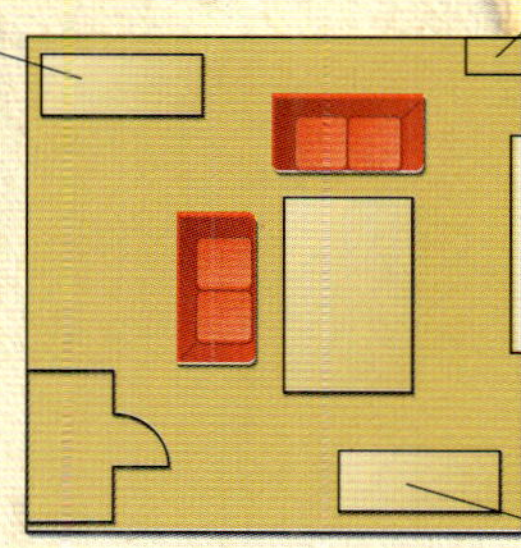

CHAMBRES

Etant donné que nous passons une part importante de notre vie dans notre chambre, il importe que l'agencement de celle-ci soit favorable. Dans l'agencement "avant" de la chambre, montré ci-contre, une entrée encombrée bloque le courant de Chi, affectant ainsi la vie sociale des occupants. Il est aussi conseillé d'éloigner le lit de la porte, car cela améliore l'équilibre à l'intérieur de la pièce. Dans l'agencement "après", le mobilier a été replacé, de façon à faciliter la circulation du Chi dans la chambre.

Une chambre en L est défavorable. Cette forme évoque un couperet, et, pire encore, elle suggère qu'un secteur fait défaut. Si vous devez dormir dans une telle chambre, il est important que vous placiez le lit dans la "poignée" du couperet, car cela symbolise la maîtrise, plutôt que l'état de victime des "coups". Cependant, dans la majeure partie des cas, c'est précisément cette partie qui est trop étroite pour pouvoir héberger un lit double.

Si tel est le cas, vous pouvez améliorer le Feng Shui d'une chambre en L en plaçant un miroir mural dans la partie "poignée" de la pièce. Cela a pour effet d'"agrandir" cette partie de votre pièce, abolissant ainsi l'effet néfaste de la forme en L. Les maîtres de Feng Shui mettent cependant en garde contre l'utilisation de miroirs, parce que le Chi créé est trop puissant pour la personne qui se repose. Si le lit devait être placé en face de la glace, la discorde régnerait entre le mari et la femme. Si on peut le faire, comme dans le cas montré ci-dessous, c'est que le miroir n'est pas visible du lit.

On peut aussi neutraliser les effets d'une chambre en L en plaçant des étagères suivant la limite entre les deux parties du L, faisant ainsi deux chambres rectangulaires. Normalement, les étagères ne sont pas recommandées dans une chambre, parce qu'elles peuvent être comparées à des couteaux symboliques, blessant les occupants; mais leur effets peuvent être neutralisés si des portes les dérobent à la vue.

La plante placée dans le secteur Sud-Est de cette chambre sert à camoufler l'angle en saillie, et aussi à sauvegarder l'influence favorable concernant l'argent qui pourrait subir des préjudices du fait de l'absence de ce secteur.

AVANT

Le Feng Shui de la chambre principale est très important, parce qu'il influe sur le bien-être de toute la maisonnée. L'agencement du mobilier dans cette chambre donne une impression d'encombrement, surtout vers la porte, bloquant la circulation du Chi dans la pièce. La solution, c'est d'ôter certains objets, et de redisposer le reste.

APRES

Le mobilier a été redisposé, de façon à ne plus écraser les occupants, et le lit a été éloigné de la porte, pour améliorer l'équilibre général.

SALLES DE BAIN ET TOILETTES

Les maîtres de Feng Shui recommandent toujours de placer les toilettes et la salle de bain dans des coins discrets. Il ne faut en aucun cas que les toilettes soient installées dans le voisinage de la porte principale, car un excès d'énergie Yang serait produit. Cela affecterait gravement le Chi entrant dans la maison par la porte principale. Les toilettes ne doivent jamais être situées face à un escalier ou une salle à manger.

La salle de bain et les toilettes ne doivent non plus être situées dans aucun des secteurs importants de votre maison, concernant la richesse ou la carrière. Si vous mettez toilettes, douches, et bains, dans des secteurs favorables, toutes les perspectives fournies par les bonnes influences de ces secteurs s'écouleront avec l'eau. Aussi ne faut-il jamais mettre des toilettes au bout d'un couloir, ni en un lieu où elles seraient visibles de l'extérieur de la pièce.

Ne placez jamais de salle de bain ni des toilettes au beau milieu de la maison, car elles répandent de mauvaises vibrations, du centre à toutes les parties du bâtiment. La salle de bain et les toilettes doivent être sur les côtés de la maison. Dans la salle de bain, les toilettes ne doivent jamais être en évidence.

L'une des recommandations les plus énergiques que font les maîtres de Feng Shui, c'est que les toilettes ne doivent jamais être en évidence. Cela signifie qu'elles ne doivent pas être trop grandes. Si, comme c'est la tendance actuelle, vous devez avoir une salle de bain spacieuse et luxueuse, faites en sorte que les toilettes soient isolées dans un coin, cachées si possible par un muret, de façon qu'elles ne soient pas visibles du reste de la salle de bain. Les soustraire à la vue détourne le Shar Chi qu'elles créent, réduisant ainsi son énergie.

Des toilettes mal situées, ou qui sont constamment bouchées, affecteront la santé de la maisonnée. Les maîtres de Feng Shui recommandent aussi que les portes des salles de bain et des toilettes soient toujours fermées.

Cette salle de bain est trop élaborée selon les critères du Feng Shui, mais elle comporte un espace séparé pour les toilettes, qui n'est pas visible du lavabo.

Les anciennes demeures chinoises comportaient rarement des toilettes ou des salles de bain. Les maîtres contemporains de Feng Shui recommandent divers "remèdes", dont, soustraire les toilettes à la vue.

CI-DESSUS **Une modeste salle de bain comme celle-ci est généralement préférable; mais garder le siège des toilettes fermé est une bonne idée.**

TOILETTES ET MARIAGE

Quand les toilettes sont situées dans le secteur de la famille ou du mariage de la maison, des problèmes s'ensuivent toujours. En fait, les toilettes sont préjudiciables partout où elles sont installées, étant donné que chaque secteur représente une aspiration de l'existence. Situer les toilettes est ainsi une affaire délicate, et c'est à chacun de déterminer quelle est pour lui l'aspiration de l'existence qui est la moins importante.

Il est intéressant de noter que dans les palais et les demeures des riches mandarins de la Chine impériale, il n'y avait pas de toilettes – ni non plus de salles de bain. Ce sont des créations de la culture occidentale. Aux époques impériales, les baignoires étaient remplies d'eau par des serviteurs et des servantes, et étaient enlevées quand le maître ou la maîtresse avaient fini de se laver.

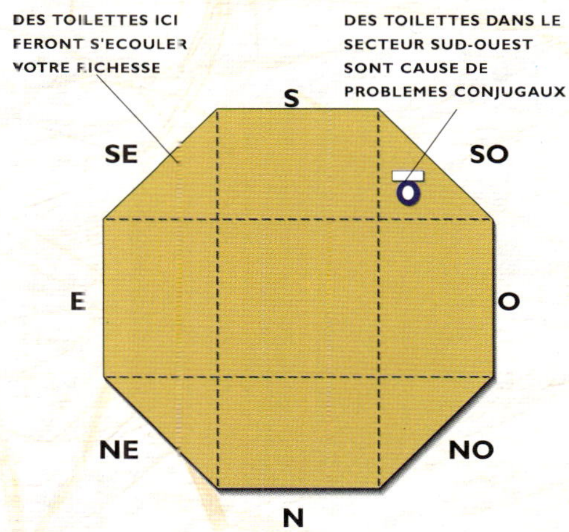

Le choix de l'emplacement des toilettes ou de la salle de bain dans la maison, est l'un des aspects les plus délicats du Feng Shui, et peu de situations sont idéales.

A GAUCHE **Le rebord aigu du lavabo de marbre est pointé directement sur les toilettes. Ce n'est pas nécessairement une mauvaise chose, car cela "tue" le Shar Chi émanant des toilettes.**

CUISINES ET SALLES A MANGER

Selon le Feng Shui, la cuisine est l'une des pièces les plus importantes de la maison. Aussi doit-elle être aérée, spacieuse, claire, et de forme régulière. La cuisine symbolise la richesse de la famille. C'est là que la nourriture de la famille est préparée, et la qualité et la quantité de nourriture disponible dans une maison reflète fortement la prospérité de la famille, la santé générale de ses membres, et son bien-être. Les maîtres de Feng Shui croient que les cuisines et les cuisinières ne doivent pas être placées dans des secteurs favorables, et qu'il faut veiller attentivement à la localisation de la cuisinière. Cela amènera une chance immense, la richesse, l'abondance, et une grande honorabilité. La position de la cuisinière, ou "bouche à feu", est aussi extrêmement importante. La "bouche à feu" doit faire face à votre direction favorable, de façon que la nourriture soit cuite avec l'énergie qui en émane. La bouche à feu est l'endroit où l'électricité ou le gaz entrent dans la cuisinère. Les maîtres de Feng Shui croient qu'une bouche à feu placée de manière non correcte apporte un très mauvais sort. Les portes de la cuisine ne doivent jamais donner sur la porte de devant ou de derrière de la maison; les bonnes influences pourraient s'enfuir de la maison.

Selon le *Classique de la Demeure Yang*, la meilleure localisation pour la cuisine est le secteur Sud de la maison, mais jamais le Sud-Ouest. C'est en partie à cause des liens qui unissent l'élément Feu et le secteur Sud du foyer.

La cuisine est l'un des endroits où il est facile de créer par inadvertance des flèches empoisonnées, surtout si vous avez une cuisine moderne, avec un équipement à la pointe de l'électro-ménager. Les coins saillants des placards créent des angles saillants qui peuvent causer tristesse et maladie. Les étagères ouvertes peuvent faire que le Shar Chi soit dirigé contre ceux qui travaillent à la cuisine. La solution, dans ce cas, c'est de placer la porte en face des étagères, pour les soustraire à la vue. Des intérieurs magnifiquement conçus ont créé tant de problèmes à certains de mes amis, qu'ils n'eurent d'autre choix que de les reconcevoir, selon des lignes plus harmonieuses – des étagères arrondies, remplaçant les carrées.

SALLE A MANGER

La salle à manger ne doit jamais être située sur un niveau inférieur à celui de la cuisine ou du salon. Les tables rondes sont préférables aux carrées ou aux rectangulaires, et les buffets ne doivent pas être disposés de façon que les coins soient dirigés sur la table où l'on mange. Pour créer un bon Feng Shui dans cette pièce, vous pouvez suspendre une peinture représentant des fruits et autres nourritures. La salle à manger doit aussi être bien éclairée en permanence, pour faciliter la circulation de l'énergie.

LES GLACES DANS VOTRE SALLE A MANGER

Les miroirs muraux sont excellents pour une salle à manger, car on croit que le doublement des aliments sur la table, symbolise l'abondance pour la maisonnée. En fait, les glaces sont des instruments Feng Shui extrêmement utiles, pour toutes sortes de choses, comme le détournement des flèches empoisonnées, l'"agrandissement" des coins étroits ou des secteurs manquants, l'activation des courants de Chi, et le camouflage des angles des colonnes. Les miroirs sont aussi excellents pour refléter les symboles favorables, et les beaux décors, comme les jets d'eau, les rivières et les lacs, apportant ainsi la richesse, qui est symbolisée par l'eau, dans la maison.

Certaines règles doivent être observées, cependant, quand des miroirs sont utilisés, et vous devez prendre garde aux mauvais effets que des miroirs peuvent créer s'ils sont placés de façon incorrecte. Les miroirs ne doivent pas être placés trop bas, pour le pas "couper la tête" des résidents les plus grands. Ils ne doivent pas refléter d'escalier, de porte, de cuisinière, ni de toilettes, ni même être utilisés pour refléter la porte principale, ou une autre porte qui s'ouvre sur l'extérieur. Cela aurait pour effet de faire rebondir le Chi qui pénètre dans la maison, et, ainsi, de le renvoyer dehors. Enfin, n'utilisez pas de carreaux réfléchissants.

FENG SHUI DEFECTUEUX

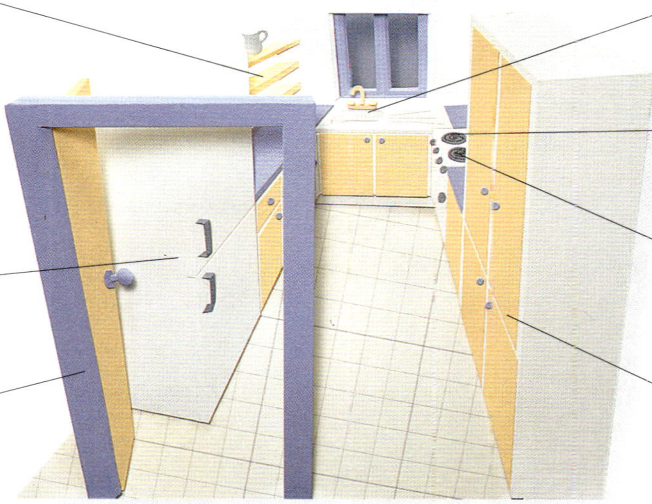

BON FENG SHUI

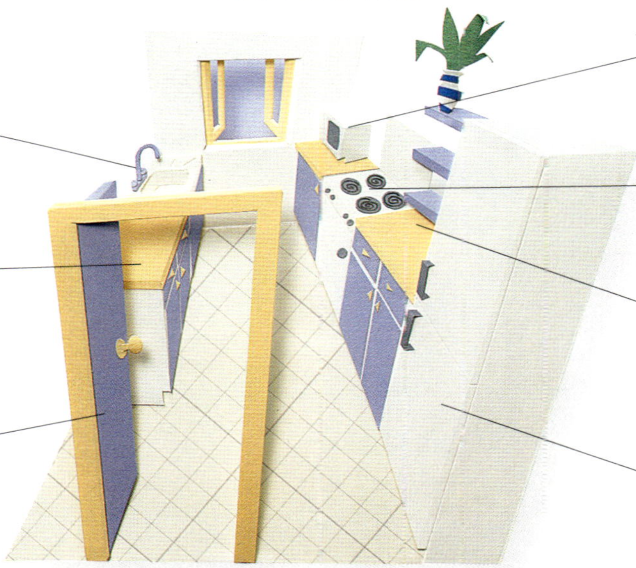

Ces deux agencements de cuisine illustrent comment, avec un peu de réorganisation, la disposition de la cuisine peut être changée pour favoriser un bon Feng Shui.

PISCINES

Les jardins sont un excellent Feng Shui, mais les maîtres de Feng Shui contemporains ont des attitudes différentes vis-à-vis des piscines. Un groupe est véhémentement opposé à la présence de piscines, faisant valoir des exemples de fortunes familiales perdues par les descendants de la deuxième génération, et en attribuant la cause à la présence de grandes piscines dans la propriété. Ironie du sort, ces choses luxueuses ont souvent été construites comme signes de richesse. Un autre groupe de maîtres soutient que les piscines peuvent avoir une influence favorable, si elles sont proportionnées par rapport aux maisons, bien situées eu égard au terrain, et si elles sont arrondies ou en forme de rognon d'agneau, et semblent embrasser la maison, au lieu d'être de forme rectangulaire.

BASSINS

Les bassins dans un jardin sont d'excellents éléments de Feng Shui qui améliorent l'influence bénéfique relative à l'argent. Si vous avez une mare, essayez d'y maintenir des poissons, pour énégertiser le courant de Chi qu'elle crée.

Mais si vous n'êtes pas en mesure de vous occuper de votre bassin comme il faut, mieux vaut la supprimer complètement, plutôt que de le laisser boueux et vaseux, par manque de soins. Pire encore, si l'eau devient sombre et stagnante, elle crée un mauvais sort, et cause des problèmes pour les affaires et la richesse des résidents.

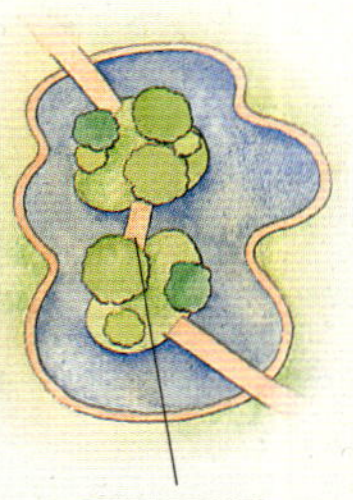

DES FORMES IRREGULIERES VALENT MIEUX QUE DES RECTANGLES.

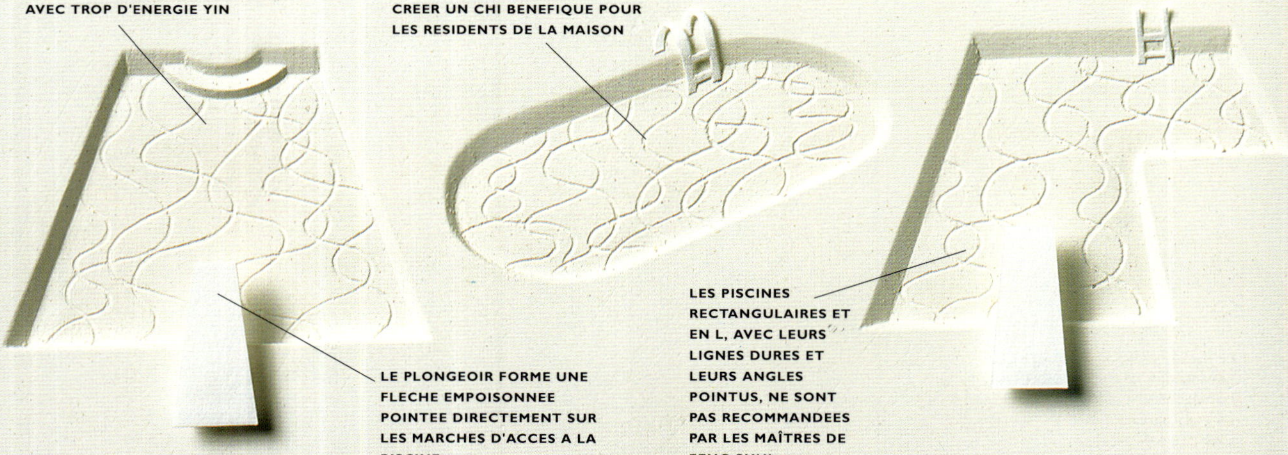

Etant donné que les préceptes du Feng Shui mettent en garde contre les angles, il convient de considérer comme défavorables les piscines rectangulaires, surtout si elles sont trop grandes. Le Chi créé serait trop fort si la maison semblait écrasée ou dominée par la taille de la piscine. Trop d'eau "noierait" les résidents; il faut par conséquent bannir ce genre de piscine.

Mais les préceptes et la philosophie du Feng Shui ne tarissent pas d'éloges sur les influences favorables de l'eau. Aussi semble-t-il logique d'accepter que les étendues d'eau artificielles, si elles semblent conçues pour se fondre harmonieusement dans l'environnement, sont favorables. Cela semble être le cas, étant donné que beaucoup de maîtres soutiennent que les caractéristiques de bonne fortune de la topographie qui sont décrites en détail dans le

Classique du Dragon de l'Eau, l'un des textes fondamentaux de la pratique du Feng Shui, peuvent être faites artificiellement pour le bien-être des membres de la maisonnée.

C'est mon expérience et ma conviction personnelles, que l'eau est presque toujours favorable, parce qu'elle représente la richesse. C'est encore plus vrai si l'élément Eau est considéré comme spécialement bon pour vous selon votre horoscope. Cependant, les piscines doivent avoir une forme naturelle – rondes comme une mare, ou en forme de rognon, et cela ne dispense pas de paysager leurs abords de façon qu'elles se fondent aussi naturellement que possible avec le reste de votre jardin, et l'environnement général.

CE VESTIAIRE TRIANGULAIRE DE PISCINE EST POSITIONNE DE FAÇON DEFAVORABLE.

LE FENG SHUI POTENTIELLEMENT FAVORABLE CREE PAR CETTE PISCINE EN FORME DE ROGNON EST NEUTRALISE PAR LA FLECHE EMPOISONNEE VENANT DE L'ANGLE DES DOUCHES, QUI BRISE L'"EMBRASSADE" DE LA PISCINE.

Les piscines doivent être de forme naturelle, et ni carrées ni rectangulaires, ce qui contraste avec les préférences du Feng Shui en ce qui concerne les maisons.

A DROITE **Cette piscine, avec ses coins arrondis, et la végétation luxuriante qui pend au-dessus, se fond dans le paysage et est équilibrée, du point de vue des cinq éléments.**

PIECES D'EAU ET APPARTEMENTS

La vue sur une pièce d'eau, artificielle ou naturelle, améliore le Feng Shui de tout immeuble d'habitation, et beaucoup de principes qui s'appliquent aux piscines et aux mares des jardins des maisons valent aussi pour les ensembles. Cependant, les pièces d'eau ne doivent pas être situées au rez-de-chaussée ou sur la terrasse. L'eau au-dessus et en bas signifie danger, et les maîtres de Feng Shui le déconseillent toujours. Les piscines doivent toujours avoir des dimensions équilibrées, et refléter l'harmonie des éléments. Si votre horoscope vous met en garde contre la présence de l'élément Eau dans votre foyer (si vous êtes une personne Feu, par exemple), il est conseillé de chercher un immeuble qui n'ait pas de piscine.

AGRANDISSEMENTS ET STRUCTURES TOPOGRAPHIQUES

Si vous projetez d'agrandir votre maison, vous devez d'abord prendre en considération l'effet que l'agrandissement aura sur la forme générale du bâtiment. Certaines combinaisons de formes sont bénéfiques, d'autres ne le sont pas. En même temps vous devez analyser l'effet que l'extension aura sur la position générale de la maison, et son impact sur le secteur directionnel qu'il occupe.

Une autre façon de déterminer les effets, du point de vue du Feng Shui, de l'agrandissement, c'est de considérer l'élément représenté par le secteur où il doit être fait, puis d'évaluer son impact sur l'élément représenté par votre porte principale. Ainsi, si l'agrandissement doit être fait au côté nord de la maison, il représente l'élément Eau. Si la porte principale est orientée au Sud-Est (qui représente le Petit Bois), l'agrandissement améliorera le Feng Shui de la porte, étant donné que l'Eau produit le Bois.

Si, en revanche, l'agrandissement est situé au Nord-Ouest, représentant le Grand Métal, elle aura un effet néfaste sur la porte, car le Métal détruit le Bois. Cette méthode d'analyse est hautement recommandée, étant donné que l'analyse élémentale est l'un des principes fondamentaux de toute pratique de Feng Shui.

On peut appliquer la même analyse à l'édification de belvédères, de garages non attenants, et d'autres grandes structures pour la propriété.

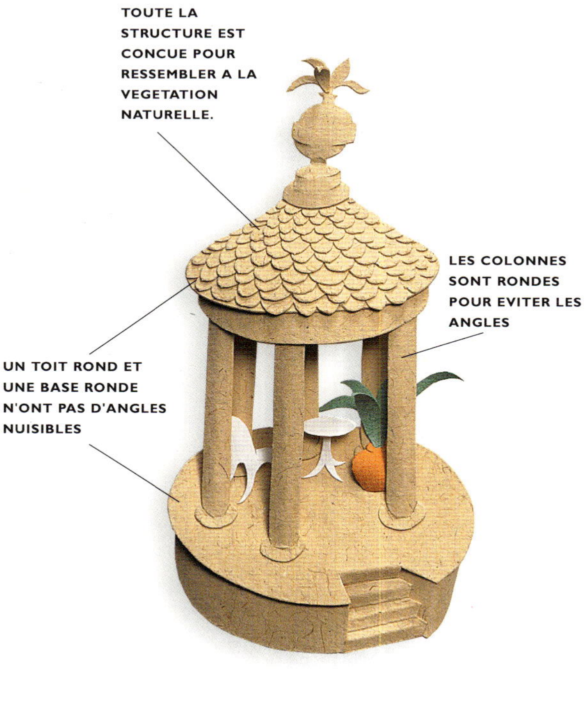

Un belvédère installé à l'écart de la maison présente l'avantage de ne pas ajouter de formes déplaisantes au bâtiment, qui peuvent favoriser des courants négatifs de Chi.

Des agrandissements qui ont pour effet de créer des bâtiments de forme irrégulière, comme une maison en L, sont déconseillés, parce qu'ils changent la forme bénéfique de la maison.

L'ART DU PAYSAGE

En respectant les principes du Feng Shui, c'est-à-dire la préservation de l'équilibre et de l'harmonie, on peut paysager les jardins pour créer de bonnes configurations Feng Shui. On peut faire cela, en faisant des plantations denses, ou en créant des monticules (derrière la maison, surtout, et jamais devant), des ruisseaux, ou des cascades rocheuses. Si l'on fait en sorte qu'il y ait un bon équilibre de Yin et de Yang grâce à l'utilisation de rochers, bassins, plantes, et couleurs diverses, le Feng Shui peut être fortement amélioré.

Veillez à conserver équilibre et harmonie dans la forme et les proportions des éléments de votre jardin. Un bassin trop grand, une butte disproportionnée par rapport au jardin ou à la maison, feront plus de mal que de bien, simplement parce que le Chi produit par, disons, une pièce d'eau trop grande, écrasera les résidents, causant des retards dans leur vie.

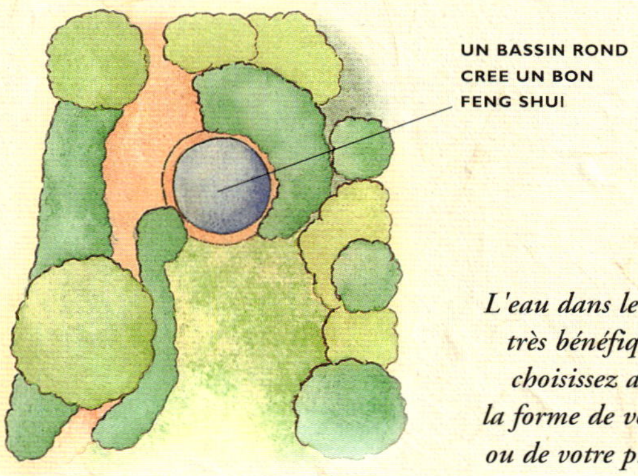

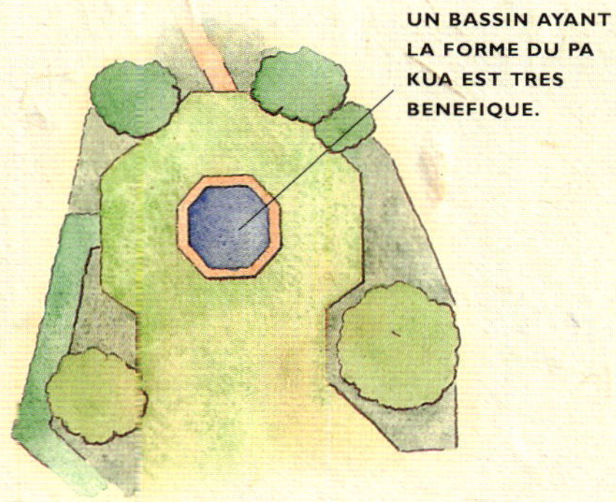

L'eau dans le jardin est très bénéfique, mais choisissez avec soin la forme de votre bassin ou de votre pièce d'eau.

CLÔTURES ET MURS

Les clôtures et les murs servent à isoler la maison des influences extérieures. Les murs, par exemple, sont des barrières efficaces qui peuvent arrêter les effets d'objets pernicieux comme les pierres, les canaux au courant rapide, ou envasés, les poteaux téléphoniques, et toute une gamme d'éléments nuisibles. Les murs doivent cependant être en harmonie avec le paysage.

Les murs et les clôtures de briques doivent être bordés de plantes feuillues, pour créer un bon équilibre Yin/Yang – les briques représentant le Yang et les plantes le Yin. Les clôtures de fer forgé ou de bois ne doivent pas comporter de pointes dirigées vers le bas, car cela évoque une chute, ou orientées vers l'intérieur de la propriété, car elles symbolisent des flèches empoisonnées attaquant la maison. Si les pointes sont orientées vers le haut, l'effet est neutre.

Chapitre Neuf

DECORATION POUR UN BON FENG SHUI

Dans la pratique du Feng Shui, la superstition et le symbolisme entourent les objets bénéfiques. Ceux-ci peuvent être des dieux spéciaux censés attirer la richesse et la longévité dans le foyer, ou bien des fruits, des fleurs, des plantes, et des arbres: ou ils peuvent être des types spéciaux d'animaux, réels ou mythologiques.

Ces objets jouent un rôle important dans la venue des courants bénéfiques de Chi dans le foyer. Aussi ce chapitre a-t-il pour dessein de suggérer un certain nombre de façons dont les œuvres d'art, les plantes, et le mobilier, peuvent être incorporés dans votre design pour ajouter une dimension supplémentaire de Feng Shui à votre environnement.

風水

Le symbolisme attaché aux objets bénéfiques est un thème favori des artistes et des artisans; aussi le trouve-t-on communément sur les objets d'art chinois – paravents, tableaux, vases, sculptures. De tels objets sont assez bon marché, et on peut les trouver facilement dans les boutiques d'objets orientaux.

Symbole très favorable et populaire, la grenouille signifie la venue de richesses, et peut être disposée discrètement, juste derrière la porte principale.

LE POISSON POUR LA REUSSITE

Le poisson (parfois avec un pêcheur) représente la réussite. Le poisson remontant le courant, pour être transformé en dragon, est le symbole de l'érudit, qui, ayant passé ses examens, va obtenir richesse et renom. Beaucoup de Chinois gardent des poissons dans un aquarium ou un petit bassin à l'extérieur, pour améliorer leurs perspectives d'enrichissement. Un poisson représenté sur un vase, un tableau, ou un paravent, aura le même effet. Le mieux, c'est que le poisson ou sa représentation soient près de l'entrée de devant, ou sur la table du salon.

LA GRENOUILLE POUR LA FORTUNE

La grenouille apportant de l'or et de l'argent, est un symbole extrêmement populaire, qui doit être placé juste à l'entrée principale, pour signifier l'arrivée de la richesse dans la maison. Il n'est pas nécessaire que la grenouille soit trop apparente; placez-la près d'une plante en pot pour qu'elle ne gêne pas trop. Si la porte de devant est située dans le secteur sud-ouest ou nord-ouest du logis, ce symbole est considéré comme encore plus bénéfique, étant donné que ces directions sont associées à l'élément Métal, auquel ressortissent l'or et l'argent.

Les poissons réels ou des représentations en porcelaine, sont extrêmement bénéfiques, car ils symbolisent la richesse et la prospérité.

LE CHEVAL DRAGON

L'unicorne est un autre symbole populaire, qui est considéré comme une créature fabuleuse de bon augure. Il symbolise la longévité, la grandeur, la joie, la descendance honorable, et la sagesse. Parfois appelé le Cheval Dragon, l'unicorne est censé posséder les qualités de gentillesse, bonne volonté, et bienveillance envers toutes les créatures. Les Chinois croient que l'unicorne est toujours solitaire, et n'apparaît que lorsqu'un chef particulièrement bienveillant s'assoit sur le trône, ou quand un grand sage naît.

LE PAON

Le paon signifie la dignité et la beauté. Depuis d'innombrables siècles, les couleurs magnifiques des plumes de la queue du paon, ont fait d'eux des emblèmes populaires de la dignité officielle, et des éventails en plumes de paon sont souvent suspendus dans les foyers chinois.

Le bon destin et la bonne santé sont souvent symbolisés par un vase chinois de belle facture. Les fleurs apaisent et rafraîchissent le Chi qui circule autour d'elles.

ATTIRER LES BONNES INFLUENCES

Une façon d'attirer un Chi extrêmement bénéfique dans le foyer, c'est d'y introduire un prunier en fleurs, et de le placer aux secteurs Sud-Est ou Est du salon. Ça a pour effet de créer des relations harmonieuses entre les résidents, et, plus encore, cela améliore les chances d'enrichissement de la maisonnée. C'est parce que la fleur de prunier signifie grande chance.

Peu importe que le prunier soit naturel ou artificiel; aussi, si votre pièce n'est pas assez chaude, ou claire, pour la plante, ne vous en faites pas: un arbrisseau de soie, de céramique, ou peint, fera l'affaire, et il aura l'avantage d'être en fleur tout le temps, améliorant grandement ainsi vos perspectives de richesse et de bonheur. Mais nettoyez-le régulièrement.

Une autre plante qui est efficace, spécialement pour augmenter la richesse, c'est le pêcher. Si quelqu'un dans le foyer est malade, on peut utiliser

Placer des chevaux et des choses rouges dans le secteur Sud de la maison, fera entrer la renommée dans votre vie.

UTILISER LE SYMBOLISME AVEC SOIN

Le cheval est l'un des Sept Trésors du Bouddhisme; il symbolise la rapidité et la persévérance.

Le symbolisme chinois comprend des animaux qui favorisent la longévité: tortue, unicorne, chauve-souris, daim, lièvre, cigale, grue. La longévité, l'aptitude à mener une vie longue et saine, de façon à être à même de recueillir les fruits d'une existence respectable, est l'un des aspects les plus importants de la bonne destinée, pour les Chinois, et nombreux sont les foyers qui comportent ce symbolisme.

Les Chinois prennent aussi grand soin de protéger leurs foyers, et les animaux qui symbolisent cette aspiration, sont l'ours, l'éléphant, le cheval, et le léopard. Une peinture représentant un ours, par exemple, placée près de votre porte principale, est censément un charme puissant contre les voleurs. Cependant, il faut faire attention quand on utilise ce symbolisme. Le tigre, par exemple, symbolise les hauts faits militaires, mais l'animal est extrêmement féroce, et certaines personnes croient qu'il est capable de "dévorer" les habitants, tandis que d'autres pensent qu'il est l'un des meilleurs symboles de protection. La meilleure place pour les représentations de tigre, c'est hors de la maison, près de la porte de devant.

des peintures représentant des pêchers, pour attirer un bon Feng Shui, qui favorisera le rétablissement. Cela suppose que l'on active le secteur de santé de la pièce occupée par le malade. Placez la peinture (ou une scultpure de jade d'un pêcher en fleur) dans le secteur Est de la pièce. Un vrai pêcher est bien sûr idéal, mais les symboles artificiels feront l'affaire. Le pêcher symbolise la longévité, et il est particulièrement bon pour attirer une saine dose de Chi énergétique dans la pièce. Si tous les membres de la famille sont facilement malades, utilisez cette méthode, mais cette fois placez le pêcher dans le secteur Est de la pièce la plus à l'Est de la maison.

La réussite dans les études des écoliers ou des étudiants de la famille, peut être énormément accrue si l'on active le secteur du mental et de la connaissance de la maison. Ce secteur correspond au Nord-Est, qui est gouverné par l'élément Terre. Cette aspiration peut être activée soit pour un enfant en utilisant des "améliorateurs" dans sa propre chambre, soit pour plusieurs enfants en activant le secteur qui est le plus au Nord-Est de la maison. Un globe terrestre posé dans ce secteur améliore l'acquisition de la connaissance. Le globe représente la Terre, et quand on le fait tourner chaque jour, cela crée le mouvement qui active le Chi bénéfique.

J'ai moi-même utilisé ce genre de globe pour activer le secteur des affaires de ma maison (le Sud-Est). Mon intention était de créer un Chi favorable, de façon que mes livres se vendent dans le monde entier. Jusqu'à présent, il semble que ça a marché.

Une bonne façon d'activer la renommée et la reconnaissance publique, c'est de placer une collection de chevaux et quelques fleurs rouges dans le secteur Sud de n'importe quelle pièce. Le Sud est la direction symbolisée par l'élément Feu, et c'est une bonne idée d'activer ce secteur si vous êtes acteur, chanteur, politicien, écrivain, ou que vous exerciez une autre profession qui exige la reconnaissance publique.

CREER DES ARCS-EN-CIEL

Les cristaux représentent l'élément terre, qui est le symbole prévalent dans le secteur du mariage, celui du Sud-Ouest. Activer ce secteur avec un cristal améliorera sa propre vie sociale, et les perspectives de mariage.

L'une des méthodes les plus efficaces pour améliorer le Feng Shui d'un foyer, c'est d'utiliser des cristaux taillés et des prismes pour attraper la lumière du soleil matinal venant de l'Est, ou celle du soleil vespéral venant de l'Ouest. Suspendez des cristaux taillés de la taille d'une balle de golfe à la fenêtre, et, chaque fois que le soleil brille, regardez ces cristaux créer de brillants arcs-en-ciel dans la pièce. Cela a pour effet d'énergétiser les courants de Chi, et c'est un excellent Feng Shui; c'est aussi particulièrement efficace pour établir l'harmonie et le bonheur de la famille.

UTILISER LES PLANTES ET LES FLEURS

Les fleurs sont d'excellentes pourvoyeuses de bons courants de Chi, surtout si elles sont épanouies, et éclatantes de santé. L'habitude de garnir les pièces de fleurs fraîchement coupées confère un bon Chi à la maisonnée. Mais il est important de changer les fleurs aussitôt qu'elles se fanent. En fait, il vaut beaucoup mieux utiliser des fleurs artificielles ou de soie – qui semblent toujours fraîches – que d'avoir des fleurs fanées. Les fleurs mourantes signifient maladie et malchance.

Pour les mêmes raisons, il n'est pas conseillé d'avoir des plantes ou des fleurs sèches, quelque belles qu'elles puissent paraître. Les plantes séchées signifient mort, et n'attirent pas le bon, le vibrant Chi plein de santé. En outre, elles ont un effet trop Yin – hôtesses qu'elles sont du royaume des morts.

Le mou tan – pivoine – est excellent pour accroître les chances matrimoniales. Vous pouvez activer le secteur du mariage (le secteur Sud-Ouest) d'une pièce, en y plaçant un bouquet de pivoines réelles, ou de soie. Si vous ne pouvez pas en trouver, une peinture chinoise qui en représente, fera très bien l'affaire.

La pivoine est considérée comme la meilleure des fleurs, et sa présence dans le foyer d'une famille chinoise traditionnelle est habituellement une indication de la présence de filles à marier.

L'une des meilleures choses à introduire dans un foyer, ce sont des plantes vigoureuses, qui apportent de la vie dans les secteurs, et qui

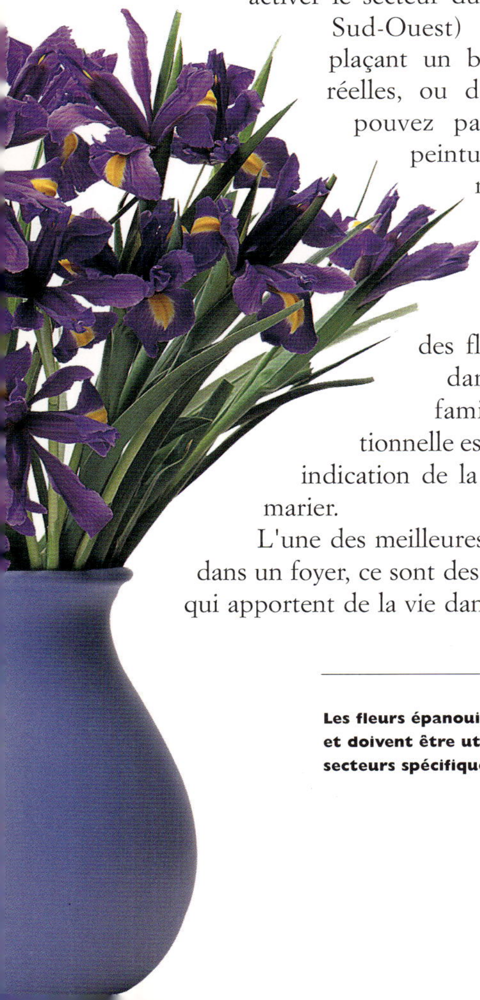

Les fleurs épanouies attirent le bon Chi et doivent être utilisées pour activer des secteurs spécifiques de votre foyer.

UTILISER DES PLANTES POUR ATTENUER L'EFFET D'UN PILIER CARRE

Les piliers carrés isolés dans des foyers et des bureaux sont extrêmement néfastes. Les arêtes aiguës de ces piliers créent un Chi qui tue. Si un coin est dirigé directement vers la porte principale, la mauvaise influence produite sera grave. Les arêtes aiguës des coins en saillie représentent aussi des lignes de Chi préjudiciables; elles sont ainsi un mauvais Feng Shui.

La meilleure façon de neutraliser de semblables angles, c'est de faire pousser une plante grimpante le long du pilier, ce qui fait que les feuilles et les branches rendront diffuse la férocité de l'arête. On peut aussi attacher des plantes qu'on laissera pendre, à un support de la colonne. Le fuschia, par exemple, est excellent pour cela.

Le jaune plein de vie de ces tournesols ajoute un trait d'énergie Yang à la pièce.

excellent aussi pour neutraliser le mauvais Chi créé par les colonnes, les poutres, et autres objets anguleux. Quand vous utilisez des plantes à l'intérieur de votre logis, choisissez plutôt celles qui ont des feuilles larges, ressemblant à la "plante à argent". Les cactus hérissés de piquants sont à proscrire – les bonsaïs aussi. Les plantes grasses, en revanche, créent un excellent Feng Shui.

Quand elles sont utilisées en conjonction avec l'analyse des cycles productifs et destructifs des Cinq Eléments, les plantes peuvent être de puissants amendeurs de Feng Shui dans le foyer. Les plantes vertes sont bonnes pour ceux qui sont nés sous l'influence de l'élément Feu, parce que le Bois fait le Feu, mais elles ne le sont pas beaucoup pour ceux qui sont nés sous celle des éléments Eau et Terre, car le Bois détruit la Terre et épuise l'Eau. Du point de vue du Feng Shui, les plantes peuvent aussi être utilisées pour activer les divers secteurs de votre foyer, selon les aspirations de l'existence que vous désirez privilégier. Considérez les éléments associés à chaque côté du Pa Kua. Si vous souhaitez donner un coup de fouet à vos perspectives professionnelles, par exemple, placez une plante verte saine dans le secteur Nord de votre maison.

Les plantes apportent un bon Feng Shui dans votre foyer tant qu'elles sont saines et vigoureuses. Choisissez des plates à feuilles larges, comme la "plante d'argent" chinoise (ci-dessus), plutôt que des plantes ayant des piquants et des épines, ou hérissées comme le cactus (à gauche).

"LA CITE JARDIN" DE L'ASIE

A Singapour – surnommée la Cité Jardin de l'Asie – les plantes sont utilisées sur une grande échelle, pour émousser les bords des voies et introduire un élément Yin dans les structures Yang. Il en va de même avec les grandes tours. Des plantes et des arbres bien entretenus, bordent les voies de communication de Singapour, et, la nuit, de grandes illuminations attirent à l'île un bon Chi plein de vitalité.

On peut utiliser des fleurs à de nombreuses fins Feng Shui. Un bouquet de noces, même en soie, peut être placé au Sud-Est, c'est-à-dire dans le secteur du mariage, pour activer les perspectives nuptiales.

LES OEUVRES D'ART ET LES DIEUX DOMESTIQUES

Fuk, Luk, et Sau, respectivement les dieux de la richesse, des hautes dignités, et de la longévité, sont présents dans les salles à manger ou les salons de presque tous les foyers chinois de par le monde. Ce sont les trois dieux vedettes, les plus importants – et les plus populaires – parmi les dieux symboliques du panthéon chinois. Ils font rarement l'objet d'un culte. Les Chinois croient que d'avoir leur représentation chez soi est suffisant pour attirer la bonne destinée qu'ils signifient.

Fuk est le dieu de la richesse et du bonheur.

Fuk, le dieu de la richesse et du bonheur, dépasse d'une tête les deux autres dieux. Il est toujours placé au centre. Luk, le dieu de la haute dignité sociale, et de l'abondance, tient le sceptre du pouvoir et de l'autorité. Sau, le dieu de la longévité, a une tête ronde; il tient un pêcher dans une main, et un bâton de marche dans l'autre. Il est parfois accompagné d'un cerf, qui est un autre symbole de longévité.

Luk est le dieu des hautes dignités sociales, et de l'abondance.

Fuk, Luk, et Sau, représentent les trois aspects les plus importants de la bonne destinée. Ils sont toujours ensemble, et leur présence favorise la santé, la prospérité, l'abondance de nourriture, et une bonne descendance (mâle). Aucun foyer chinois qui se respecte ne saurait s'en dispenser, et ils sont représentés avec une grande variété de tailles et de formes. Souvent les familles riches commandent des statues gigantesques qu'elles mettent dans des salles conçues spécialement pour les héberger. Les familles de classe moyenne en ont des représentations en céramique, joliment peintes, avec des couleurs éclatantes, ou en matériaux précieux, comme l'or, les émaux, ou l'ivoire. Où qu'ils soient installés, Fuk, Luk et Sau doivent toujours être à l'honneur, et placés plus haut que les tables de la pièce.

Sau est le dieu de la santé et de la longévité.

Les lions gardiens sont aussi extrêmement populaires chez les Chinois, qui les utilisent comme symboles de protection. Le plus souvent, les gardiens sont placés par paires, sur les montants des portails, ou sur le sol, de chaque côté de la porte principale. Ces lions

Un lion gardien protégeant l'une des salles principales de la Cité Interdite. On peut acquérir facilement des lions miniatures; on doit toujours les mettre à l'extérieur du foyer, jamais à l'intérieur.

de pierre sont censés protéger le foyer des influences néfastes et des gens qui peuvent de l'extérieur nuire aux résidents. Des lions de pierre montent la garde devant toutes les salles principales de la Cité Interdite de Pékin, et on peut aussi en voir devant les temples taoïstes chinois. Certaines personnes mettent des oiseaux de proie à l'entrée de leur maison, au lieu de lions.

Dans le bouddhisme, le lion est considéré comme un animal sacré. La danse du lion, qui se fait sur une musique forte, est censée effrayer les esprits malins et le mauvais sort, et attirer la bonne fortune.

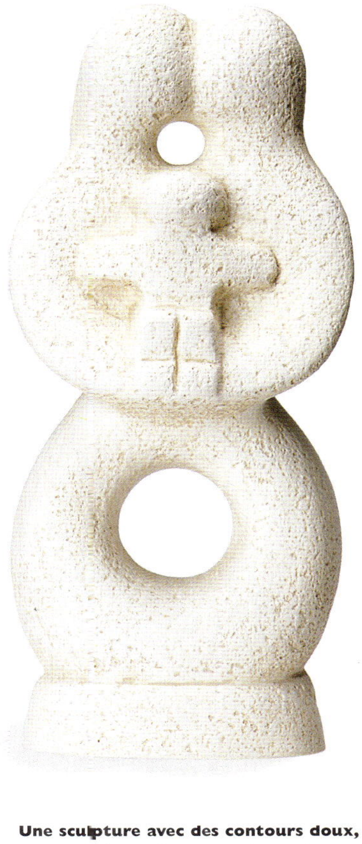

Une sculpture avec des contours doux, et symbolisant l'amour et la tendresse, est un ouvrage d'art idéal avec lequel décorer un foyer familial.

"FIGURINES OCCIDENTALES PORTE-BONHEUR"

Etant donné que le Feng Shui est une pratique chinoise, beaucoup de symboles qui y sont associés sont d'origine chinoise. Cependant, les ressortissants des nations "occidentales" peuvent se servir d'autres types d'objets qui symbolisent la bonne fortune, selon leurs propres cultures, et qui ont le même effet. Les fers à cheval, par exemple, sont considérés comme des porte-bonheur quand ils sont placés dans le foyer, en Occident. Du point de vue du Feng Shui, leur forme est bénéfique, et s'ils sont placés dans les secteurs Nord-Ouest et Ouest de la maison associés à l'élément Métal, ils peuvent être des instruments efficaces d'amélioration.

Les chandeliers de cristal, les oeufs de Fabergé – ou de semblables – les tableaux représentant de beaux palais et spectacles, peuvent être utilisés de la même façon. J'aime particulièrement les peintures représentant des amoureux ou le lien affectif qui unit mère et fille, car ils sont symboles de bonheur familial. Mais évitez de suspendre des tableaux "abstraits" qui suggèrent le malheur, le chagrin ou la dépression, comme les reproductions des visages tourmentés peints par Picasso.

Le Baiser, tableau de Francesco Hayez (1791-1882). Les objets "améliorateurs" ne doivent pas nécessairement être d'origine orientale.

ECLAIRAGES

Outre les plantes, l'instrument de Feng Shui qui est peut-être le plus facile à utiliser pour décorer et améliorer votre foyer, est l'éclairage. La lumière symbolise l'élément Feu, qui produit la Terre, s'accroît lui-même, et fait fleurir le Bois. Le symbolisme igné des lumières électriques est ainsi extrêmement utile pour activer les secteurs Sud, Sud-Est, Est, et Nord-Est. La lumière, en tant qu'élément Yang, contribue aussi à établir l'équilibre et l'harmonie chez soi, et à attirer de bons courants de Chi. Il est particulièrement important d'avoir un bon éclairage dans les entrées du logis. Il serait idéal de les laisser constamment, si le foyer est sombre et exigu.

LUSTRES

Les lustres de cristal sont excellents pour l'éclairage, mais il n'est pas nécessaire d'avoir ces lustres archi-luxueux qui ornent les résidences des milliardaires. De modestes assemblages de verre taillé feront tout aussi bien l'affaire. Si vous en avez chez vous, n'oubliez pas de les allumer – s'ils ne le sont pas, ils n'ont guère de Feng Shui.

Les lustres sont aussi excellents quand ils sont suspendus au centre du logis, qui symbolise traditionnellement l'essence de la maisonnée. Le centre symbolise l'élément Terre, et le Feu produit la Terre.

Cette lampe de bureau a la forme d'un marteau ou d'un hachoir menaçant, et elle produira des énergies hostiles.

La lumière scintillante émise par les lustres de cristal a d'excellentes qualités pour améliorer et activer un Chi bénéfique.

COULEUR ET FORME

Les instruments d'éclairage à proscrire, ce sont ceux qui ont un design high-tech, à angles droits, toute lampe qui a une forme hostile ou pointue, et tout appareil qui ressemble à un instrument tranchant. Les angles émanent un Chi qui tue, et les formes aiguës sont à proscrire.

Quand vous choisissez des lampes, pensez à la couleur – autant qu'à la lumière – pour qu'elle corresponde à l'élément du secteur à éclairer. Par exemple, une lampe bleu noir conviendra pour le secteur Nord, étant donné que le bleu correspond à l'eau; vous pouvez aussi utiliser une ampoule bleue pour activer le secteur Nord, qui symbolise la réussite professionnelle.

COULEURS FAVORABLES

Le Feng Shui considère les couleurs en fonction de la personne à qui elles s'adressent. Le noir, par exemple, est généralement banni, parce qu'il est l'opposé de la lumière, qui est considérée comme l'incarnation du bon Feng Shui. Mais le noir représente aussi l'eau, qui, elle, représente l'argent. Le noir peut ainsi être considéré également comme une bonne couleur.

Le blanc symbolise la mort pour les Chinois, et est une couleur de deuil. Mais le blanc est aussi symbole de lumière, qui est un bon Feng Shui.

Au cours de mes recherches sur la doctrine du Feng Shui quant aux couleurs, j'ai découvert que la meilleure approche, c'est de revenir au fondement de l'harmonie et de l'équilibre Yin/Yang, et d'appliquer aussi la philosophie des éléments, qui implique la recherche de son élément propre (qui dépend de la date de naissance), et ainsi de choisir les couleurs qui y correspondent.

Ainsi, le noir représente l'Eau, le rouge est le Feu, le vert, le Bois, le blanc, le Métal, et le jaune, la Terre.

Généralement, il convient de dire que toute couleur qui ne semble pas dysharmonieuse est acceptable. Si vous êtes né une année Bois, par exemple, vous pouvez utiliser le noir comme couleur dominante. D'autre part, si vous êtes né une année Feu, le noir peut être mortel pour vous, et vous devez l'éviter. C'est parce que l eau nourrit la plante (Bois), mais éteint le Feu.

La connaissance des connotations traditionnelles des couleurs est aussi utile, tant que vous gardez à l'esprit l'"approche élémentale" dont nous venons de parler. Le rouge, par exemple, symbolise le bonheur, et est traditionnellement utilisé dans les mariages chinois. C'est ainsi une couleur "sûre", à utiliser pour attirer la bonne fortune; mais les gens dont l'élément est en conflit avec le Feu ne doivent pas avoir trop de cette couleur autour d'eux.

Un abat-jour d'une couleur douce, neutre, donne une atmosphère paisible à la pièce.

Choisissez des lampes qui aient des couleurs douces, agréables, qui conviennent au secteur de la pièce où elles sont. Une lampe bleu foncé est idéale pour le secteur Nord, parce que le bleu représente l'Eau.

PIECES DE MOBILIER

Quand vous choisissez ou disposez le mobilier, vous devez viser à stimuler les sains courants de Chi en choisissant des formes, des couleurs, et des styles, qui peuvent être considérés comme correspondant aux éléments et aux secteurs du Pa Kua octogonal.

Quand vous faites l'acquisition de meubles, par exemple, choisissez les couleurs et les formes en ayant le Feng Shui en tête. Un fauteuil vert convient au secteur Bois des secteurs Est et Sud-Est de la pièce. Il est aussi plus Yin et peut, ainsi, être utilisé pour rétablir l'équilibre dans les secteurs où il y a trop de Yang. Un fauteuil plus lourd, plus rond, tapissé de rouge, est très Yang, et conviendrait mieux au secteur Sud de la pièce, ou aux secteurs qui requièrent une énergie Yang, comme les parties les plus sombres ou celles qui représentent le Sud-Ouest ou le Nord-Est.

Si vous avez commandé des meubles sur mesure – une table de salle à manger, par exemple, ou des commodes, des buffets – vous avez intérêt à respecter les dimensions Feng Shui. Elles sont reproduites ci-contre. On peut les appliquer au bureau, à la table de salle à manger, et aux autres meubles, mais aussi aux portes, aux fenêtres, et même aux cartes de visite. Ces dimensions favorables sont respectées par les charpentiers de Hong-Kong et de Taiwan, bien qu'on ne sache pas bien comment elles ont été déterminées. Cependant, les principes du Feng Shui sont librement utilisés par les maîtres de Feng Shui, pour assurer une bonne influence Feng Shui.

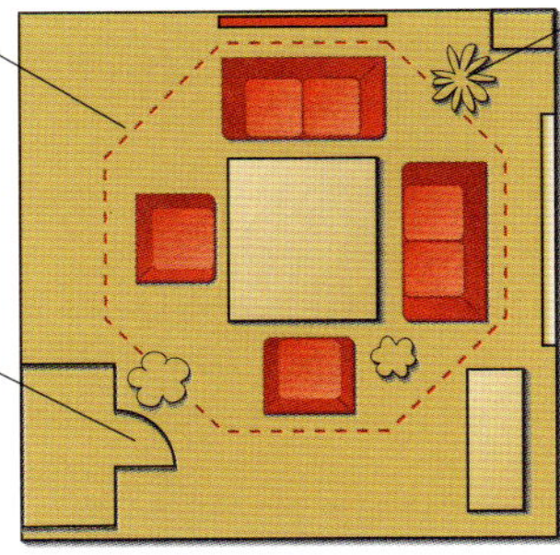

Une disposition idéale des sièges.

DISPOSITION DES MEUBLES

La disposition des meubles dans les salons et livings affecte la vie sociale de la maisonnée, spécialement les relations entre amis et parents. La disposition des sofas, chaises, et tables à thé, peut tout aussi bien améliorer les relations, qu'engendrer des conflits. Une bonne disposition ne comporte jamais de chaise ou de sofa qui tourne le dos à la porte ou à l'entrée du salon. Les chaises ne doivent pas non plus être proches de la table à

Ces chaises de salle à manger ne conviennent pas, d'un point de vue Feng Shui. Les barreaux au dos de la chaise de gauche créent des flèches empoisonnées.

Ces deux fauteuils ont la forme bénéfique du fer à cheval, mais le fauteuil de droite est le moins bon, parce que ses accoudoirs ne sont pas assez importants.

MESURES FAVORABLES

Il y a des dimensions bénéfiques pour les demeures Yang (des vivants) et les demeures Yin (des morts). Les dimensions données ci-dessous s'appliquent aux demeures Yang.

CHAI (INFLUENCE FAVORABLE POUR L'ARGENT)
ENTRE 0 ET 6, 25 CM
ENTRE 43 ET 49,5 CM
ENTRE 86,5 ET 93 CM
ENTRE 129,5 ET 136 CM

VI (INFLUENCE FAVORABLE POUR LES MENTORS)
ENTRE 16,5 ET 21,5 CM
ENTRE 59,5 ET 64,5 CM
ENTRE 103 ET 109 CM
ENTRE 146 ET 151 CM

KWAN (INFLUENCE FAVORABLE POUR LA CARRIERE ET LE POUVOIR)
ENTRE 21,5 ET 26,5 CM
ENTRE 64,5 ET 74,5 CM
ENTRE 109 ET 119 CM
ENTRE 151 ET 156 CM

PUN (INFLUENCE FAVORABLE POUR L'ARGENT ET LA RICHESSE)
ENTRE 37 ET 44,5 CM
ENTRE 85 ET 86,5 CM
ENTRE 129 ET 135,5 CM
ENTRE 166 ET 172,5 CM

Ce fauteuil est acceptable car il a un bon dossier et des accoudoirs qui soutiennent et entourent celui qui y est assis.

thé et des autres sièges; en général, on doit disposer les sièges de façon à obtenir une forme de Pa Kua octogonal. La disposition en L est tout à fait réprouvée, à moins que les meubles ne soient placés contre le coin d'une pièce. C'est parce que cette forme ressemble à une flèche empoisonnée, qui n'est pas conductrice d'un courant égal et sans heurt de Chi.

Vous devez aussi éviter d'avoir des portes s'ouvrant sur ces meubles. C'est parce que le courant de Chi dans la pièce serait bloqué. Il est préférable que la porte s'ouvre sur un espace vide.

Les sofas avec des dos arrondis sont favorables parce qu'ils ont la forme de la tortue protectrice.

Ce sofa n'est pas favorable, parce que son dossier n'est pas assez haut, et ne fournit pas ainsi beaucoup de protection.

Cavalier
SHOES
BAILEY BANKS & BIDDLE
blackberry
GODIVA
Chocolatier

QUATRIEME PARTIE

AUTRES APPLICATIONS DU FENG SHUI

Chapitre Dix

REUSSITE DANS LES AFFAIRES

Il y a plusieurs moyens d'utiliser le Feng Shui comme instrument de réussite en affaires. Ils vont des méthodes permettant d'accroître les revenus d'établissements de détaillants – boutiques, restaurants, établissements en franchise, et succursales de banques – à l'utilisation de formules spéciales de l'Ecole de la Boussole, pour arranger la disposition des bureaux afin d'améliorer l'influence favorisant la prospérité des immeubles ou des bureaux d'affaires. Les caractères du Feng Shui, quand ils sont introduits dans les usines, améliorent souvent la productivité des employés et l'organisation du travail. Les hommes et femmes d'affaires de Hong-Kong, Singapour, Malaisie, et Taiwan, introduisent presque toujours des caractéristiques Feng Shui dans leurs maisons d'affaires, et beaucoup ne procèderont jamais à des changements importants concernant l'architecture ou l'aménagement, sans avoir consulté un maître de Feng Shui.

風水

A Hong-Kong, le gratin des hommes d'affaires comme les simples chauffeurs de taxi, ont le même respect pour le Feng Shui. Il en va de même à Taiwan, et, de plus en plus, au cours des dernières années, pour les Chinois de Singapour et de Malaisie. Le regain d'intérêt pour l'ancienne science s'est même étendu aux jeunes générations élevées à l'occidentale, qui dirigent des entreprises familiales. La plupart reconnaissent la force du Feng Shui.

Il peut être très gratifiant de s'abreuver à la source de l'ancienne science. Le grand attrait, c'est que cela ne coûte guère. L'utilisation d'un bon Feng Shui n'exige, du point de vue financier, qu'un investissement minime. Il ne demande non plus aucune compromission religieuse.

Aussi, pour une personne qui a l'esprit commercial, ayant investi des fonds pour lancer une nouvelle affaire, il est sensé de faire l'effort de puiser dans les courants de Chi de la terre, si c'est ce qu'il faut pour mettre de son côté quelques atouts supplémentaires.

TAIWAN

A Taipeh, la capitale de Taiwan, beaucoup d'immeubles de grande taille hébergeant les états-majors de grandes compagnies ont des caractéristiques Feng Shui. Il y a deux thèmes récurrents : l'arrondissement des angles, et l'utilisation de grandes portes à tambour. L'arrondissement des angles est un geste amical envers le voisinage, pour qu'aucun Chi qui tue ne soit créé. Les arêtes aiguës des très hauts immeubles représentent des flèches empoisonnées qui, si elles sont pointées sur l'entrée principale d'un autre bâtiment, causent à coup sûr le malheur, invitant ainsi, automatiquement, le choc en retour.

Les portes à tambour sont d'excellents pourvoyeurs de courants de Chi favorables; aussi les préfère-t-on, pour l'entrée des bâtiments, aux portes battantes conventionnelles. Les portes à tambour sont aussi excellentes pour détourner tout Chi qui tue causé par les flèches empoisonnées qui peuvent frapper la porte principale. A Londres, il y a des portes à tambour à l'entrée Nord du grand magasin Harrods.

Des modifications mineures mais bien conçues, comme l'augmentation de l'éclairage ou la disposition de plantes en pot, peut créer une importante augmentation de clientèle dans un restaurant.

LA VOIE DE LA PROSPERITE

Le Feng Shui s'occupe des formes et figures de l'environnement artificiel, et aucun bâtiment ne peut être évalué isolément, comme une entité séparée. Ainsi, quand vous faites le design de votre propre structure commerciale, ou quand vous procédez à l'évaluation d'un bâtiment dans lequel vous souhaiteriez installer vos bureaux, votre boutique, ou votre salle de spectacle, il est important que vous examiniez comment le bâtiment en question s'accorde avec les autres édifices alentour.

Les bâtiments commerciaux qui forment un ensemble brouillon composé d'unités de formes, hauteurs, tailles, variées, créent ce genre de désiquilibre qui n'est que trop fréquent dans certaines parties de n'importe quelle ville. Par bonheur, les effets nocifs de ce genre de paysage peuvent être neutralisés par d'abondates plantations d'arbres. Les arbres font disparaître le déséquilibre quand les branches et les feuilles se balancent au vent.

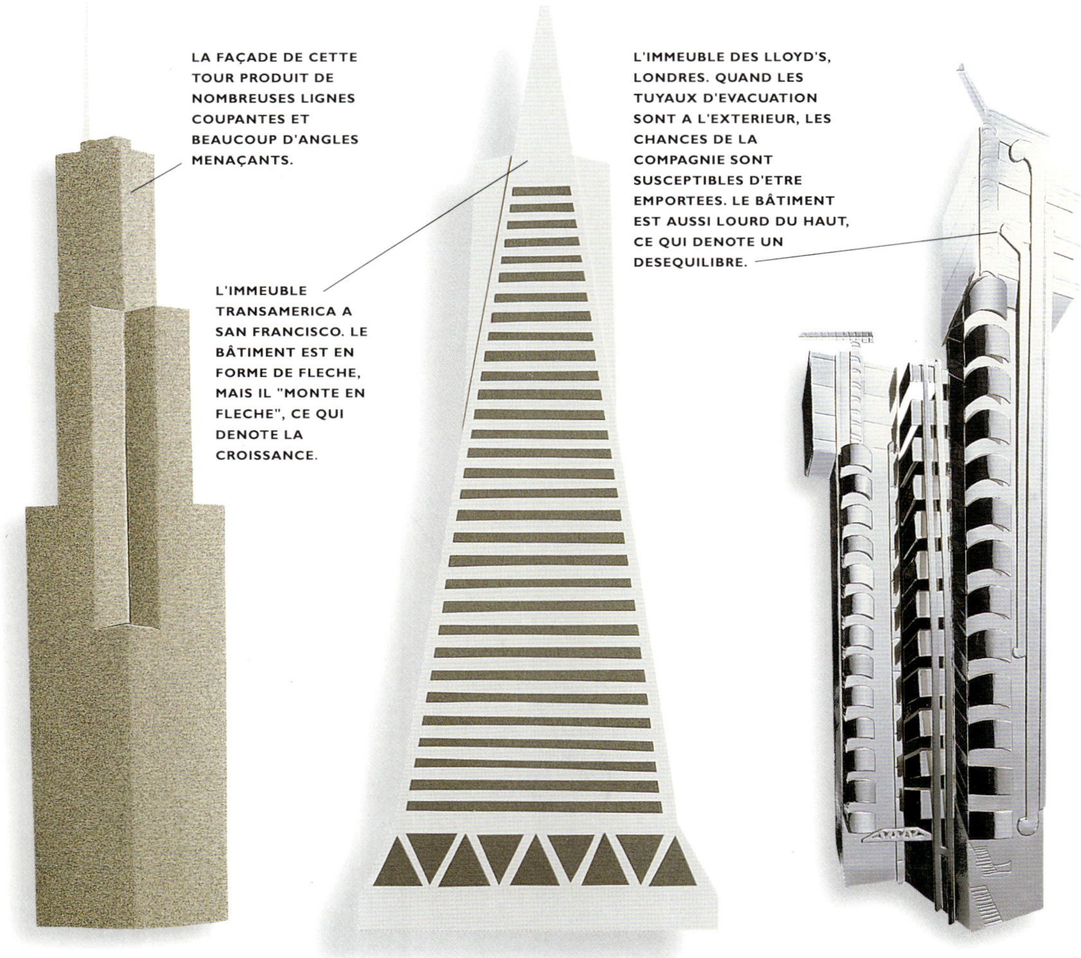

Les designs de tous ces bâtiments modernes, à niveaux multiples, reflètent les bons et les mauvais aspects du Feng Shui.

L'Opéra de Sidney (Australie) est un exemple d'architecture moderne proche des principes du Feng Shui. Il est aussi entouré par l'eau protectrice et bénéfique du Port de Sidney.

Des plantations généreuses le long de ces alignements ont contribué à améliorer beaucoup de quartiers de Kuala Lumpur, la capitale de la Malaisie, et elles sont une caractéristique importante de la prospère Singapour. La Malaisie est officiellement un pays musulman, mais la popularité du Feng Shui dans la capitale, vivante et en pleine expansion, est due à la présence d'une communauté chinoise représentant 30% de la population.

La ville présente de nombreux et merveilleux exemples de réalisations Feng Shui. L'un est l'imposant immeuble de l'Arab Malaisya Bank, probablement l'un des plus beaux édifices de la cité, mais situé sur un terrain qui fait directement face à une bifurcation en T. Ceux qui pratiquent le Feng Shui savent qu'une porte principale ne doit jamais faire face à une telle bifurcation. Le propriétaire du bâtiment, bien qu'il soit musulman, est un homme sensé doué d'esprit pratique. Qu'il croie ou non au Feng Shui, il a sûrement décidé qu'il n'avait rien à perdre, mais tout à gagner, à voguer dans le sens du courant. C'est ainsi que le bâtiment fut positionné de façon que l'entrée principale ne soit pas frappée par la flèche empoisonnée de la route qui devait donner droit dedans. La banque n'a cessé de prospérer.

LE CANON ET LA CROIX

A Kuala Lumpur, on raconte une histoire fascinante de combat de Feng Shui, qui fut apparemment engagé entre deux bâtiments. Il y a quelques années, quand un certain bâtiment – que nous appellerons immeuble A – fut érigé, son architecte conçut deux escaliers mécaniques qui formaient une immense croix au coeur dudit bâtiment. Malheureusement – et probablement inintentionnellement – cette croix affectait la marche des affaires pour les résidents de l'immeuble B, de l'autre côté de l'avenue. Affligés de voir leurs revenus décroître, les directeurs des ventes de la société occupant ce bâtiment, firent appel à un consultant en Feng Shui, qui diagnostiqua que les problèmes venaient de la croix de l'immeuble qui se trouvait de l'autre côté de l'avenue.

Que pouvait-on faire? Pouvait-on démolir les escaliers mécaniques du voisin? Le maître de Feng Shui trouva la réponse: "Utilisez un canon", conseilla-t-il; et, sur ce, un canon fut installé juste devant l'immeuble B, pointé directement sur la croix (et, ainsi, le coeur) de l'immeuble A. La conséquence de cela, ce fut que l'immeuble B vit ses affaires se relever, tandis que celles de l'immeuble A allaient périclitant.

Alors, les dirigeants de l'immeuble A firent à leur tour appel aux services d'un maître de Feng Shui. Malheureusement pour eux, le vieux canon avait probablement fait feu à un quelconque moment de son hitoire – un mauvais présage, car un tel canon est considéré comme plus puissant s'il a "goûté au sang" . Tout ce que l'expert en Feng Shui put proposer, c'est d'installer un miroir pour renvoyer l'effet du canon.

Certains instruments de Feng Shui, comme un canon, peuvent être utilisés pour renvoyer le Chi qui tue.

CHOISIR DES BÂTIMENTS

Quand vous cherchez des immeubles d'affaires, commencez par en vérifier le Feng Shui général. Cherchez les flèches empoisonnées, les obstacles, et les positions défavorables. Vérifiez toujours les caractéristiques des voies voisines, des directions de la circulation, et des immeubles avoisinants, et recherchez les éléments favorables, comme les rivières, les cours d'eau, et les collines.

Les bâtiments qui semblent être "étreints" doucement par des routes avec une circulation lente, jouissent d'un bon Feng Shui, comme les immeubles qui sont en face d'un parc ou d'un jardin. La présence d'un espace vide devant l'entrée principale offre une influence bénéfique quant aux affaires, parce que le Chi favorable a la possibilité de se rassembler et de gagner de la puissance avant d'entrer dans le bâtiment.

Ce principe particulier fut considéré comme revêtu d'une telle importance par les directeurs de la Hong-Kong Bank, qu'ils se donnèrent beaucoup de mal pour faire en sorte que leur siège de Hong-Kong ait toujours un espace vide devant, jouissant ainsi d'une vue dégagée sur le port. Aussi achetèrent-ils le terrain qui s'étend devant le bâtiment, et en firent-ils donation au gouvernement, à la condition qu'il reste inconstructible, et qu'il soit utilisé comme espace public.

Les arbres et les éminences topographiques, ou les bâtiments plus hauts, représentent une protection, tandis que les bâtiments à gauche doivent être légèrement plus hauts que ceux qui sont à droite – ils simulent la configuration classique dragon vert/tigre blanc de l'Ecole de la Forme du Feng Shui.

Un grand immeuble en construction. Les tours d'habitation, à cause de leur taille écrasante, peuvent détruire le Feng Shui positif des immeubles voisins, à moins qu'ils ne soient conçus pour se fondre dans les terrains élevés alentour, ou les hautes structures avoisinantes.

La Banque de Hong-Kong (à gauche sur la photo). Le Feng Shui de cet immeuble massif fut amélioré par le terrain non construit qui s'étend devant lui.

Il est toujours utile de faire une recherche sur les voies de circulation et le trafic autour d'un bâtiment, car cela donne des indications sur les courants de Chi dans le voisinage du bureau. Examinez aussi les formes et les dimensions des immeubles voisins. Si vous êtes cernés par des immeubles plus importants et plus hauts que le vôtre, c'est de mauvais augure. Si le terrain sur lequel le bâtiment se dresse est de forme irrégulière, placez des éclairages aux parties irrégulières, pour donner une impression d'équilibre.

Quand les bâtiments pâtissent de positions

VOIES D'ACCES

Considérez particulièrement les voies d'accès à un immeuble de bureaux, et observez la direction du trafic. Les bifurcations en T sont mauvaises, mais s'il y a plusieurs routes allant en oblique vers le bâtiment, et qu'elles soient en pente douce, c'est censé être un bon Feng Shui, signifiant que le Chi favorable est canalisé vers le bâtiment. Si la pente est trop accentuée, le Chi devient trop fort, et, ainsi, défavorable.

Les bâtiments qui font face à un rond-point sont aussi censés jouir d'un bon Feng Shui, car le trafic apporte des courants de Chi circulaires vers eux. L'effet est particulièrement bénéfique quand plusieurs routes sont connectées au rond-point.

Les autoponts ne sont pas bénéfiques, car on considère qu'ils menacent les bâtiments, à cause de leur ressemblance avec des couteaux aiguisés. Parfois, le Chi défavorable est si nocif qu'il est préférable de déménager. De même, les bâtiments qui donnent sur un carrefour sont défavorables. Ce grave défaut de Feng Shui peut, cependant, être contré par l'implatation d'un bouquet d'arbres, pour soustraire le carrefour à la vue. Il faut aussi éviter de s'installer dans des bâtiments faisant face à des bifurcations en T ou en Y.

La courbe extérieure d'une route (ci-dessus) peut agir comme une faux, fauchant le bon destin.

Les maisons donnant sur un rond-point (ci-dessous) bénéficient de courants de Chi positif.

défavorables, ou quand ils sont la cible de flèches empoisonnées, tous les bureaux qui s'y trouvent reçoivent ces mauvaises influences, mais tous ne sont pas affectés au même degré. Généralement, plus on est haut dans l'immeuble, moins l'on ressent les effets pernicieux.

De même, il est possible d'amender les effets pernicieux du mauvais Feng Shui quand on est aux étages inférieurs. Par exemple, il est très mauvais de placer des bureaux sous des poutres apparentes, aux étages inférieurs d'un grand immeuble, car toutes les poutres de charpente de chaque étage supérieur feront pression sur le malheureux qui est assis là. C'est pour cette raison que les bureaux des "décideurs" de la société ne doivent jamais être sous une poutre de charpente.

PORTES ET ENTREES PRINCIPALES

Le caractère favorable ou défavorable de l'immeuble dépend dans une large mesure des caractéristiques Feng Shui de son entrée principale. Celle-ci doit concourir à l'équilibre de l'immeuble, et il est préférable qu'elle soit dans une direction bénéfique. Les règles qui gouvernent le positionnement des maisons s'appliquent aussi généralement aux immeubles. Si le bâtiment appartient à votre société, positionnez-le de façon qu'il soit en harmonie avec votre horoscope, ou celui de votre patron. Si vous louez un bureau dans l'immeuble, utilisez les directives sur le positionnement général, qui recommandent l'orientation Sud pour le destin bénéfique. Une autre direction favorable pour les affaires, c'est le Sud-Est, qui est représentatif de la richesse. Idéalement, la porte principale doit faire face à la direction qui est favorable pour le propriétaire, ou le directeur de la société, en se fondant sur sa date de naissance.

De l'entrée principale du bâtiment, nous allons maintenant à l'entrée principale de votre bureau, sis dans cet immeuble. Il y a certaines directives à suivre, et certains dangers à éviter. Par exemple, la porte principale de votre bureau ne doit jamais donner directement sur les toilettes. Elle ne doit pas non plus faire face à une autre porte, car cela crée une ligne droite, qui fait que le Chi se meut trop rapidement dans le bureau. La porte principale ne doit pas être en face d'une fenêtre ouverte, car cela incite le Chi à s'envoler par là. La même règle s'applique à la porte de derrière du bureau.

La Pyramide du Louvre, Paris. Elle représente un excellent Feng Shui, car elle ressemble à un cristal, symbolisant la Terre, et est ainsi très bien placée en étant au centre du musée. Elle apporte aussi de la lumière solaire Yang au musée Yin.

POSITIONS DES PORTES: LISTE RECAPITULATIVE

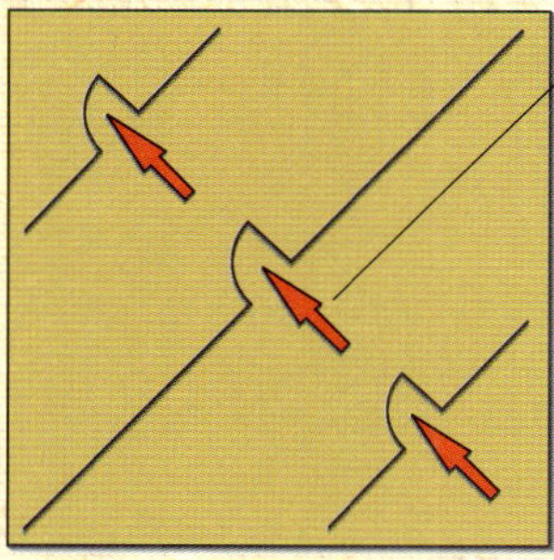

Ici, le Chi circule trop rapidement dans le bureau

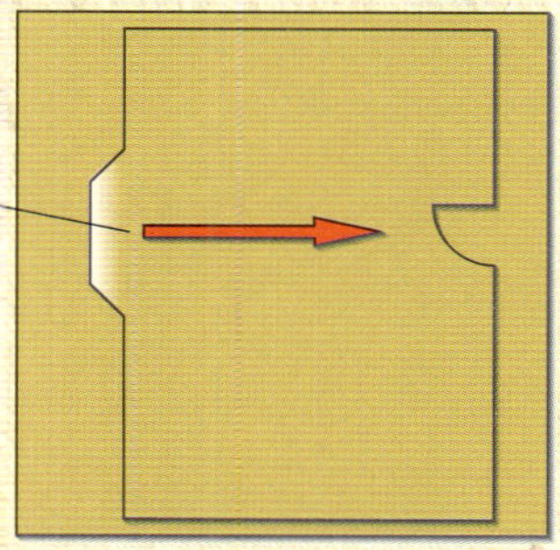

Des portes en face de fenêtres font que le Chi s'échappe

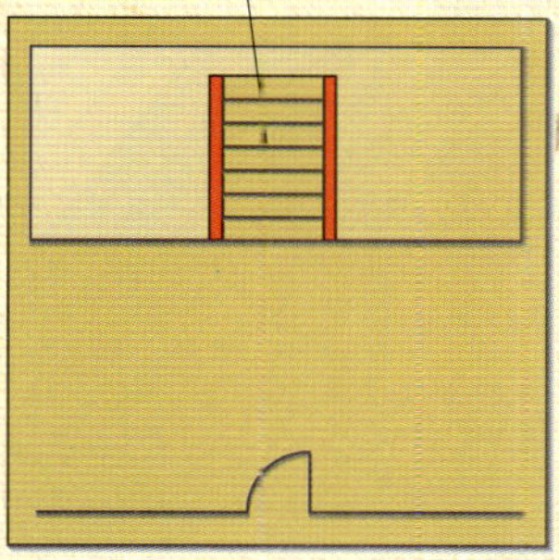

Les escaliers ou les escalators emportent le Chi hors du foyer.

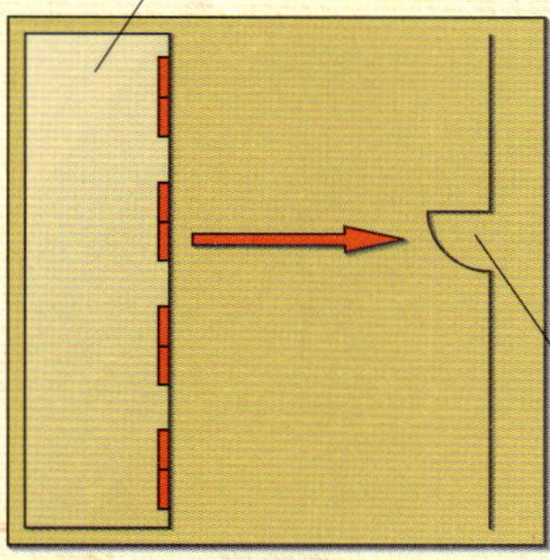

Les ascenseurs emporteront le Chi de l'entrée.

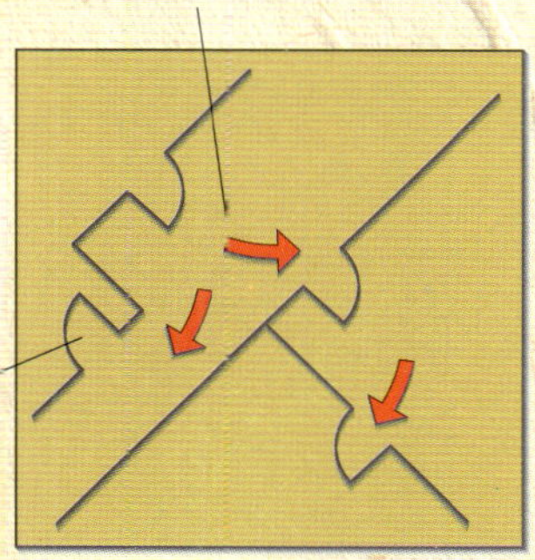

Une disposition décalée permet au Chi de serpenter.

- Le bureau principal ne doit pas être en face d'un ascenseur qui lui-même soit face à la principale entrée du bureau. C'est un mauvais Feng Shui parce que la chance s'évanouit. Le bureau principal ne doit pas non plus être en face d'une cage d'ascenseur.
- Ne mettez pas la porte de votre bureau principal au bout d'un long couloir, car cela agirait sur lui comme une flèche empoisonnée, lui envoyant directement un Shar Chi nocif. Vos affaires en seraient très affectées.
- Si la porte de votre bureau principal fait face à celle d'un autre bureau principal, faites en sorte que les deux portes soient en alignement parfait; sinon, vous vous querelleriez avec votre voisin.
- Les portes à l'intérieur d'un bureau ne doivent pas être disposées en ligne droite, mais doivent être décalées en sorte que l'on "serpente".
- La réception ne doit pas être trop exiguë. Si elle l'est, mettez des glaces pour donner une impression d'espace plus grand. Cependant, les glaces ne doivent pas être en face de l'entrée.
- Faites en sorte que la réception soit bien éclairée. Un mauvais éclairage fait stagner ou mourir le Chi.
- S'il y a un ou une réceptionniste, il ou elle ne doit pas être installé(e) en face de la porte principale. C'est aussi une bonne idée que d'avoir un mur de séparation dans la réception, qui cache le bureau principal.

AGENCEMENT DU BUREAU

Tous les principes de base qui s'appliquent à l'agencement du foyer s'appliquent aussi à celui du bureau. Comme pour les demeures résidentielles, le processus débute par la protection des immeubles d'affaires, des effets du Chi qui tue, causé par toutes sortes de structures pointées dessus, et hostiles. Commencez par la protection des portes de devant; détournez les flèches empoisonnées.

Puis entreprenez de chercher comment les bureaux individuels doivent être agencés, quels sont les éléments de design qu'il convient d'incorporer, et quels sont ceux qui doivent être proscrits. Considérez les dimensions et les formes des diverses pièces, la position des bureaux directoriaux, la disposition des tables de bureau et du mobilier, la circulation dans les grandes zones dégagées, et les localisations les plus idéales dans chacun des différents départements.

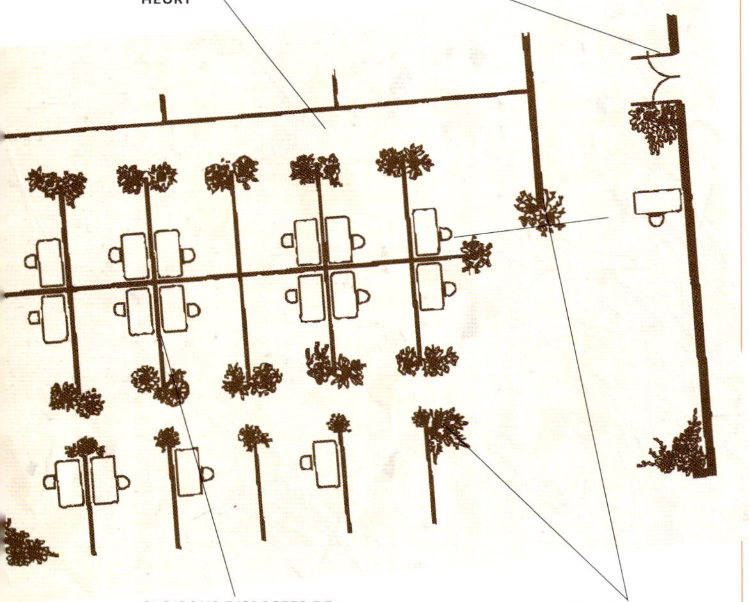

Votre analyse Feng Shui doit souligner les caractéristiques et les positions qui promeuvent de bonnes relations entre les employés et la direction. Si les bureaux pâtissent des effets pernicieux du mauvais Shar Chi, il n'y aura que chamailleries et disputes qui ne contribueront pas à la bonne marche des affaires. Il pourra aussi y avoir de nombreux problèmes de santé, et un haut niveau d'absentéisme. L'harmonie et l'équilibre sont des concepts importants, qui, appliqués au lieu de travail, assureront la promotion d'un environnement de bonne volonté coopérative, améliorant la productivité et attirant de bonnes influences pour les affaires et les sociétés qui sont agencées selon ces principes.

Les agencements des bureaux doivent être faits pour faciliter la circulation du Chi. Les cloisons et les tables de bureau doivent être placés de façon que personne ne soit directement en face d'un angle en saillie. Les plantes jouent un rôle capital dans la dissimulation des flèches empoisonnées et la réduction de leurs effets. Elles sont aussi très utiles pour équilibrer les éléments Yin/Yang, assurant la présence d'éléments naturels dans un environnement fabriqué par l'homme.

Les angles en saillie sont défavorables, comparables qu'ils sont à des couteaux pointus ou des doigts hostiles dirigés sur la personne qu'ils atteignent. Aussi, prenez garde aux angles qui sont pointés sur des armoires à classement renfermant des documents importants, ou sur le bureau du directeur. Il y a plusieurs moyens de guérir le mauvais Chi de ces angles: l'application de glaces sur les deux côtés de l'angle, ce qui a pour effet de le faire "disparaître"; ou bien vous pouvez suspendre au coin néfaste un cristal taillé aux multiples facettes. Cela dissout le mauvais Chi qui en émane, et protège efficacement les occupants de la pièce. S'il y a plusieurs coins semblables dans le

Cet agencement présente de bonnes caractéristiques Feng Shui. Il n'y a pas de colonne isolée pour bloquer les courants de Chi, et la porte intérieure du bureau ne s'ouvre pas directement sur la porte principale.

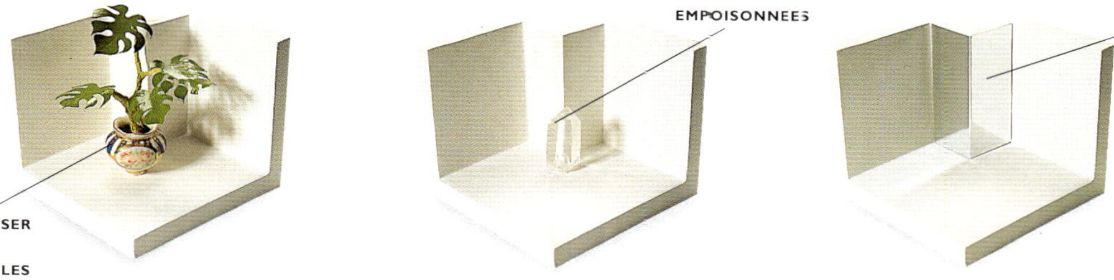

Les flèches empoisonnées créées par les angles en saillie doivent être dissimulées pour que le Shar Chi soit dissous. Ici, trois remèdes éprouvés sont utilisés – plantes, cristaux, miroirs.

bureau, il est bon de varier le traitement.

La meilleure façon de venir à bout des poutres apparentes dans le bureau, c'est de les camoufler avec de faux plafonds, mais vous devez prendre garde à ne pas placer de table de bureau ou de chaise directement dessous. De telles poutres font l'effet d'obstructions qui affectent gravement la circulation de Chi à l'intérieur du bureau. S'il y a des poutres dans le bureau du directeur, il faut immédiatement s'en occuper; sinon, tout son service en pâtira. Les poutres peuvent aussi affecter la créativité et causer des maux de tête. Faites en sorte de ne pas en avoir, et, si ce n'est pas possible, soustrayez-les à la vue.

AIRES DE RECEPTION

Les aires de réception doivent être bien éclairées, et spacieuses. Un mauvais éclairage fera que le Chi qui entre dans le bureau stagne et meurt, avant même de pouvoir pénétrer dans le reste de l'aire commerciale. Si les salles de réception sont exiguës, utilisez des miroirs, pour donner l'impression d'un plus grand espace. Cependant, les glaces ne doivent pas être directement placées en face de la porte. Des cloisons placées en face de la porte forceront le Chi à serpenter, et ainsi à ralentir, à se calmer avant d'entrer dans le reste des locaux.

La ou le réceptionniste installé(e) dans la salle de réception doit être assis(e) à l'écart de la direction de la porte principale, hors du chemin du Chi entrant dans le bureau.

BUREAUX DIRECTORIAUX ET SALLES DE REUNION DU CONSEIL D'ADMINISTRATION

Les destinées des bureaux sont largement influencées par le Feng Shui de celui du directeur. Si vous occupez cette fonction, faites en sorte que votre bureau soit en accord avec les principes du Feng Shui – si vous voulez jouir d'une bonne destinée.

Une disposition correcte de la table de bureau contribue beaucoup à améliorer le Feng Shui du bureau. Observez ces directives:

- Le bureau du directeur général doit idéalement être situé à l'intérieur de l'immeuble, mais pas au bout d'un couloir
- si le bureau est en L, corrigez la forme avec des miroirs ou des éclairages
- isolez sans tarder les coins, les poutres, ou les piliers.

JETS D'EAU ET AQUARIUMS

C'est une bonne idée d'activer le secteur de richesse du bureau – le secteur Sud-Est – en introduisant de l'eau sous la forme d'un aquarium avec des poissons véritables pour symboliser la croissance, ou un petit jet d'eau tournant pour représenter le revenu continuel, parce que l'Eau crée le Bois, qui est l'élément gouvernant le secteur.

De l'eau fraîche, jaillissante, énergétise le bureau et apporte la prospérité.

MAUVAIS EMPLACEMENT DE LA TABLE DE BUREAU

Ne soyez jamais assis trop près de la porte. Vous seriez continuellement distrait.

La porte derrière le fauteuil crée une dangereuse flèche empoisonnée et vous rend vulnérable aux intrigues de bureau.

Avec la porte derrière vous à côté, votre concentration est affectée et votre autorité est sapée.

BON EMPLACEMENT DE LA TABLE DE BUREAU

FAITES EN SORTE QUE RIEN NE "BLESSE" VOTRE PORTE.

La meilleure position est dans le secteur opposé à la porte, où les deux murs jouent un rôle protecteur.

GARDEZ LES FENÊTRES FERMEES ET LES STORES BAISSES SI VOUS DONNEZ SUR UNE FLECHE EMPOISONNEE

Asseyez-vous face à la porte, à l'angle que vous voulez, mais de façon qu'aucun angle ne vous "coupe".

VERIFIEZ QUELLES SONT VOS DIRECTIONS LES PLUS FAVORABLES EN UTILISANT LA FORMULE DU PA KUA LO SHU, ET POSITIONNEZ VOTRE BUREAU SELON.

Ne vous installez pas directement face à la porte; le Chi qui entre serait écrasant.

SALLES DE REUNION

Quand vous vous occupez du design des salles de réunion, veillez à bien protéger l'endroit où siège le président. Celui-ci doit être de préférence à l'écart de l'entrée, et son dos doit être bien "soutenu" par un mur solide. Que la salle de réunion ne comporte pas trop de portes, car cela amène querelle et mésentente, et ne suscite pas l'harmonie. Etant donné que les salles de réunion sont utilisées pour des négociations importantes, il est bon que le négociateur principal soit face à sa direction la plus favorable, indiquée par la formule Pa Kua Lo Shu. La salle devient alors une source de chance pour les affaires.

Un autre tuyau utile pour un bon Feng Shui, c'est de rechercher ce qui est le mieux pour le président ou la personne qui utilise régulièrement la salle. Il faut pour cela déterminer quel est leur élément qui gouverne l'année de leur naissance. Si l'Eau est bonne pour eux, installez un aquarium, de façon qu'il se fonde dans le décor. Si le Feu est l'élément qui leur porte chance, mettez du rouge dans la décoration. Si c'est le Bois, mettez beaucoup de plantes. Si c'est le Métal, utilisez un carillon éolien. Enfin, si c'est la Terre, placez un objet de cristal.

LE SIEGE DU PRESIDENT EST ELOIGNE DE LA PORTE ET SOUTENU PAR UN MUR.

COIN CAMOUFLE AVEC DES PLANTES SAINES.

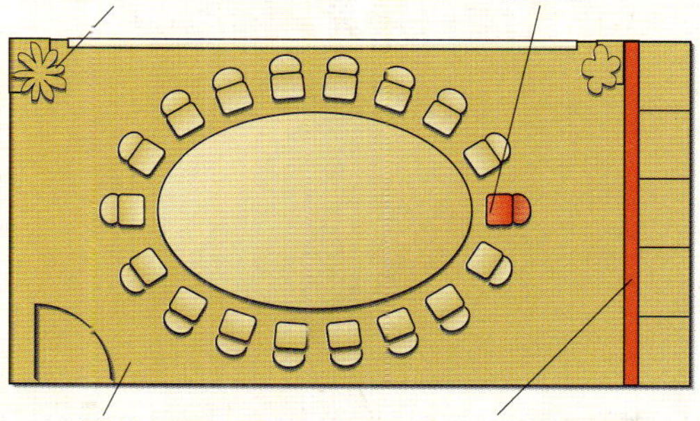

LA PIECE A UNE FORME REGULIERE

LES PLACARDS SONT FERMES.

Un exemple de bon agencement d'une salle de réunion, qui est spacieuse et bien équilibrée.

ACTIVER LE SECTEUR DE RICHESSE

Chaque aspect de votre affaire qui implique rentrée d'argent et rentabilité, doit être situé dans le secteur de l'argent ou de la richesse (le secteur Sud-Est du bâtiment). C'est là que vous devez placer la caisse enregistreuse et le bureau de comptabilité.

Les maîtres de Feng Shui conseillent d'utiliser de vieilles pièces de monnaie chinoise pour activer ce secteur. Les pièces ont toujours été un symbole de prospérité en Chine, et l'utilisation de pièces anciennes comme amulettes et pour le Feng Shui, est très répandue, et est toujours en vogue. Les anciennes monnaies chinoises sont rondes et ont un trou carré au centre. La méthode consiste à lier ensemble trois vieilles pièces avec un fil rouge bénéfique, puis à les attacher en haut de vos carnets de factures et de commandes, pour attirer de bonnes influences pour les affaires et la richesse.

Il y a plusieurs variations de cette pratique. Vous pouvez utiliser huit pièces pour augmenter l'effet.

L'utilisation de l'eau est une méthode populaire pour activer le secteur de la richesse. Les poissons nageant dans un aquarium favoriseront les bons courants de Chi.

Vous pouvez aussi suspendre des pièces factices aux murs du bureau du directeur des ventes, ou vous pouvez les étaler sur votre propre bureau. Les propriétaires de magasins de détail peuvent aussi créer un chemin de huit pierres disposées en marches, affectant la forme de pièces, conduisant à l'entrée principale de la boutique, dans un geste symbolique, pour attirer la richesse à la porte d'entrée.

EQUIVALENTS MODERNES

Si vous ne pouvez trouver ces vieilles pièces, les pièces modernes feront l'affaire. Attachez-les à des fils et ornements rouges, et suspendez-les au-dessus de vos carnets de factures et de votre agenda. Vous pouvez leur substituer une photographie de pièces, ou une image en représentant.

J'active mon secteur Sud-Est avec un bol bleu tapissé de velours

Les monnaies porte-bonheur liées ensemble avec un fil rouge favorable doivent être suspendues dans le bureau des ventes ou près d'une caisse enregistreuse pour attirer la richesse dans votre entreprise.

L'EAU POUR LA RICHESSE

L'eau représente l'argent et signifie la circulation de la richesse. Pour activer ce symbole de prospérité, concentrez-vous sur le courant d'eau quand il passe près de votre logis. Si vous êtes en appartement, rapportez cette circulation d'eau à l'immeuble entier. Faites la différence entre "grande eau", qui généralement désigne les rivières, les lacs et les mers, et "petite eau", c'est-à-dire les bassins artificiels et les rigoles d'écoulement. Pour activer la bonne influence de richesse de la grande eau et de la petite eau, vous devez observer ces deux règles:

- Faites en sorte que l'eau – rivières, bassins, ou canaux – soit bien en vue à partir de la porte principale; l'eau passant derrière la maison suggère des occasions perdues
- faites en sorte que l'eau passe devant la porte principale en suivant une direction favorable.

Ces directives sont fondées sur la formule du Dragon de l'Eau, qui présente des directions favorables fondées sur celle de la porte principale.

L'eau doit couler de droite à gauche pour les maisons dont la porte principale fait directement face aux directions suivantes de la boussole:

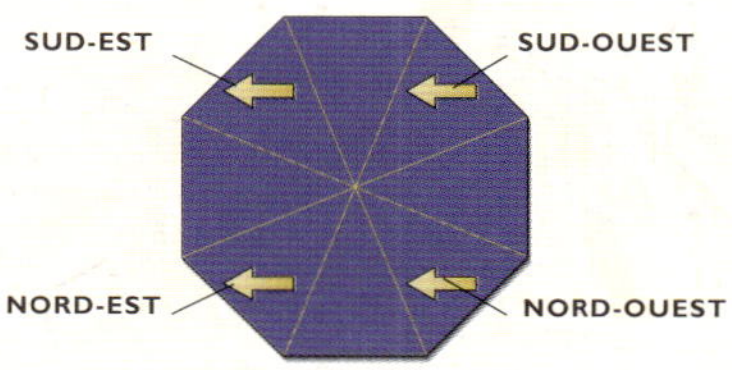

L'eau doit couler de gauche à droite pour les maisons dont l'entrée principale fait directement face aux autres directions de la boussole:

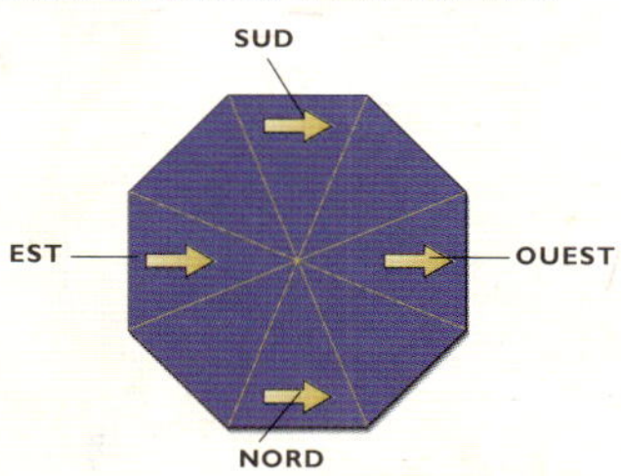

La direction dans laquelle l'eau s'écoule devant votre propriété affecte votre bonne influence de richesse.

Positionner un miroir pour refléter la caisse enregistreuse augmentera le rendement des affaires.

rouge, et rempli de monnaies rapportées de mes voyages.

Une autre méthode permettant d'accroître les revenus commerciaux, spécialement pour les boutiques de détail, consiste à concentrer vos techniques de Feng Shui sur la caisse enregistreuse. Veillez à ce qu'elle ne soit pas située de façon à faire face à des toilettes ou une cuisine. Il serait idéal qu'elle soit près de la porte principale, mais pas directement en face. Elle doit être adossée à un mur solide qui lui fournit sa protection. Il est bon d'installer un miroir sur le mur latéral, de façon qu'il reflète la caisse enregistreuse. Cela représente un doublement du revenu.

Une autre méthode consiste à suspendre deux flûtes liées par un fil rouge au-dessus de la caisse enregistreuse. Les embouchures des flûtes doivent être en bas, et les flûtes doivent être inclinées l'une vers l'autre, imitant ainsi la forme du Pa Kua. Cela canalise la prospérité vers la caisse enregistreuse. Les flûtes incitent le Chi à circuler vers le haut, et à se stabiliser autour de la zone de la caisse, faisant ainsi qu'elle se "remplisse d'argent".

FENG SHUI POUR TOUTE AFFAIRE

Une méthode pour accroître la prospérité de votre affaire, consiste à activer l'élément avec lequel elle est associée.

DECOR FLAMBOYANT POUR UN RESTAURANT

Si vous êtes restaurateur, occupez-vous spécialement du Feng Shui de la cuisine. Les restaurants qui ont un décor rouge marchent souvent bien, parce que cette couleur correspond à l'élément naturel Feu de ce type de commerce. Les restaurants bien éclairés ont aussi un pouvoir d'attraction sur la clientèle – peut-être parce que les lumières appartiennent aussi à l'élément Feu.

Le décor rouge dans un restaurant porte bonheur.

Les restaurants aux lumières tamisées font rarement aussi bien – mais faites la différence entre un restaurant et un bar, qui appartient à l'élément eau, et auquel la couleur rouge, et les lumières vives, ne conviennent pas. La couleur qui lui convient est au contraire le noir ou le bleu foncé. Aussi est-il préférable que ce type d'établissement ait une lumière tamisée.

Les restaurants pourvus de glaces murales, symbolisant le doublement des clients, marchent bien aussi, ainsi que ceux qui montrent des poissons vivants (comestibles) dans un aquarium de verre – mais ceux-ci doivent être placés dans les secteurs Nord (Eau), ou Est et Sud-Est (Bois) de la salle à manger du restaurant.

Enfin, il est bénéfique pour les restaurants, d'être pourvus de grandes figurines, respirant le bonheur et exhibant un ventre plein. C'est pour cette raison que dans les restaurants chinois, il y a souvent une grande statue (parfois grandeur nature) d'un Bouddha qui rit, avec un gros ventre.

TERRE ET IMMOBILIER

Si vous achetez et vendez des appartements, si vous êtes dans la promotion immobilière, ou si vous êtes architecte ou entrepreneur, l'élément qui représente votre affaire est la terre. Vous devez par conséquent essayer d'activer les secteurs terre de votre bureau. Ce sont, soit le centre, soit les secteurs Sud-Ouest et Nord-Est. Installez les gens qui jouent un rôle essentiel pour votre entreprise dans ces secteurs, dont vous devez activer l'élément Terre avec des cristaux de quartz naturel, ou des scultpures de marbre et d'autres pierres.

EAU ET TRANSACTIONS FINANCIERES

L'eau est l'élément de ceux dont l'entreprise a trait à l'encaissement et à l'argent – banques, assurances, changes, etc. L'eau est symbolisée par la couleur noire ou bleue. Ces entreprises ont intérêt à incorporer ces couleurs dans leur décor ou leur logo. Les locaux qu'elles occupent doivent avoir un éclairage doux, et le décor doit comprendre des peintures représentant des thèmes aquatiques, placées au secteur Nord du bureau. Aussi, parce que le Métal produit l'Eau, les carillons éoliens sont d'excellents "améliorateurs". Le négoce, le transport maritime, et les agences de voyage, sont aussi des entreprises représentées par l'eau.

Le Bouddha qui rit, que l'on voit souvent dans les restaurants, est l'image du bonheur, avec un gros ventre plein de richesse.

Les bijoutiers connaîtront la prospérité s'ils activent leur secteur Ouest avec des objets métalliques.

ENTREPRISES METAL

Si votre affaire est une bijouterie, votre élément est le Métal, et l'utilisation de carillons éoliens sera excellente pour vos affaires. Activez les secteurs Ouest et Nord-Ouest de votre établissement. N'utilisez pas le rouge pour le décor, car le feu détruit le métal, mais faites usage de la méthode des trois pièces pour stimuler votre commerce. Les compagnies minières, les entreprises d'ingénierie, les chaînes de montage d'automobiles, et les entreprises de machines et d'équipement, sont aussi des affaires "Métal".

TRAVAIL DU BOIS

Les affaires qui rentrent dans la catégorie de l'élément Bois sont les entreprises forestières, fermières, les papeteries, l'horticulture, le jardinage, le commerce de charpentes, les menuiseries, et les scieries. Les directions du Bois sont l'Est et le Sud-Est. Mettez des plantes vivantes ou artificielles dans ces secteurs. L'Eau est aussi un améliorateur acceptable, parce que l'Eau produit le Bois et est, par conséquent, un élément complémentaire.

LOGOS ET SIGNES

Le même principe doit s'appliquer à votre logo et votre enseigne, qui sont considérés comme des éléments vitaux du Feng Shui général d'une affaire. Les dimensions des enseignes doivent suivre les préceptes généraux du Feng Shui, qui sont équilibre et harmonie. Une attention aux dimensions favorables augmentera aussi la prospérité.

Quant au choix des couleurs pour les logos et les enseignes, les maîtres experts en Feng Shui recommandent une analyse de l'élément du propriétaire, et l utilisation d'une couleur qui soit compatible. Ainsi, si le propriétaire est né une année dont l'élément était le Bois, alors le rouge, la couleur du feu, sera bon, parce que le bois crée le feu.

Quand on choisit la forme d'un logo, il n'y a pas de règle impérative, mais certaines formes sont plus favorables que d'autres. Tout ce qui semble déséquilibré et incomplet, ou qui représente un symbole non favorable, doit être banni. Les croix et les triangles ne sont donc pas recommandés; ni les flèches dirigées vers le bas. Les cercles et les carrés sont considérés comme favorables.

Le symbolisme animal approprié peut être favorable. Les dragons sont souvent utilisés par les Chinois dans leurs logos, car ils symbolisent le pouvoir, l'autorité, la vitalité et le courage. Le phénix, la tortue, le lion, la chauve-souris, ou le daim, sont aussi considérés comme des porte-bonheur, car ils représentent la continuité et la force, la détermination et la richesse matérielle.

Veillez à activer l'élément Bois si vous avez une entreprise fermière.

ETUDE DE CAS – L'HISTOIRE DE DEUX BANQUES

Presque tout le monde, à Hong-Kong, croit au Feng Shui, et le pratique. Au sujet de tout immeuble de haute taille, il y a une histoire de Feng Shui à raconter, ou une raison Feng Shui qui rend compte de ses principales caractéristiques d'agencement et de disposition. L'immeuble de la Banque de Hong-Kong, et celui de la Banque de Chine, tous deux d'architecture moderne et saisissante, en sont des exemples éminents – tout en étant aussi le genre d'immeuble qui suscite la controverse.

Quand l'immeuble de la Banque de Chine fut achevé, sa façade prismatique, présentant de grandes croix et de vastes angles (formés par les poutres métalliques), fut inévitablement considérée avec suspicion. Beaucoup de gens pensèrent que le bâtiment avait un mauvais Feng Shui, et que ses multiples angles causeraient des problèmes de flèche empoisonnée pour les immeubles du voisinage. Nombreux furent ceux qui dirent que l'immeuble qui serait le plus durement affecté par les flèches empoisonnées, ce serait la Résidence du Gouverneur adjacente, laquelle (dit-on) jouissait d'un Feng Shui excellent.

D'autres, cependant, utilisant des méthodes et des calculs complexes, fondés sur la position du bâtiment et son "horoscope", soutiennent que le bâtiment a un Feng Shui très favorable. Le bâtiment est situé dans une zone de trafic intense, et plusieurs autoponts – Cotton Tree Drive et Garden Road – tracent une croix devant et derrière lui. Du point de vue du Feng Shui, les avenues et les autoponts sont comme des rivières. Si la courbes d'un autopont est convexe devant un bâtiment, elle est comparée à une lame ou une faux qui l'entaille, et qui convoie ainsi un Chi néfaste. Cependant, dans ce cas, les deux courbes embrassent le bâtiment, et ressemblent à une rivière serpentant nonchalamment autour de lui. Pourquoi? Parce que les lumières de la circulation des routes

On considéra que les vastes croix et les grands angles de la Banque de Chine créaient un très mauvais Feng Shui, mais celui-ci semble avoir été contrebalancé par les courants de Chi protecteurs circulant le long des bras des routes qui enlacent l'immeuble.

ralentissent le trafic, faisant ainsi en sorte que le Chi approchant le bâtiment ne se dissipe pas. Ainsi, les autoponts représentent une configuration bénéfique, apportant une bonne influence au bâtiment.

Les vicissitudes de la fortune de la Banque de Hong-Kong, sise non loin de là, ont toujours été étroitement associées aux vicissitudes économiques de l'ensemble de Hong-Kong. On raconte beaucoup d'histoires au sujet des deux lions de pierre qui gardent l'entrée de l'édifice. On croit généralement que l'excellent Feng Shui de la Banque de Hong-Kong a contribué à la prospérité de la communauté entière, si bien que lorsqu'on décida, en 1981, de démolir l'ancien bâtiment, et de le remplacer par un nouveau, les résidents firent part de leur consternation. Certains attribuèrent l'effondrement de la Bourse des valeurs de Hong Kong en 1982-3 à la construction du nouveau bâtiment.

Quand l'immeuble, neuf et d'architecture d'avant-garde, fut terminé et inauguré en juillet 1985, les maîtres de Feng Shui de la Colonie examinèrent son horoscope et les environs en détail, avant de formuler leur avis approbateur. En se fondant sur des calculs numérologiques et l'examen des alentours de l'immeuble, on le considère maintenant comme favorable. Outre qu'il est sis en un lieu du Dragon bénéfique, il fait face à Statue Square, un endroit où le Chi s'accumule. Le Port Victoria voisin, contribue aussi à l'accumulation de Chi dans les parages. Et tous les immeubles qui le bordent – le Standard Chartered Building, le Princes Building, le Legco Building, et l'ancien immeuble de la Banque de Chine – tiennent lieu de tigres et de dragons, pour former une configuration bénéfique. Le trafic venant de Des Voeux Road s'écoule lentement, apportant un bon Chi.

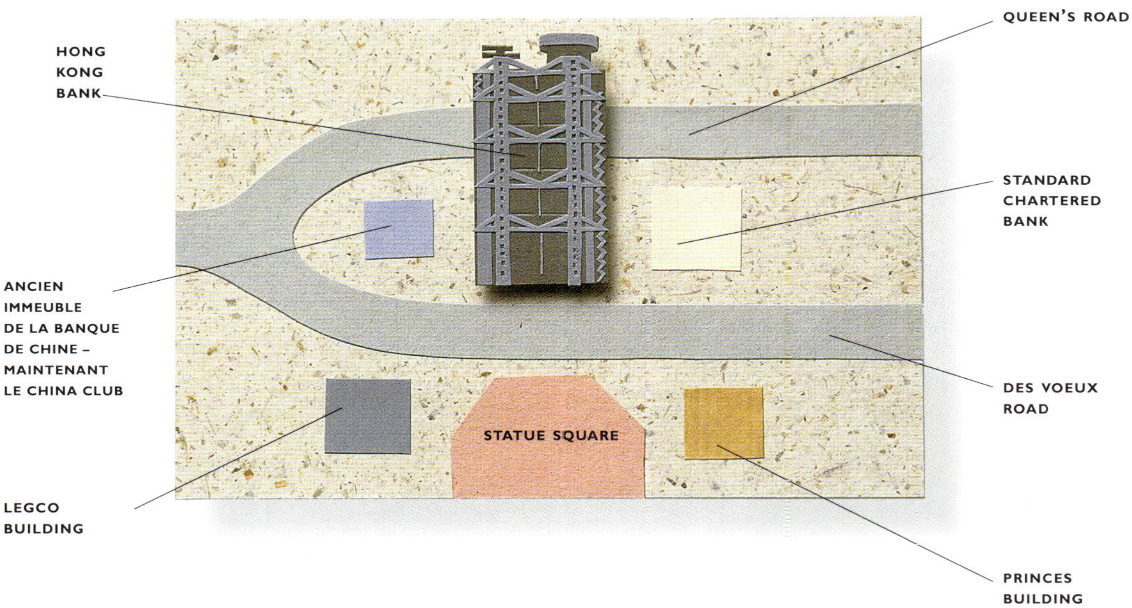

La Banque de Hong-Kong a reçu un satisfecit de la part des maîtres de Feng Shui. L'intersection d'avenues légèrement incurvées et le parc faisant face à l'entrée principale, de l'autre côté de l'avenue, ont accru son Feng Shui favorable.

Chapitre Onze

REUSSITE PROFES-SIONNELLE

En tant que femme d'affaires ayant une carrière à poursuivre, j'ai conçu un vif intérêt pour les énoncés du Feng Shui, afin d'améliorer mes perspectives professionnelles. Au fil des ans, j'ai essayé toutes sortes de formules et de méthodes recommandées par les experts, observant scrupuleusement les résultats pour détecter les influences favorables et les changements subtils que j'espérais. Cette "mise à l'épreuve" m'a permis d'observer et de déterminer ce qui "marchait" et ce qui ne "marchait pas", et, plus important, les méthodes qui semblaient les plus efficaces. Nous vous exhortons à procéder ainsi. Si c'est la réussite professionnelle que vous voulez, suivez les recommandations données dans ce chapitre, et le succès ne tardera pas à se manifester.

風水

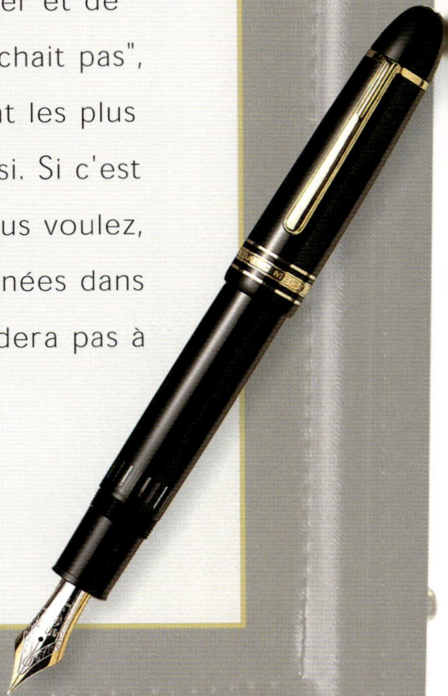

Vous devez d'abord vous occuper de votre chambre. Reportez-vous aux formules Pa Kua Lo Shu *(cf pp. 98-103),* pour déterminer votre direction la plus favorable, puis vérifiez si la direction de votre chambre à coucher et celle de votre tête quand vous dormez, sont conformes.

Vérifiez aussi l'élément du secteur de votre chambre, et procédez à l'analyse élémentale, en vous appuyant sur votre connaissance des cycles productifs et destructifs, pour jouir d'une bonne influence dans votre chambre. Pour ce faire, commencez par subdiviser votre maison ou appartement en huit secteurs, chacun représentant l'une des directions du Pa Kua. Trouvez l'élément correspondant symbolisé par la direction dans laquelle votre chambre à coucher est située.

Si elle est située au secteur Nord de votre logis, l'élément de votre chambre est l'Eau; dans ce cas, des tableaux représentant des scènes aquatiques seront très bénéfiques. Si votre chambre est située dans la partie Est de votre maison, son élément est alors le Bois – et la bonne influence de la chambre sera accrue grâce à l'introduction de plantes, ou d'images de plantes, et de fleurs.

Le bois doit être placé dans le secteur Est d'une pièce.

L'utilisation créative du Feng Shui chez soi et au bureau, s'est révélé être un facteur important de la réussite professionnelle.

AMELIORER VOTRE POSITION DE SOMMEIL

L'investigation de la chambre à coucher, exige aussi l'examen de la position du lit. La bonne position permet au bon Chi de circuler dans votre tête même quand vous dormez, faisant ainsi venir à vous la réussite.

Vérifiez que votre lit est bien positionné de façon que vous dormiez face à la porte. Si vous dormez tournant le dos à la porte, vous inciterez symboliquement les gens à oeuvrer contre vous dans votre dos. Ne dormez pas la tête directement orientée vers la porte, car si cela était, toute votre bonne influence d'avancement professionnel stagnerait et dépérirait.

Si vous dormez face à des toilettes ou une salle de bain attenantes, vous serez sur le passage du Chi néfaste venant des toilettes, et vous serez ainsi en butte à de graves problèmes au bureau. C'est parce que le Chi des toilettes est trop puissamment Yin, et que cela affaiblit votre énergie Yang, qui est si importante pour votre réussite professionnelle. Il va sans dire que les toilettes ne doivent pas être dans le secteur Nord, car cela engloutirait vos perspectives de carrière.

Vous ne devez jamais dormir sous une poutre ou un angle saillant – ou alors, vous pourrez vous reprocher vos erreurs, l'hostilité de vos collègues et de votre patron. Et pire encore, vous serez en proie à de graves accès de migraine.

La position de la table de toilette dans la chambre à coucher influe aussi sur les progrès professionnels, parce que c'est là que chaque matin le Chi affecte d'abord. Si vous faites face à votre meilleure direction quand vous vous habillez chaque matin, les courants d'énergie créés seront positifs, et ils auront un impact positif sur votre travail. Cependant, vous devez aussi avoir à l'esprit les tabous du Feng Shui – le miroir de votre coiffeuse ne doit pas être en face de votre lit ou au pied de celui-ci.

Veillez à ce que votre chambre soit bien éclairée si vous y lisez ou y travaillez. Placez un bon éclairage dans le secteur de carrière de votre chambre (le secteur Nord). N'y mettez pas de plantes, étant donné qu'elles représentent le Bois, qui épuise l'eau du Nord. De même, tout ce qui représente la Terre (cristaux naturels, pierres précieuses, ect) sera préjudiciable à votre secteur de carrière, parce que la Terre est censée détruire

VOYAGES D'AFFAIRES

Emportez une petite boussole partout où vous allez, spécialement si vous vous attendez à participer à des négociations. De même, chaque fois que c'est possible, asseyez-vous face à votre meilleure direction, pour obtenir la réussite.

Une fois que vous avez calculé vos quatre directions favorables en utilisant votre nombre Kua *(cf. pp. 100-101)*, gardez-les à l'esprit, et utilisez-les lors de toutes vos discussions d'affaires.

Les cristaux naturels sont bénéfiques dans de nombreux aspects de la vie quotidienne, mais il ne faut jamais les utiliser dans le secteur Nord, parce qu'ils sont préjudiciables à la carrière. Ils symbolisent la Terre, qui est censée détruire l'élément Eau de ce secteur.

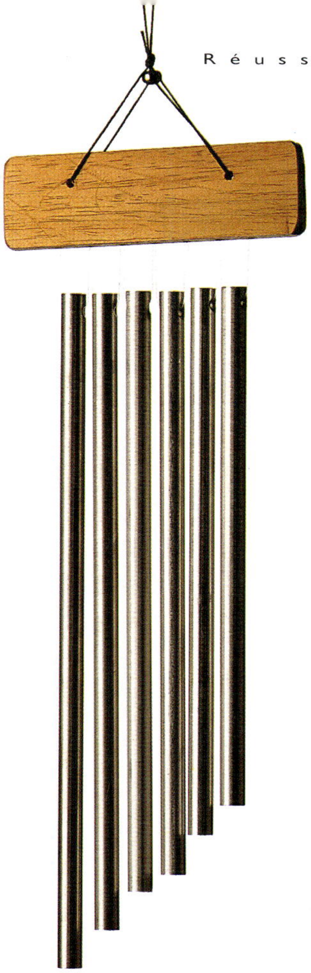

On peut utiliser des carillons éoliens de cuivre ou de laiton pour améliorer le secteur de la carrière, mais ils doivent avoir des tubes creux.

l'Eau. Mais le Métal ou l'or est bon pour lui, car le Métal produit l'eau, et, ainsi, il améliorera ce secteur. Par conséquent, des carillons éoliens de cuivre ou de laiton suspendus dans le secteur Nord seront des instruments idéaux d'amélioration.

Tout cela peut paraître quelque peu difficile et malcommode, mais vous verrez que vos efforts seront récompensés. Une fois que le lit et la table de toilette sont mis en place, observez si votre chance s'améliore au travail. Vous pouvez vous attendre, au bout d'une période d'environ trois mois, à vous apercevoir que votre vie professionnelle devient plus agréable et que votre réussite est accrue. Quand cela arrivera, vous saurez que vous avez mis à contribution vos bonnes directions. Si vous trouvez que les résultats ne sont guère encourageants, ou que vous sentiez une hostilité croissante au bureau, ou encore que vous voyiez vos chances vous passer sous le nez, il faut que vous continuiez la recherche de vos directions. Il se peut que vous vous soyez trompé dans vos calculs, ou encore que vous n'ayez pas vu une flèche empoisonnée cachée, comme un angle saillant d'un meuble, qui pourrait être pointé sur votre lit.

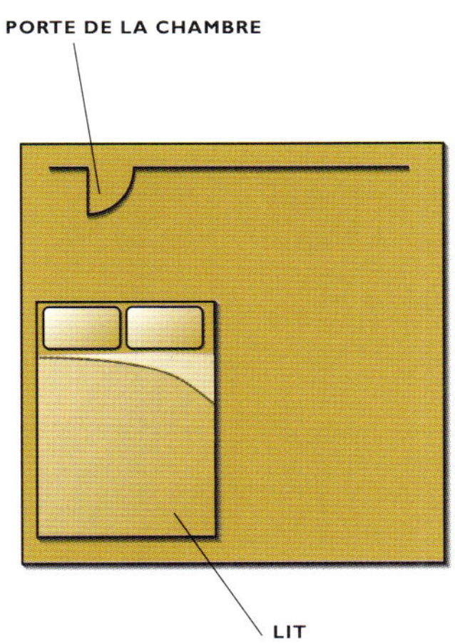

Ne dormez pas avec votre lit en face de la porte.

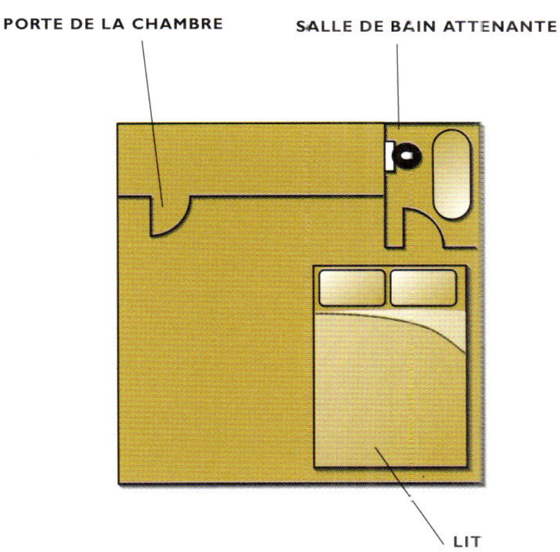

Il est aussi déconseillé de dormir en face de toilettes ou d'une salle de bain.

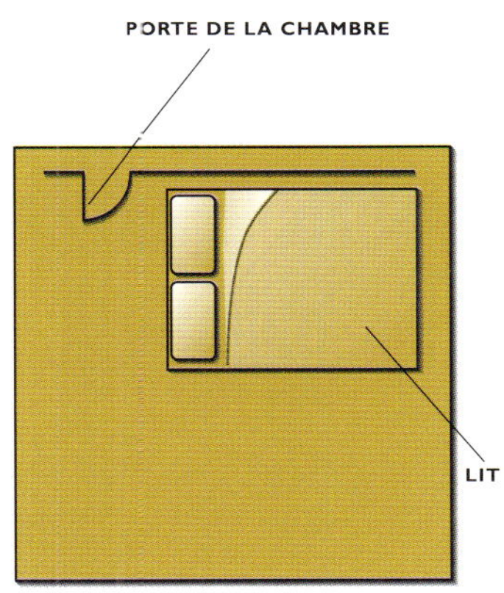

Ne dormez pas la porte derrière vous. C'est un mauvais Feng Shui.

AMELIORATION DU BUREAU – UNE ETUDE DE CAS

Début 82, je dus changer de bureau, à cause d'un remaniement local. Je dus ainsi abandonner un très joli bureau d'angle, au 11è étage, pour une pièce moins favorable, tout en longueur, du 10è étage, un bureau qui avait été occupé par quelqu'un dont les rapports avec la société avaient laissé beaucoup à désirer.

Ma carrière avait été une réussite. Mon travail avait été plus que satisfaisant, et mon patron était de plus en plus content de ce que je faisais. Les perspectives d'avenir semblaient prometteuses, et le rêve d'atteindre les plus hauts échelons de la direction semblait être devenu une réalité à portée de main. Aussi fus-je désolée d'avoir à m'installer en un lieu et un environnement apparemment moins favorables.

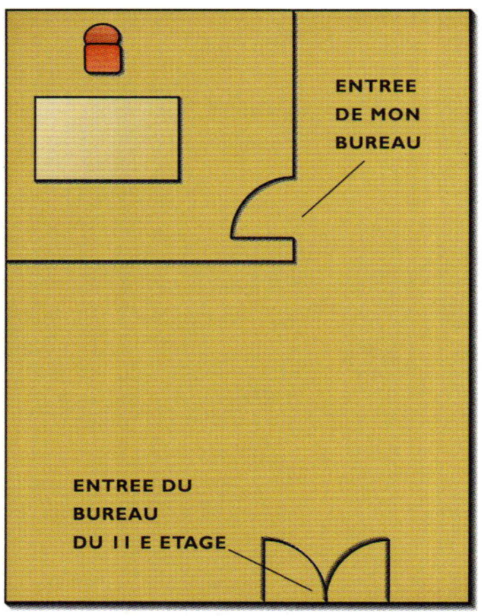

Mon bureau du 11è étage était situé de l'autre côté de l'angle opposé à l'entrée, et c'était un excellent Feng Shui.

La disposition de ma nouvelle pièce et de son mobilier semblait maladroite, car il fallait que je m'assoie en tournant le dos à la porte – et cela symbolise le fait d'être poignardé dans le dos. Je ne voulais pas que cela m'arrive; aussi consultai-je un conseiller en Feng Shui, et tous deux nous fîmes du bureau quelque chose de si heureux pour moi que ma vie connut un changement important.

Les changements opérés dans mon bureau furent un Feng Shui si excellent, que du jour au lendemain, je me sentis merveilleusement bien. J'aimais mon nouveau bureau, et j'aspirais à travailler chaque jour. Et plus encore, trois mois après m'y être installée, je fus promue PDG de la Hong Leon Credit – devenant la première femme de Malaisie à diriger une Société cotée en bourse. Ce furent vraiment des jours heureux, et, aux trois quarts de la même année, je me vis offrir le poste de PDG de la Dao Heng Bank – devenant cette fois la première femme d'Asie à occuper le poste de PDG d'une banque.

Me rendre dans un autre pays, vivre dans un autre environnement, je n'y pensais pas du tout, quand je refaisais le design de mon nouveau bureau. Mais c'est le genre de chose qui arrive quand vous commencez à activer votre carrière avec l'aide du Feng Shui.

Les modèles présentés ci-contre, montrent l'agencement de mon bureau, "avant" et "après". Cette pièce tout en longueur a été utilisée efficacement pour créer une zone de travail (la table de bureau) et une zone de "sociabilité" (le sofa) – la zone de travail ayant été rendue plus importante, grâce à la surélévation de ma table de bureau sur une estrade *(voir pp. 198-199)*. Eu égard à la porte d'entrée, la table de bureau est très bien située. Plusieurs intruments améliorateurs de Feng Shui furent placés dans le bureau – des plantes, vivantes et artificielles, pour améliorer le secteur de richesse et créer de bons courants de Chi, et un vif éclairage, pour améliorer le secteur de carrière. J'avais aussi inclus deux éléments bénéfiques, qui ne sont pas indiqués dans le plan ci-contre. C'était un tableau représentant une montagne au lever du soleil, et un faux plafond que je fis installer, pour qu'il n'y ait pas de poutre apparente au-dessus de moi.

CI-CONTRE *En changeant la disposition de mon nouveau bureau, avec le concours d'un consultant en Feng Shui, j'attendais avec plaisir le moment de venir travailler chaque jour, et seulement trois mois après m'y être installée, je fus nommée PDG de la Hong Leon Credit – devenant la première femme du pays à occuper cette fonction dans une Société cotée en bourse.*

AVANT

DISPOSITION EN L DU SOFA

DIMENSIONS DEFAVORABLES DE MA TABLE DE BUREAU

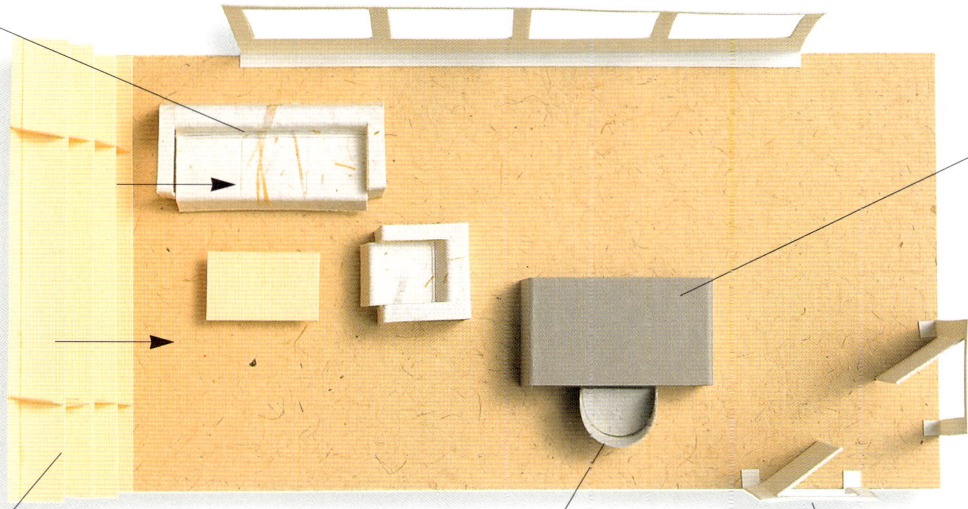

PORTE DE COMMUNICATION AVEC LE BUREAU DE MA SECRETAIRE

ETAGERES DECOUVERTES REPRESENTANT DES COUTEAUX "TRANCHANT" MA TABLE DE BUREAU.

ETRE DOS A LA PORTE N'EST PAS BON

ENTREE DU BUREAU

APRES

LES ETAGERES OUVERTES FURENT FERMEES AVEC DES PORTES.

LES SOFAS FURENT REDISPOSES POUR SUPPRIMER LA DEFAVORABLE FORME EN L.

MON BUREAU ETAIT FACE A UNE DIRECTION PLUS FAVORABLE POUR ME PERMETTRE DE PENSER PLUS CLAIREMENT, ET QU'UN CHI BENEFIQUE VIENNE VERS MOI DEPUIS MA DIRECTION FAVORABLE.

NOUS PLAÇÂMES AUSSI UNE RANGEE DE PLANTES JUSTE A CÔTE DE LA PORTE DE COMMUNICATION AVEC MON SECRETARIAT, POUR FAIRE EN SORTE QUE TOUT CHI VENANT DE CETTE PORTE AIT UNE CHANCE DE CIRCULER.

LE SECTEUR SUD-EST (RICHESSE) FUT ACTIVE AVEC UNE PLANTE ARTIFICIELLE. EN PLUS D'UNE PROMOTION, JE VOULAIS UNE AUGMENTATION.

LA PORTE D'ENTREE DU BUREAU FUT DEPLACEE; CELA ME PERMIT DE PLACER MON BUREAU DANS LA DIRECTION LA PLUS FAVORABLE, EN ME FONDANT SUR MA DATE DE NAISSANCE.

TUYAUX POUR AMELIORER SA CARRIERE

Il y a deux points qui ressortent de mon expérience personnelle relative au Feng Shui pour la carrière, telle qu'elle est retracée dans les pages précédentes: c'est le positionnement correct de son bureau, et l'utilisation des dimensions Feng Shui pour le mobilier de bureau. Nous allons ici examiner ces deux points plus en détail.

La direction que vous regardez quand vous travaillez au bureau a un effet capital sur la destinée de votre carrière. Si vous êtes assis face à une direction favorable, vous aurez les idées claires, vous serez calme et résolu quand vous travaillerez, penserez, et prendrez des décisions.

La chose à faire ensuite, c'est de vérifier les dimensions de votre table de bureau. Quand elle a des dimensions favorables, vous aurez de la chance.

DEVELOPPEMENT PERSONNEL

Utilisez la formule Pa Kua Lo Shu pour déduire la direction la plus favorable au développement personnel et à l'avancement. Avec cette méthode, la direction que vous regardez dépend de votre nombre Kua *(cf. pp. 102-103)* :

Nombre Kua	Direction où s'orienter
1	Nord
2	Sud-Ouest
3	Est
4	Sud-Est
5	Sud-Ouest pour les hommes Nord-Est pour les femmes
6	Nord-Ouest
7	Ouest
8	Nord-Est
9	Sud

Vous pouvez encore positionner les portes principales de votre domicile et de votre bureau en accord avec votre direction la plus favorable pour la création de richesse, comme suit:

Nombre Kua	Direction où s'orienter
1	Sud-Est
2	Nord-Est
3	Sud
4	Nord
5	Nord-Est pour les hommes Sud-Ouest pour les femmes
6	Ouest
7	Nord-Ouest
8	Sud-Ouest
9	Est

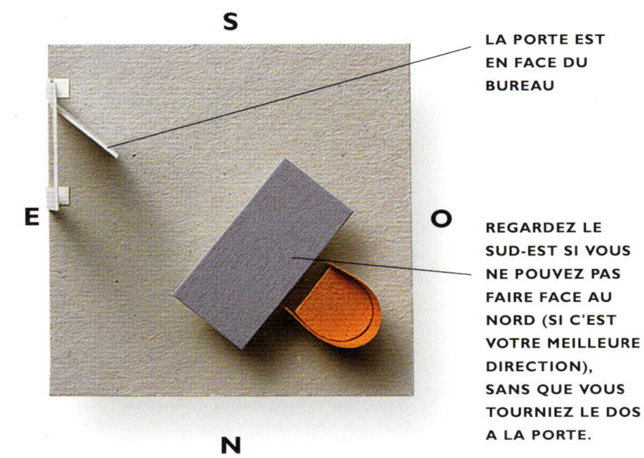

En vous efforçant de faire face à votre meilleure direction, vous ne devez pas ignorer d'autres principes Feng Shui, comme de ne jamais être assis en tournant le dos à la porte.

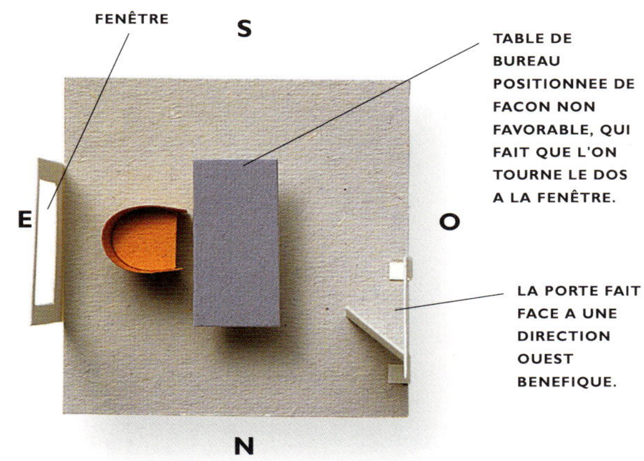

Vous ne devez jamais être assis en sorte que vous tourniez le dos à la fenêtre. Ici, si l'Ouest est votre meilleure direction, essayez de vous installer face au Sud-Ouest, au Nord-Ouest, ou au Nord-Est.

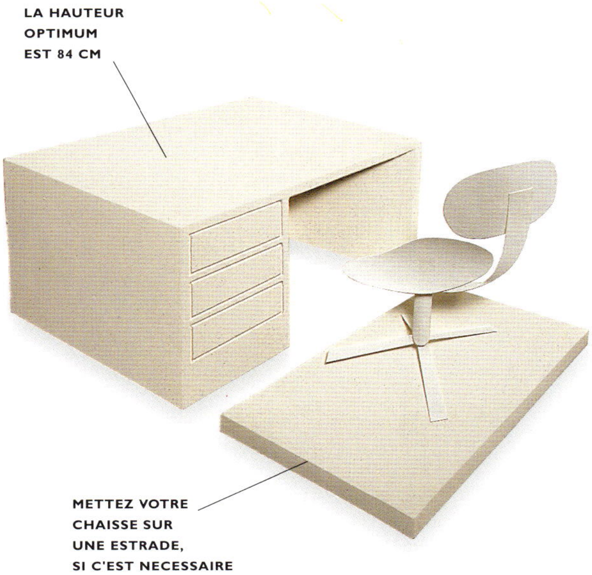

Il est parfois nécessaire de modifier la hauteur d'une table de travail. Il se peut que vous deviez aussi hausser la chaise, à l'aide d'une estrade.

Les dimensions qui sont pour vous les plus bénéfiques, doivent être soigneusement calculées en se fondant sur la règle du Feng Shui, qui détermine en détail le type de destinée, bénéfique ou défavorable, qui est liée aux diverses dimensions. Pour les tables de travail, les lecteurs voudront peut-être tenir compte des dimensions suggérées dans les paragraphes suivants.

Les bonnes dimensions pour une table de bureau – qui conviendrait à un directeur de société ou un PDG – seraient 84cm de haut, 1,52m de long, et 87cm de large. Ces dimensions sont excellentes pour les membres de la direction, qui doivent travailler en harmonie avec leur équipe, et elles sont excellentes aussi pour attirer une bonne influence concernant la carrière.

Pour un cadre moyen, les dimensions favorables seraient 84cm de haut, 1,22m de long, et 82cm de large. Le bureau d'une ou un secrétaire ne doit jamais être en L – même si c'est devenu une forme très utilisée. Une table rectangulaire est préférable. Les dimensions parfaites sont 84cm pour la hauteur, 1,72m pour la longueur, et 66cm pour la largeur.

Dans chaque cas, la hauteur de la table de bureau est très bénéfique, mais, 84 cm, c'est une hauteur supérieure à celle des bureaux conventionnels: aussi faut-il placer une petite estrade sous la chaise pour être à l'aise pour travailler.

Faites en sorte qu'il n'y ait pas d'étagères ouvertes autour de vous. Elles représentent des lames de couteau menaçantes, qui vous frappent. S'il est nécessaire que vous ayez des rayonnages pour mettre des livres ou des dossiers, les dimensions recommandées sont 1,72m de haut, 1,10m de large, et 28 cm de profondeur; mais soustrayez-les à la vue à l'aide de portes.

FENG SHUI ET SALLE DES ORDINATEURS

Les ordinateurs produisent beaucoup d'énergie Yang. Une pièce remplie de terminaux sera ainsi très bénéfique. Les écrans d'ordinateurs symbolisent aussi la vie et l'activité, lesquelles créent et attirent de grandes quantités de Chi – en fait, le danger ici est un excès d'énergie.

Les salles d'ordinateurs et les salles de marché, par exemple, doivent équilibrer l'énergie Yang produite avec des couleurs Yin, comme le bleu ou le gris. Des plantes contribueront aussi à rétablir l'équilibre, et un éclairage estompé est préférable.

Equilibrez l'énergie Yang des ordinateurs avec des couleurs Yin et des plantes.

DES ENTREES POUR UNE MEILLEURE CARRIERE

La localisation et la direction des portes et des entrées, influent sur les destinées individuelles autant qu'elles le font sur celles d'une société ou d'une maisonnée. Votre propre destinée professionnelle peut être améliorée si vous cherchez dans l'immeuble où vous travaillez, une entrée qui soit plus favorable pour vous, selon votre signe de naissance, et en utilisant chaque jour cette entrée *(cf. pp. 100-101 pour la détermination de la direction la plus favorable selon la formule Pa Kua Lo Shu)*. Si l'entrée principale n'est pas dans votre direction la plus bénéfique (ou direction Sheng Chi), voyez si elle n'est pas dans l'une des autres bonnes directions. Si ce n'est pas le cas, voyez alors s'il y a une autre entrée de l'immeuble que vous pourriez utiliser à la place, une entrée qui serait dans l'une des directions qui vous sont favorables. Ou encore, utilisez toute entrée qui se trouve dans le secteur Nord, lequel est celui de la destinée professionnelle.

Plusieurs hommes d'affaires prospères de Kuala Lumpur et Hong-Kong, qui dirigent de grandes sociétés, avec des sièges sociaux impressionnants, plutôt que d'entrer et sortir par l'entrée principale, utilisent toujours une entrée secondaire, parce qu'on leur a dit que la direction de l'entrée principale n'était pas favorable pour leur société. Il est utile d'avoir à l'esprit que les compagnies ont aussi des dates de naissance, qui ne seront pas forcément les mêmes que celle du directeur ou du PDG.

Ayant déterminé l'entrée par laquelle vous préférez pénétrer dans l'immeuble, il est conseillé que vous suiviez la même méthode pour calculer si la porte de votre bureau est aussi dans une de vos directions favorables.

Margaret Thatcher fut contrainte de laisser sa place de Premier Ministre peu après que ce portail fut installé à l'entrée de Downing Street. Le positionnement du portail a créé une situation "sans issue" pour les résidents.

DES POISSONS POUR LA CHANCE

Beaucoup de bureaux et d'immeubles commerciaux de par le monde, où des Chinois se sont établis, ont un aquarium placé dans une situation stratégique, pour faire venir de bonnes influences. Il y a là différentes sortes de poissons, mais la meilleure espèce pour attirer la richesse et la prospérité, c'est celle des arrowanas, spécialement si l'aquarium est placé dans le secteur Sud-Est de votre bureau ou de votre logis. A Hong-Kong, en Malaisie, et à Singapour, les arrowanas sont appelés "poisson Feng Shui", parce qu'ils sont censés conférer chance et prospérité à leurs propriétaires.

Les anges de mer, avec leurs nageoires ressemblant à des flèches empoisonnées (ci-dessus), ne sont pas favorables. Huit poissons rouges et un poisson noir sont ce qu'il y a d'idéal, mais les carpes sont aussi acceptables.

Il n'est pas facile de trouver des arrowanas. Ce sont des poissons tropicaux des jungles de l'Indonésie, de Thaïlande et de Malaisie. Pour le Feng Shui, il est préférable d'en avoir un seul, trois, ou cinq dans un aquarium – il faut aussi qu'il n'y ait rien d'autre. Il sont carnivores, et doivent être nourris avec des poissons rouges vivants, ce qui fait que leurs écailles deviennent dorées ou roses – un signe sûr indiquant que l'argent va arriver à votre porte. Les arrowanas sont chers à entretenir, mais la dépense sera bientôt amortie si vous les utilisez pour activer le secteur de richesse de n'importe quelle pièce ou demeure.

Un autre poisson utile pour le Feng Shui, c'est la fameuse carpe japonaise appelée koi. Ce poisson aux couleurs stupéfiantes sera mieux dans un bassin. Le poisson rouge chinois est aussi recommandé, et il faut le mettre dans un aquarium. Le nombre le plus favorable de poissons à garder est neuf, huit rouges et un noir, lequel absorbera tout mauvais sort qui vous échoit. Si un poisson meurt, remplacez-le immédiatement, mais ne vous faites pas de souci, parce qu'un poisson mort a absorbé tout le mauvais destin.

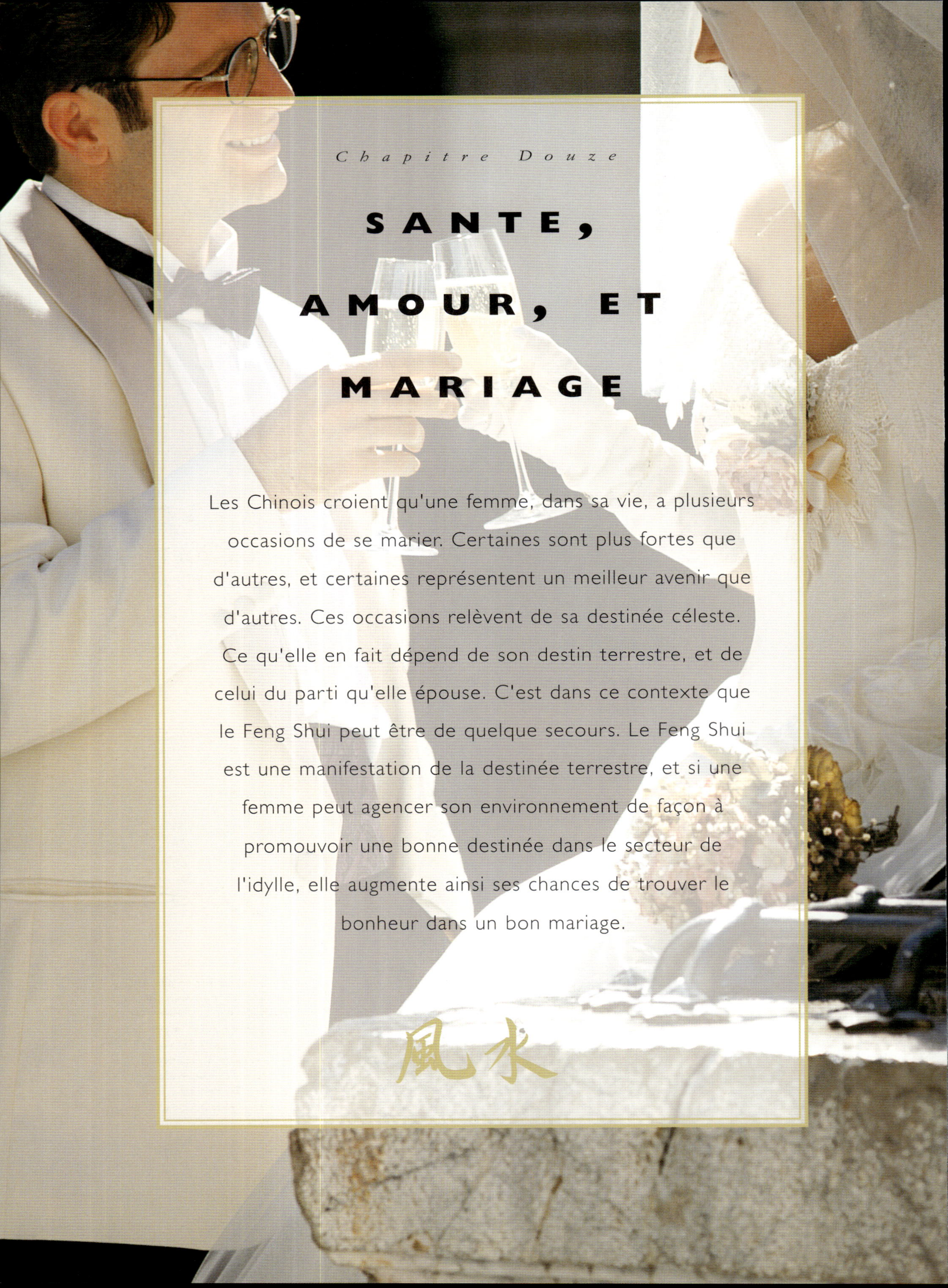

Chapitre Douze

SANTE, AMOUR, ET MARIAGE

Les Chinois croient qu'une femme, dans sa vie, a plusieurs occasions de se marier. Certaines sont plus fortes que d'autres, et certaines représentent un meilleur avenir que d'autres. Ces occasions relèvent de sa destinée céleste. Ce qu'elle en fait dépend de son destin terrestre, et de celui du parti qu'elle épouse. C'est dans ce contexte que le Feng Shui peut être de quelque secours. Le Feng Shui est une manifestation de la destinée terrestre, et si une femme peut agencer son environnement de façon à promouvoir une bonne destinée dans le secteur de l'idylle, elle augmente ainsi ses chances de trouver le bonheur dans un bon mariage.

風水

Pour les hommes, la destinée concernant l'amour et le mariage opère de la même façon, mais les lecteurs doivent savoir d'abord que la tradition culturelle chinoise accepte la polygamie et la présence de plusieurs concubines. Pour la mentalité chinoise, le ménage comprend l'épouse principale et les épouses secondaires. C'est l'"épouse numéro un" qui est reconnue comme maîtresse du foyer, mais un homme prospère est censé choisir et entretenir des femmes secondaires et même des maîtresses.

Dans les foyers chinois modernes, spécialement ceux des Chinois d'Outre-mer qui vivent dans une atmosphère de culture occidentale depuis des générations, cette tradition n'est plus considérée comme valide. Néanmoins, les classiques du Feng Shui sont écrits dans cette perspective, et les bienfaits que l'on retire quand on puise aux bonnes influences Feng Shui, doivent être entendus dans ce contexte.

Une bonne destinée de mariage pour les femmes signifie qu'elles seront des premières épouses heureuses, et que, même si son époux fait des écarts ou a l'oeil baladeur, il continuera à respecter sa première femme, et à l'entretenir, et les enfants qu'il a eus avec elle, auront la préséance lors des solennités familiales.

Ainsi, le Feng Shui déconseille fortement aux femmes d'avoir des miroirs dans leurs chambres, un bassin avec des poissons ou un aquarium à droite de la porte principale de leur demeure, ou des toilettes placées dans les secteurs du mariage ou de la famille du logis. Ces directives, ainsi que d'autres, relèvent tant du Feng Shui du Paysage que de celui de la Boussole.

Un bon Feng Shui de mariage signifie aussi une vie familiale heureuse, dans laquelle les querelles et la mésentente conjugales, sont l'exception plutôt que la règle, et où les enfants sont obéissants et aimants envers leurs parents – faisant honneur au nom de la famille.

En outre, là où il y a un bon Feng Shui, le bon Chi favorise l'équilibre des corps physiques des membres de la maisonnée, promouvant ainsi une bonne santé, bannissant la maladie.

Ainsi, ce chapitre a pour objet la présentation des méthodes spécifiques qui peuvent être suivies pour obtenir des bienfaits non matériels mais cependant attrayants, qui peuvent être retirés de la pratique du Feng Shui.

Un grand amour ne promet pas toujours un bon mariage et une vie de famille heureuse. Par conséquent, il est important d'identifier avec soin et d'activer vos secteurs personnels de mariage dans votre logis, une fois que la lune de miel est achevée, et que la routine quotidienne de la vie commune commence.

ACTIVER LES PERSPECTIVES DE MARIAGE

Selon la méthode dite des "Huit Aspirations de l'Existence" pour activer la bonne destinée Feng Shui, chaque maison ou appartement a un secteur de mariage *(cf. pp. 78-81)*. Il est représenté par le trigramme Kun, qui symbolise la terre mère. Kun est aussi symbolique d'une forte énergie Yin, et représente la fertilité. Le secteur de mariage est ainsi représenté par le secteur Sud-Est de la maison, et c'est ce secteur que vous devez activer pour améliorer les perspectives de vie sociale et de mariage des filles et des fils encore célibataires de la famille. Il est cependant également utile d'activer le secteur de mariage personnel du membre de la famille concerné, ou le secteur Nien Yen de la famille, selon la théorie Pa Kua Lo Shu *(voir pp. 98-103 ou le tableau ci-contre)*. Enfin, veillez à être assis ou allongé face à votre direction de mariage personnelle.

Si vous découvrez que votre secteur de mariage fait défaut, parce que votre maison a une forme irrégulière, le Feng Shui vous recommande de le "créer" en plaçant une glace sur le mur qui est de son côté.

On peut utiliser des coeurs rouges pour activer le secteur du mariage; ils symbolisent l'amour et l'élément Feu favorable.

Le caractère chinois signifiant double bonheur symbolise la félicité conjugale. Placé dans le secteur de mariage, il influe sur la chance amoureuse.

SECTEURS PERSONNELS DE MARIAGE

Pour trouver votre secteur de mariage personnel, calculez d'abord votre nombre Kua, en utilisant les tableaux de la page 101, puis trouvez votre secteur correspondant en vous fondant sur le tableau suivant.

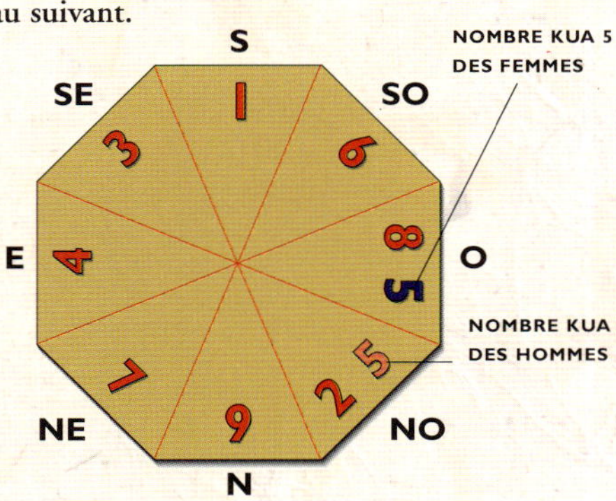

Les Nien Yen ou secteurs de la famille selon la formule Pa Kua Lo Shu.

ASSOCIATIONS DES PIECES

Une fois que vous avez identifié le secteur, essayez de faire en sorte que les toilettes, la cuisine, et le débarras n'y soient pas situés. Si vous découvrez que les toilettes sont dans ce secteur, cessez de les utiliser (s'il y en a d'autres) – autrement, vos perspectives de mariage seront englouties. Vous ne devez pas entreposer de balai, de balai éponge, non plus dans ce secteur, car ces instruments symbolisent le balayage de la chance.

INSTRUMENTS AMELIORATEURS

Vous devez faire preuve d'imagination pour activer le secteur, en y mettant des symboles de félicité conjugale: par exemple, des canads mandarins ou des paons. Si vous ne pouvez en trouver, ayez des perruches. Veillez simplement à les suspendre par paires pour signifier deux personnes. Ne faites pas comme une de mes amies, qui mit dans son secteur de mariage l'image d'une fiancée sans son fiancé – ça n'a pas marché.

Vous pouvez utiliser d'autres symboles – une peinture représentant un bouquet de pivoines ou de mariage, un noeud de mariage chinois, ou des caractères chinois signifiant double bonheur (le symbole de la félicité conjugale). On peut trouver facilement ces deux derniers objets, et à petit prix, dans les boutiques chinoises.

Etant donné que le secteur Sud-Ouest est symbolisé par l'élément Terre, y placer des cristaux naturels peut aussi être un moyen efficace de l'activer. Traditionnellement, on les attache avec des rubans rouges. Le rouge représente l'élément Feu, et comme le Feu produit la Terre, le rouge peut être très efficace pour activer ce secteur. Les activateurs rouges sont : des lampes, de préférence avec une ampoule rouge, un vase de roses rouges – réelles ou artificielles – et des peintures qui ont le rouge pour couleur dominante.

Les cristaux de quartz activent l'élément Terre du secteur du mariage (Sud-Ouest).

Les roses rouges sont d'excellents symboles d'amour du point de vue du Feng Shui, et elles ne semblent pas déplacées dans les foyers occidentaux.

AMELIORER LE MARIAGE

Quand la lune de miel est finie, et que deux personnes commencent ensemble leur vie conjugale, les choses peuvent parfois très mal se passer. Parfois, quand les querelles et la mésentente commencent à créer de sérieuses divisions et du malheur, la cause peut en être attribuée à un mauvais Feng Shui.

Les couples de jeunes mariés, le plus souvent, commencent leur nouvelle vie dans une nouvelle demeure. Si le Feng Shui de la maison ou de l'appartement ne convient pas, même les meilleurs mariages peuvent donner lieu à des tensions. Il est ainsi bon de considérer le Feng Shui de toute maison que l'on vient de louer ou d'acheter. Il y a des directives standard qui font en sorte que la vie conjugale ne subisse pas plus de tension que celle que provoquent les circonstances ordinaires.

LA REGLE D'OR DE LA VIE CONJUGALE

Règle N° 1: N'ayez jamais de grands miroirs dans la chambre, qui soient face à vous quand vous vous levez, ou qui soient au-dessus de vous quand vous dormez. Les glaces dans une chambre sont un très mauvais Feng Shui pour les relations; en reflétant les époux, ils suggèrent l'intrusion d'une tierce partie s'interposant entre eux, poussant à l'infidélité, ou semant la discorde. Si vous avez besoin de miroir pour vous habiller et vous maquiller, mettez-les dans un dressing séparé, ou dans la salle de bain.

Règle N° 2: Ne placez jamais de bassin ou d'aquarium, ni quoi que ce soit qui ait trait à l'eau, à droite de la porte de devant (quand vous regardez au dehors). C'est un conseil que les maîtres de Feng Shui réitèrent invariablement. Ils sont incapables de préciser quelle est l'origine de ce principe, mais si la présence d'un bassin avec des poissons près de la porte, peut être très bénéfique dans certaines circonstances – apportant une grande richesse à la maisonnée quand d'autres directions de la boussole sont correctement formulées – le bassin piscicole ne doit jamais être à droite de la porte; il doit être toujours à gauche.

S'il est sur la droite, il peut apporter succès ou richesse, mais le mari aura tendance à être volage. Cela arriva à l'une de mes amies, qui était enceinte. Elle installa un ravissant bassin à droite de sa porte de devant, mais il fut cause d'un prévisible chagrin d'amour. Heureusement, elle m'en fit part à temps. Je lui fis sur-le-champ combler le bassin, et son mari revint sans tarder sur le droit chemin.

Un bassin avec des poissons, spécialement avec des poissons rouges, qui sont associés à la richesse, est très favorable. Mais s'il est placé à la droite de votre porte de devant, il peut être cause de malheur dans les relations conjugales.

QUE FAIRE SI LES CHOSES VONT MAL

Si soudain des problèmes surgissent dans vos relations conjugales, après que vous avez procédé à un réagencement important, ou peu après votre installation dans un nouveau logement (et bien sûr si tout allait bien avant cela), vous pouvez penser que quelque chose ne va pas dans le Feng Shui de votre foyer. Après avoir examiné les deux premières règles, il faut vérifier la position de la chambre du maître de maison, et du lit conjugal.

Le mieux, c'est que votre lit soit situé dans le secteur de la maison qui est le plus favorable pour vous, en fonction de votre nombre Kua, et que vous dormiez la tête dans cette direction. Bien sûr, cet aspect de la pratique du Feng Shui de l'Ecole de la Boussole pose problème, si vous et votre épouse avez des nombres Kua différents, et que vous apparteniez à des groupes différents – l'un appartenant au groupe Est, l'autre au groupe Ouest.

Le Prince et la Princesse de Galles, par exemple, appartenaient à deux groupes incompatibles. La Princesse Diana était née le 1er juillet 1961. Son nombre Kua était 3, et ses meilleures directions le Sud, le Nord, le Sud-Est, et l'Est. Le Prince Charles est né le 14 novembre 1948. Son nombre Kua est 7, et ses directions les plus favorables sont le Nord-Ouest, le Sud-Ouest, le Nord-Est, et l'Ouest.

Il est ainsi facile de voir que ce qui était bon pour l'un était mauvais pour l'autre. Il n'est donc pas surprenant que ces deux êtres n'aient pas pu mener une vie commune harmonieuse. Une analyse plus poussée des éléments de leur année de naissance, indique que la princesse ressortissait à l'or ou au Métal, tandis que le prince appartient à l'élément Terre. Dans le cycle relationnel, la Terre produit l'or – ainsi, le Prince Charles "fit" la Princesse Diana. Ce fut lui qui la rendit célèbre. Malheureusement, l'or épuise la Terre, et elle fut cause de beaucoup d'exaspération et de peine chez le prince. Heureusement pour lui, il n'appartient pas à l'élément Bois – elle l'aurait détruit – et il est aussi heureux que son élément, à elle, ne fût pas l'Eau – il l'eût détruite.

Même les mariages de conte de fée, qui semblent si prometteurs, sont condamnés à l'échec, si l'homme et la femme appartiennent à des groupes qui ont des besoins incompatibles. La vie harmonieuse devient impossible dans de telles conditions.

METTRE DE L'ENTRAIN DANS SA VIE AMOUREUSE – UNE ETUDE DE CAS

L'amour et le mariage peuvent-ils être plus doux grâce au Feng Shui? Cette science millénaire peut-elle égayer votre vie amoureuse, rallumer les braises éteintes d'un mariage aigri, ou même vous apporter l'homme de vos rêves? On m'accusera peut-être de m'égarer et de vous donner des espoirs délirants; mais laissez-moi vous dire que j'ai personnellement vu et revu le Feng Shui faire merveille dans ce secteur particulier de l'existence, parfois selon des moyens qui me laissèrent ébahie. Que je vous raconte l'histoire de Nancy, une très jolie décoratrice, qui fut mon amie intime quand je travaillais à Hong Kong.

Nancy, mère célibataire, était vive et attirante. Originaires de Singapour, elle et son premier mari avaient divorcé à Hong-Kong, où ils étaient venus vivre, à cause de son travail, à lui. Nancy avait recollé les morceaux de sa vie après son divorce; elle créa sa propre entreprise de décoration, tout en élevant ses deux enfants. Pendant dix bonnes années, son affaire fut florissante, et elle parvint à une parfaite indépendance financière. Mais la chose qu'elle souhaitait le plus au monde – trouver quelqu'un de gentil et de fort et de merveilleux pour partager sa vie –, elle ne la voyait pas venir. Malgré quelques passades, Nancy restait désespérément seule – jusqu'à ce que nous en découvrions la raison.

Son appartement luxueux, magnifiquement décoré (comme on pouvait s'y attendre, étant donné sa profession), était disposé d'une façon qui "révolvérisait" ses chances de mariage, jour après jour. Une salle de bain ultra perfectionnée était située en plein dans le secteur matrimonial de son appartement – le Sud-Ouest. Le Sud-Ouest était aussi sa propre direction de famille/mariage. Les

Des canards mandarins en bois sont de bons symboles à placer dans le secteur de mariage, mais veillez à en mettre un seul couple – à moins que vous ne vouliez deux mariages.

toilettes chassaient ainsi toutes ses chances de mariage dans les tuyaux d'évacuation, et, parce que le Sud-Ouest était doublement important pour elle, l'effet était particulièrement puissant.

Je lui conseillai de déplacer les toilettes, et de mettre à la place tous les symboles de la félicité conjugale et de l'amour, dans ce secteur de son appartement. Nancy se mit au travail d'arrache-pied. Une entreprise vint qui se chargea des modifications, et Nancy dressa une liste de choses représentant la bonne influence matrimoniale, et s'en alla les quérir. Elle était déterminée à faire l'acquisition de tous les "activateurs" possibles, pour les placer dans cet important secteur.

Nancy n'avait jamais fait les choses à moitié; aussi, quand elle eut fini de satisfaire à toutes mes suggestions, le secteur Sud-Ouest de son appartement, qui était situé près de sa chambre, avait une allure délicieusement romantique. Elle avait acheté des noeuds de mariage chinois, qu'elle pendit aux murs; elle avait fait tracer par son calligraphe préféré le symbole de double bonheur (qui signifie aussi mariage), et elle en avait fait un dessus de table, qu'elle avait mis sous verre. Elle acheta aussi des canards madarins de bois, qu'elle plaça sous la table à thé, et elle accrocha aussi au mur de sa chambre un beau tableau représentant la fleur des montagnes (la pivoine). C'est un symbole de fidélité entre amants.

Si vous voulez trouver un partenaire aimant et fidèle, placez une pivoine, véritable, de soie, ou même peinte, dans votre secteur de mariage.

Trois mois après avoir effectué ces changements, Nancy rencontra Ray lors d'un dîner, et, un an plus tard, ils se marièrent. D'après les dernières nouvelles que j'ai eues, Nancy et Ray avaient quitté Hong Kong, et, maintenant, ils vivent heureux dans la banlieue de Sydney, en Australie. Ceux ou celles d'entre vous qui sont désireux d'ajouter un peu de feu dans leur vie amoureuse, ou d'améliorer leurs perspectives de mariage, peuvent faire exactement comme Nancy.

N'EN FAITES PAS TROP

Vous pouvez mettre tous les symboles d'amour et d'idylle auxquels vous pensez dans le secteur de mariage, mais ne soyez pas excessif. Un couple de canards, par exemple, suffit. S'il y a trop de canards, les choses peuvent aller de travers. Un symbole de double bonheur suffit – deux, cela signifie deux mariages. Soyez modéré.

REGLES ESSENTIELLES A OBSERVER POUR JOUIR D'UNE BONNE SANTE

Pour profiter au mieux d'une idylle, il faut une bonne santé, et un bien-être physique. On pense généralement que si vous vivez dans une demeure qui a des vibrations Feng Shui favorables, où le Chi bénéfique circule sans obstacle dedans et dehors, votre santé sera bonne.

En fait, l'un des premiers indices d'un Feng Shui incorrect, c'est le mauvais état de santé constant des membres de votre famille – voire leur hospitalisation fréquente. C'est particulièrement vrai pour les familles qui ont de jeunes enfants. Si vous remarquez que vos enfants attrapent toutes les maladies virales – surtout si vous venez de rénover votre foyer, ou de déménager – il est utile de procéder à un rapide examen de votre Feng Shui général, en suivant les règles simples résumées ici.

Une famille en bonne santé, de génération en génération, c'est ce qu'on peut obtenir en observant les pratiques du Feng Shui, et en étant très attentif aux quatre règles d'or à observer pour une bonne santé.

SECTEURS PERSONNELS DE SANTE

Pour que cela marche, la personne malade devra dormir dans la chambre correspondant à sa direction de santé la plus favorable – et avoir la tête orientée dans cette direction.

Pour trouver le secteur personnel de santé, calculez le nombre Kua de la personne *(cf. p. 101)*, et trouvez la direction qui y correspond sur le diagramme ci-dessous.

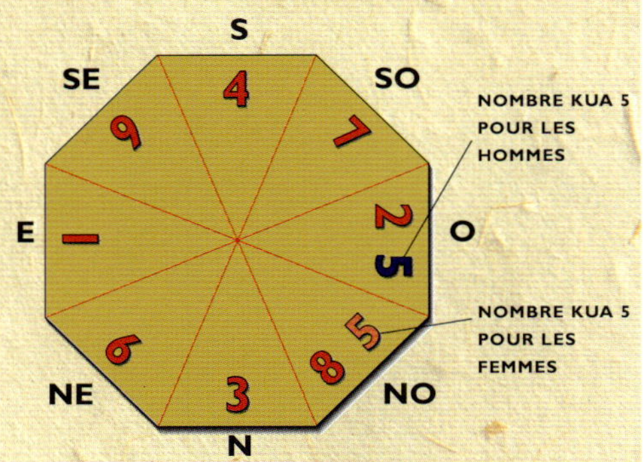

Les secteurs Tien Yi, ou "Docteur du Ciel", selon la formule Pa Kua Lo Shu.

LES REGLES D'OR POUR LA SANTE

Règle N° 1: Gardez-vous des flèches empoisonnées de l'extérieur. Veillez à ce que votre porte de devant principale ne soit pas heurtée par quelque chose d'aigu ou de pointu. La règle commande de se méfier de tout ce qui est droit, tranchant, ou pointu, tout ce qui est anguleux, ou qui semble menaçant. Il n'y a pas lieu de s'inquiéter au sujet des structures menaçantes qui semblent se détourner de vous. Cela dit, ayez à l'esprit que les résidents de demeures frappées par les flèches empoisonnées ne se contentent pas d'être malades.

La santé générale de votre famille est un signe de la nature du Chi qui vient dans votre foyer.

Le mauvais sort vient aussi sous d'autres formes aussi graves – parfois plus.

Règle N° 2 : Prenez garde aux flèches empoisonnées à l'intérieur de votre foyer, et faites en sorte que vos enfants ne dorment pas sous des poutres apparentes, car cela serait source de maladies fréquentes, maux de tête, insomnies, et sommeil agité.

Il est aussi judicieux de ne pas remplir votre logis d'antiquités et de pièces de collection qui puissent être préjudiciables – par exemple, des canons miniatures, ou même des armes à feu. Bien enfermées dans des armoires, et dirigées de façon à ne pas viser les résidents, elles sont inoffensives. Mais posées sur des tables, elles peuvent provoquer le développement du Shar Chi dans le foyer, et nuire aux occupants. Les antiquités sont doublement défavorables, car on ne connaît généralement pas le destin de ceux qui les ont possédées avant nous. Pour ce qui est des armes à feu, il y a une chance qu'elles aient déjà tiré, et versé du sang, ce qui est un mauvais Feng Shui.

Règle N° 3 : Si quelqu'un est sérieusement malade au foyer, on peut se servir du Feng Shui pour l'aider à recouvrer la santé Pour ce faire, il faut utiliser la formule Pa Kuan Lo Shu, et trouver la direction Tien Yi – "Docteur du Ciel" – fondée sur sa date de naissance *(cf. calcul du nombre Kua, pp. 100-101, et diagramme ci-contre).* Une fois que vous avez trouvé le secteur, vous pouvez y mettre la chambre de la personne en question, et orienter son lit de façon qu'elle dorme dans la direction Tien Yi (calculez-la depuis l intérieur de la maison, en regardant à l'extérieur).

Règle N° 4 : Enfin, pour faire en sorte que les membres de votre maisonnée soient tous en bonne santé, vous devez impérativement placer votre cuisinière d'une façon qui permette au gaz ou à l'électricité d'y arriver depuis l'une de vos quatre directions favorables, fondées sur la formule Pa Kua Lo Shu. C'est une règle difficile à suivre, là où il y a des gens ayant des nombres Kua différents. Quand il y a un doute, utilisez la direction du chef de famille. Dans des cas extrêmes, utilisez plusieurs cuisinières.

MOT DE LA FIN

La pratique du Feng Shui peut être simple ou complexe selon ce qu'exigent votre attitude et votre propre bon sens. Le Feng Shui ne relève ni de la spiritualité ni de la religion. C'est une antique science chinoise, qui peut être adaptée facilement à l'environnement moderne. Le Feng Shui n'est pas magique, et il ne peut vous permettre de réussir du jour au lendemain. Mais il peut accroître vos périodes de chance, comme il peut atténuer vos périodes de malheur.

Si vous consacrez un peu de temps à l'étude des principes du Feng Shui, vous ne manquerez pas d'améliorer votre vie et votre bonheur.

風水

RICHESSE, REUSSITE, ET AMOUR – TOUT CELA GRÂCE AU FENG SHUI

Vous savez maintenant que le Feng Shui a pour dessein d'"utiliser" les influences énergétiques essentielles – que les Chinois appellent le "souffle cosmique du dragon", ou Chi. L'atmosphère terrestre, nous dit-on, est remplie de ces lignes d'énergie. Une partie de cette énergie est favorable et positive, une autre est pernicieuse et dangereuse.

Le Sheng Chi positif (le souffle bénéfique) apporte une chance prodigieuse, une grande prospérité, et beaucoup de bonheur. Faites venir le Sheng Chi chez vous, et vous jouirez d'une chance considérable. L'énergie négative, en revanche, crée le "souffle qui tue", appelé Shar Chi. Si vous êtes frappé par le Shar Chi, vous subissez des pertes, vous êtes atteint par la maladie (parfois fatale), et vous êtes en butte à une armée de problèmes.

Ces lignes de Chi sont comme les lignes d'énergie qui parcourent l'atmosphère (analogues aux ondes hertziennes et de transmission par satellite). Le Feng Shui est partout. Et pour connaître la réussite, devenir riche, avoir une vie familiale et amoureuse heureuse, tout ce dont nous avons besoin, c'est de nous abreuver de Sheng Chi, et d'éviter le Shar Chi qui nous entoure.

Comment y parvenir, c'est l'objet de la science. Je l'appelle "science" parce que, au cours des vingt bonnes années que j'y ai consacrées, j'ai découvert qu'il n'y avait rien de mystérieux ni de spirituel à son propos. Il suffit de suivre les directives du Feng Shui avec précision, d'appliquer correctement ses formules, pour en obtenir tous les bienfaits.

Les éléments de base du Feng Shui sont faciles à apprendre. Ses concepts peuvent être saisis avec un minimum d'effort. En même temps, cela peut être très amusant. Essayez d'appliquer les tuyaux et les suggestions présentés dans ce livre, et observez les changements subtils mais perceptibles qui se produisent.

L'une de mes amies (une incroyante) se plaignait de terribles maux de crâne, et de problèmes fâcheux au bureau. Elle était tout le temps mal. Un jour que je lui rendais visite, je découvris qu'elle était assise juste devant un pilier carré massif. Son arête tranchante était dirigée droit sur elle. Je lui suggérai de placer une plante au coin de sa table. Elle acheta une plante grimpante ("plante à argent"), et au bout d'une semaine, non seulement elle se sentit mieux, mais elle eut aussi une rentrée d'argent inattendue.

Pendant deux mois, les choses s'améliorèrent, et, pour la première fois, elle se sentit bien à son travail. Puis les choses recommencèrent à mal tourner. Elle m'appela en catastrophe. Je lui demandai comment allait la plante. "La plante est en train de mourir. Qu'est-ce que je dois faire?", se lamenta-t-elle. "La plante ne peut survivre dans l'atmosphère confinée du bureau; remplace-la", lui répondis-je. Et j'ajoutai: "Et changes-en tous les deux mois!"

Comme vous le voyez, le Feng Shui est aussi une affaire de bon sens!

Le Feng Shui représente la destinée de la Terre, ce que les Chinois appellent "ti choy", qui s'ajoute au "tien choy" (destinée du ciel) et au "ren choy" (destinée de l'homme), avec laquelle nous sommes nés. C'est la triade de destinées qui forment notre destin. Maîtrisez votre destinée terrestre et votre destinée humaine grâce aux pratiques du Feng Shui, et vous améliorerez votre destinée céleste.

L'astrologie révèle votre destinée céleste, que vous ne pouvez maîtriser. Le Feng Shui peut améliorer votre destinée terrestre.

L'ASTROLOGIE CHINOISE ET LES ELEMENTS

Le Feng Shui et l'astrologie chinoise sont tous deux fondés, dans une large mesure, sur le *I Ching*, et l'interaction des Cinq Eléments. L'astrologie chinoise révèle la destinée octroyée par le Ciel, tandis que Feng Chui est concerné par la maîtrise du Chi de la Terre, de la "destinée terrestre". Les experts en Feng Shui prennent d'habitude connaissance de l'horoscope de la personne, quand ils doivent déterminer la destinée céleste d'une personne pour une année déterminée, et aussi son élément directeur.

L'astrologie chinoise est fondée sur le calendrier lunaire, qui date de l'empereur Huang Ti (vers -2600). Ce calendrier divise le temps en cycles de 60 ans, constitués par douze années multipliées par les cinq éléments. Chaque année est ainsi liée à un Elément (voir tableau ci-dessous).

Il convient de noter que, tandis que le calendrier occidental est fondé sur le cycle solaire, et que le Nouvel An tombe toujours le 1er janvier, les Chinois calculent le jour du Nouvel An selon le cycle lunaire, et ainsi, le Nouvel An est à la deuxième Nouvelle Lune après le Solstice d'Hiver. Cela signifie que la Nouvelle Année lunaire peut arriver n'importe quel jour entre mi-janvier et mi-février, et que les Chinois calculent les années de naissance en fonction de cela.

ANNEE	DU	AU	ELEMENT
1900	*31 janvier 1900 –*	*18 février 1901*	**Métal**
1901	*19 février 1901 –*	*7 février 1902*	**Métal**
1902	*8 février 1902 –*	*28 janvier 1903*	**Eau**
1903	*29 janvier 1903 –*	*15 février 1904*	**Eau**
1904	*16 février 1904 –*	*3 février 1905*	**Bois**
1905	*4 février 1905 –*	*24 janvier 1906*	**Bois**
1906	*25 janvier 1906 –*	*12 février 1907*	**Feu**
1907	*13 février 1907 –*	*1er février 1908*	**Feu**
1908	*2 février 1908 –*	*21 janvier 1909*	**Terre**
1909	*22 janvier 1909 –*	*9 février 1910*	**Terre**
1910	*10 février 1910 –*	*29 janvier 1911*	**Métal**
1911	*30 janvier 1911 –*	*17 février 1912*	**Métal**
1912	*18 février 1912 –*	*5 février 1913*	**Eau**
1913	*6 février 1913 –*	*25 janvier 1914*	**Eau**
1914	*26 janvier 1914 –*	*13 février 1915*	**Bois**
1915	*14 février 1915 –*	*2 février 1916*	**Bois**
1916	*3 février 1916 –*	*22 janvier 1917*	**Feu**
1917	*23 janvier 1917 –*	*10 février 1918*	**Feu**
1918	*11 février 1918 –*	*31 janvier 1919*	**Terre**
1919	*1er février 1919 –*	*19 février 1920*	**Terre**

ANNEE	DU	AU	ELEMENT
1920	*20 février 1920 –*	*7 février 1921*	**Métal**
1921	*8 février 1921 –*	*27 janvier 1922*	**Métal**
1922	*28 janvier 1922 –*	*15 février 1923*	**Eau**
1923	*16 février 1923 –*	*4 février 1924*	**Eau**
1924	*5 février 1924 –*	*24 janvier 1925*	**Bois**
1925	*25 janvier 1925 –*	*12 février 1926*	**Bois**
1926	*13 février 1926 –*	*1er février 1927*	**Feu**
1927	*2 février 1927 –*	*22 janvier 1928*	**Feu**
1928	*23 janvier 1928 –*	*9 février 1929*	**Terre**
1929	*10 février 1929 –*	*29 janvier 1930*	**Terre**
1930	*30 janvier 1930 –*	*16 février 1931*	**Métal**
1931	*17 février 1931 –*	*5 février 1932*	**Métal**
1932	*6 février 1932 –*	*25 janvier 1933*	**Eau**
1933	*26 janvier 1933 –*	*13 février 1934*	**Eau**
1934	*14 février 1934 –*	*3 février 1935*	**Bois**
1935	*4 février 1935 –*	*23 janvier 1936*	**Bois**
1936	*24 janvier 1936 –*	*10 février 1937*	**Feu**
1937	*11 février 1937 –*	*30 janvier 1938*	**Feu**
1938	*31 janvier 1938 –*	*18 février 1939*	**Terre**
1939	*19 février 1939 –*	*7 février 1940*	**Terre**

ANNEE	DU	AU	ELEMENT
1940	*8 février 1940 –*	*26 janvier 1941*	**Métal**
1941	*27 janvier 1941 –*	*14 février 1942*	**Métal**
1942	*15 février 1942 –*	*4 février 1943*	**Eau**
1943	*5 février 1943 –*	*24 janvier 1944*	**Eau**
1944	*25 janvier 1944 –*	*12 février 1945*	**Bois**
1945	*13 février 1945 –*	*1er février 1946*	**Bois**
1946	*2 février 1946 –*	*21 janvier 1947*	**Feu**
1947	*22 janvier 1947 –*	*9 février 1948*	**Feu**
1948	*10 février 1948 –*	*28 janvier 1949*	**Terre**
1949	*29 janvier 1949 –*	*16 février 1950*	**Terre**
1950	*17 février 1950 –*	*5 février 1951*	**Métal**
1951	*6 février 1951 –*	*26 janvier 1952*	**Métal**
1952	*27 janvier 1952 –*	*13 février 1953*	**Eau**
1953	*14 février 1953 –*	*2 février 1954*	**Eau**
1954	*3 février 1954 –*	*23 janvier 1955*	**Bois**
1955	*24 janvier 1955 –*	*11 février 1956*	**Bois**
1956	*12 février 1956 –*	*30 janvier 1957*	**Feu**
1957	*31 janvier 1957 –*	*17 février 1958*	**Feu**
1958	*17 février 1958 –*	*7 février 1959*	**Terre**
1959	*8 février 1959 –*	*27 janvier 1960*	**Terre**
1960	*28 janvier 1960 –*	*14 février 1961*	**Métal**
1961	*15 février 1961 –*	*4 février 1962*	**Métal**
1962	*5 février 1962 –*	*24 janvier 1963*	**Eau**
1963	*25 janvier 1963 –*	*12 février 1964*	**Eau**
1964	*13 février 1964 –*	*1er février 1965*	**Bois**
1965	*2 février 1965 –*	*20 janvier 1966*	**Bois**
1966	*21 janvier 1966 –*	*8 février 1967*	**Feu**
1967	*9 février 1967 –*	*29 janvier 1968*	**Feu**
1968	*30 janvier 1968 –*	*16 février 1969*	**Terre**
1969	*17 février 1969 –*	*5 février 1970*	**Terre**
1970	*6 février 1970 –*	*26 janvier 1971*	**Métal**
1971	*27 janvier 1971 –*	*15 janvier 1972*	**Métal**
1972	*16 janvier 1972 –*	*2 février 1973*	**Eau**
1973	*3 février 1973 –*	*22 janvier 1974*	**Eau**

ANNEE	DU	AU	ELEMENT
1974	*23 janvier 1974 –*	*10 février 1975*	**Bois**
1975	*11 février 1975 –*	*30 janvier 1976*	**Bois**
1976	*31 janvier 1976 –*	*17 février 1977*	**Feu**
1977	*18 février 1977 –*	*6 février 1978*	**Feu**
1978	*7 février 1978 –*	*27 janvier 1979*	**Terre**
1979	*28 janvier 1979 –*	*15 février 1980*	**Terre**
1980	*16 février 1980 –*	*4 février 1981*	**Métal**
1981	*5 février 1981 –*	*24 janvier 1982*	**Métal**
1982	*25 janvier 1982 –*	*12 février 1983*	**Eau**
1983	*13 février 1983 –*	*1er février 1984*	**Eau**
1984	*2 février 1984 –*	*19 février 1985*	**Bois**
1985	*20 février 1985 –*	*8 février 1986*	**Bois**
1986	*9 février 1986 –*	*28 janvier 1987*	**Feu**
1987	*29 janvier 1987 –*	*16 février 1988*	**Feu**
1988	*17 février 1988 –*	*5 février 1989*	**Terre**
1989	*6 février 1989 –*	*26 janvier 1990*	**Terre**
1990	*27 janvier 1990 –*	*14 février 1991*	**Métal**
1991	*15 février 1991 –*	*3 février 1992*	**Métal**
1992	*4 février 1992 –*	*22 janvier 1993*	**Eau**
1993	*23 janvier 1993 –*	*9 février 1994*	**Eau**
1994	*10 février 1994 –*	*30 janvier 1995*	**Bois**
1995	*31 janvier 1995 –*	*18 février 1996*	**Bois**
1996	*19 février 1996 –*	*7 février 1997*	**Feu**
1997	*8 février 1997 –*	*27 janvier 1998*	**Feu**
1998	*28 janvier 1998 –*	*15 février 1999*	**Terre**
1999	*16 février 1999 –*	*4 février 2000*	**Terre**
2000	*5 février 2000 –*	*23 janvier 2001*	**Métal**
2001	*24 janvier 2001 –*	*11 février 2002*	**Métal**
2002	*12 février 2002 –*	*31 janvier 2003*	**Eau**
2003	*1er février 2003 –*	*21 janvier 2004*	**Eau**
2004	*22 janvier 2004 –*	*8 février 2005*	**Bois**
2005	*9 février 2005 –*	*28 janvier 2006*	**Bois**
2006	*29 janvier 2006 –*	*17 février 2007*	**Feu**
2007	*18 février 2007 –*	*6 février 2008*	**Feu**

GLOSSAIRE

A

Arrangement du Ciel Antérieur: L'un des deux arrangements du Pa Kua, utilisé quand on considère le Feng Shui des demeures Yin, c'est-à-dire celles des morts.
Arrangement du Ciel Postérieur: Arrangement du Pa Kua pour les demeures Yang, celles des vivants.

C

Chen: Le trigramme de l'apparition, dont la direction est l'Est et le nombre, 3.
Chen Lung Pak Fu: Formation dragon vert/tigre blanc.
Chi: La force vitale de l'univers. Le Chi peut être favorable ou défavorable.
Chien: Le trigramme créatif, dont la direction est le Nord-Ouest, et le nombre 6.
Chueh Ming: Littéralement, "perte totale des descendants", la localisation qui représente la pire sorte de désastre ou de mauvais sort qui peut échoir à la famille.
Classique de la Demeure Yang: L'un des manuscrits classiques du Feng Shui, qui donne des directives au sujet du positionnement des maisons et des pièces.
Classique du Dragon de l'Eau: Une formule qui présente douze directions d'écoulement et d'évacuation de l'eau à travers une parcelle de terrain; également, le titre de l'un des textes fondamentaux du Feng Shui, relatif aux mérites des cours d'eau.

E

Ecole de la Boussole: L'école de Feng Shui qui utilise les formules de la boussole pour diagnostiquer la qualité des directions et localisations Feng Shui.
Ecole de la Forme: L'école de Feng Shui qui s'intéresse de façon prédominante aux contours des éléments topographiques – leurs formes, dimensions, et directions.
Eléments: Les Cinq éléments de la doctrine chinoise – Terre, Bois, Feu, Métal et Eau – qui fournissent des indices essentiels pour la pratique du Feng Shui.

F

Feng Shui: Littéralement, "eau/vent", le système chinois d'équilibre des énergies de l'environnement physique.
Feng Shui de l'Etoile Volante: La formule qui détermine le bon et le mauvais moment Feng Shui, pour les maisons et les immeubles, en se fondant sur le carré Lo Shu.
Flèche empoisonnée: Toute structure aiguë ou droite d'où émane une énergie nocive ou Shar Chi, véhiculant le mauvais sort et toutes sortes d'effets nuisibles.

H

Hexagramme: Une figure de six lignes – le *I Ching* en comprend 64, qui symbolisent les archétypes universels de la conscience humaine.
Ho Hai: Littéralement "accidents et mésaventures", la localisation qui mène à des pertes financières et à des difficultés intermittentes.

I

I Ching: Un classique chinois appelé aussi *Livre des Transformations* (aussi Yi King).

K

Kan: Le trigramme abyssal, dont la direction est le Nord, et le nombre, 1.
Ken: Le trigramme de la Montagne, dont la direction est le Nord-Est, et le nombre, 8.
Kua: L'un des huit côtés du Pa Kua. Chaque nombre Kua d'une personne identifie ses localisations favorables ou défavorables.
Kun: Le trigramme réceptif, dont la direction est le Sud-Ouest, et le nombre, 2.

L

Li: Le trigramme possessif, dont la direction est le Sud, et le nombre, 9.
Lo Shu: Le carré magique, comprenant un ensemble de 9 chiffres disposés en une grille de trois cases sur trois, qui apparut il y a quelque quatre mille années sur le dos d'une tortue. Le carré exerça une influence puissante et mythique sur le symbolisme culturel chinois.

Lui Sha: Littéralement "six meurtres", la localisation qui représente un grave préjudice pour vous et votre famille.
Luo Pan: La boussole du Feng Shui, qui contient tous les indices et les symboles qui indiquent le bon ou le mauvais Feng Shui.
Luk: Le dieu chinois du haut rang social et de l'abondance.

M

Méthode des Huit Aspirations de l'Existence: Une méthode d'attribution des secteurs dans une pièce, qui identifie diverses aspirations de l'existence.

N

Nien Yen: Littéralement, "longévité avec de riches descendants", la meilleure localisation pour améliorer la qualité de la vie du foyer et les relations familiales.

P

Pa Kua: Le symbole à huit côtés utilisé pour aider à interpréter le bon et le mauvais Feng Shui. Il correspond aux quatre points cardinaux de la boussole, et aux quatre directions intermédiaires, et il tire sa signification des huit trigrammes du *I Ching*.

S

Sau: Le dieu chinois de la santé et de la longévité.
Shar Chi: Littéralement, "Chi disruptif de l'Ouest" – lignes d'énergie défavorables, causées par la présence d'objets ou de structures aigues ou pointues, qui véhiculent un mauvais Feng Shui; appelé aussi "souffle qui tue".
Sheng Chi: Littéralement, "Chi croissant de l'Est" – lignes d'énergie favorables, qui se déplacent en serpentant. Appelé aussi "Souffle cosmique du dragon", ou souffle bienfaisant.
Sheng Chi: Quand cela se réfère à une localisation, signifie littéralement "souffle générateur", la meilleure localisation pour attirer la prospérité.
Souffle du Dragon cosmique: *voir* **Sheng Chi**.
Souffle qui tue: *voir* **Shar Chi**.

T

Tao: "La Voie", une philosophie et un art de vivre – le principe éternel du ciel et de la terre en harmonie.
Tao Te Ching: Un important traité philosophique chinois, attribué à Lao Tseu, qui est la base du Taoïsme.
Taoïsme: Le système philosophique présenté par le *Tao Te Ching*.
Théorie Pa Kua Lo Shu: La théorie, fondée sur le Pa Kua et le Lo Shu, selon laquelle toute demeure peut être divisée en huit secteurs, chacun représentant une situation favorable ou défavorable.
Tiang ling di li ren he: La phrase de six caractères qui signifie "influence céleste favorable, topographie bénéfique, actions humaines harmonieuses", qui est souvent utilisée dans les textes classiques.
Tien Ti Ren: Destinée céleste, destinée terrestre, destinée humaine.
Tien Yi: Littéralement, "docteur du ciel", la meilleure localisation pour les membres de la maisonnée qui sont malades.
Trigramme: Une figure faite de trois lignes, soit discontinues soit continues, symbolisant la triade Ciel, Terre, Homme.
Tui: Le trigramme joyeux, dont la direction est l'Ouest, et le nombre, 7.

W

Wu Kwei: Littéralement, "cinq esprits", la localisation qui génère le genre de mauvais sort qui se traduit par des incendies, vols, et pertes de revenus ou d'emploi

Y

Yang: L'énergie créative, un aspect de la complémentarité des contraires dans la philosophie chinoise. Il reflète le mouvement et la chaleur.
Ynag Yin-Sang (Maître): Conseiller principal à la Cour de l'empereur Hi Tsang (888), de la dynastie des Tang, considéré généralement comme le fondateur du Feng Shui.
Yin: Energie réceptive, complémentaire de **Yang**, qui reflète la passivité, le calme, l'immobilité.

VIENT DE PARAITRE
AUX EDITIONS TRÉDANIEL

LE COFFRET DE FENG SHUI,
par Lillian Too

Le coffret de Feng Shui conçu par Lilian Too est une introduction fascinante à l'antique art du Feng Shui – il comprend un petit manuel et un certain nombre d'objets qui vous aideront à mettre en pratique les leçons présentées dans ce livre, pour une amélioration de la qualité de votre vie.

Le coffret comprend :

- *le petit guide de Feng Shui : Huit Leçons Faciles, par Lillian Too*
- *des pièces chinoises "activées" avec des rubans rouges, pour porter bonheur*
- *un pendentif Pa Kua, pour vous porter chance, à vous et à votre famille*
- *une règle Feng Shui, qui vous permettra de choisir les dimensions favorables*
- *une boussole de poche, essentielle pour la pratique d'un bon Feng Shui*
- *des plans d'étage et un crayon, pour vous aider au design de votre espace vital*
- *des modèles d'animaux célestes pour énergétiser le chi*

Initiation au Feng Shui : CARRIÈRES
Initiation au Feng Shui : RICHESSE
Initiation au Feng Shui : ÉDUCATION
Initiation au Feng Shui : AMOUR

ADRESSES UTILES

Cercle sinologique de l'ouest - CSO
17, rue de la Motte Picquet
35000 Rennes
Tél 02 99 31 97 97 - Fax 02 99 31 84 65

Feng Shui France
40, avenue Guy de Maupassant
78400 Chatou
Tél 01 34 80 90 30 - Fax 01 30 71 50 20

Hélène Weber
Conseillère en Feng Shui
40 bis, av. de Suffren, 75015 Paris
Tél 01 47 83 40 66 - Fax 01 56 58 05 89

The Geomancer
The Feng Shui Store
PO Box 250, Woking, Surrey GU21 1YJ
Tél: 44 1483 839898 - Fax: 44 1483 488998

Feng Shui Association
31 Woburn Place, Brighton BN1 9GA,
Tél/Fax: 44 1273 693844

Feng Shui Network International
PO Box 2133, London W1A 1RL,
Tél: 44 171 935 8935 - Fax: 44 171 935 9295

The School of Feng Shui
34 Banbury Road, Ettington,
Stratford-upon-Avon, Warwickshire
CV37 7SU.
Tél/Fax: 44 1789 740116

BIBLIOGRAPHIE

LE YI KING, Méthode pratique de Divination chinoise, par Maître Yuan-Kuang, Guy Trédaniel.

TAO TE KING, trad. de Stanislas Julien, notes de Catherine Despeux, Les Mille et Une Nuits.

L'OEUVRE COMPLETE DE TCHOUANG TSEU, trad., préf. et notes de Liou Kia-hway, Unesco, Gallimard.

LIE TSEU, "Traité du Vide Parfait", Idées, Gallimard.

LA MOELLE DU PHENIX ROUGE, par Catherine Despeux, Guy Trédaniel.

LE FENG SHUI, par Man-Ho Kwok et Joanne O'Brien, Guy Trédaniel.

LE MANUEL DU FENG SHUI, par Maître Lam Kam Chuen, Le Courrier du Livre.

FENG SHUI, Comment vivre heureux et en bonne santé dans sa maison et son jardin, par Chao Hsiu Chen, Guy Trédaniel.

PRATIQUE PERSONNALISÉE DU FENG SHUI par Maître Lam Kam Chuen, Le Courrier du Livre.

INDEX

REMERCIEMENTS DE L'AUTEUR

J'ai toujours beaucoup de plaisir à écrire au sujet du Feng Shui; mais quand j'ai vu mon manuscrit transformé en un livre si magnifique, j'en ai eu le souffle coupé, et je tiens à remercier de tout mon coeur Element Books.

Je veux remercier Sonia, mon agent, pour m'avoir mise en relation avec Element Books. J'embrasse Julia McCutchen, pour la justesse de sa vision; Caro Ness, pour sa patience et sa sensibilité. Que toute l'équipe de Bridgewater Book Company reçoive l'expression de ma reconnaissance, pour sa créativité, son grand souci du détail.

Je veux aussi remercier tous les experts de Feng Shui, qui m'ont fait progresser dans cette science merveilleuse – et tout particulièrement Maître Yap Cheng Hai, mon ami et mon Si Fu, qui a toujours fait preuve d'une si grande générosité dans le partage du kung fu (sagesse) du Feng Shui; pour les calculs secrets qu'il m'a appris, ainsi que les formules qui m'ont permis de dénouer maintes difficultés du Feng Shui.

Je lui suis infiniment reconnaissante. Et enfin, tous mes remerciements, à mes amis de Malaisie et de Singapour. Ce fut leur soutien et leurs encouragements qui m'ont donné l'envie et le courage de mener à son terme la rédaction de ce livre.

LILLIAN TOO

Que Thomas Wang soit remercié pour son information sur le Feng Shui et la science occidentale; les pp.30-33 sont un résumé de son essai.

Lillian Too peut être contactée sur le WWW URL *http:// www asiaconnect.com my/lillian-too* ou E-mail *ltoo@asiaconnect.com.my* ou *ltoo@jaring. com.my* ou *fengshui@lillian-too.com*

REMERCIEMENTS DE L'EDITEUR

L'éditeur adresse ses remerciements aux personnes et établissements suivants, qui lui ont fourni les illustrations de ce livre :

Ancient Art & Architecture Collection: pp.13R, 31B, 75TL
Berita Publishing Sdn. Bhd. (Her World Home Scene magazine, vol 1, 1994): pp.60L, 61, 67L, 67R
Bridgeman Art Library: pp.62, 86 (Victoria & Albert Museum)
Christie's Images: pp.8/9
e.t.archive: pp.65T, 162B, 209; 19B, 25 (National Palace Museum, Taiwan); 23 (Science Museum, London); 50 (William Rockhill Nelson Gallery, Kansas); 167L (Brera Milan); 212 (Victoria & Albert Museum); 213 (British Museum)
The Garden Picture Library: pp.46 (Brian Carter); 60TR (Juliette Wade); 60BR (Henk Dickman)
Habitat: pp.170BL, 170BCL, 170BCR, 170BR, 171L, 171TR, 171BR
Hulton Deutsch Collection Ltd: pp.27T, 207B; 37 (Ross Kinnaird)
The Image Bank: pp.136BL; 2/3 (Tadao Kimura); 10 (estudio Francisco Rajo); 12T, 17BR (Jeff Spielman); 12B, 17BCL, 146R, 146L,178T (Romilly Lockyer); 16BL (Alan Becker); 16BR (M Pasdzior); 17BL (Michael Salas); 17BCR (D Berwin); 28, 33, 59R (P & G Bowater); 31T (Steve Satushek); 34 (Antonio M Rosario); 36B (Real Life); 38 (Marc Grimberg); 41T (Marvin E Newman); 43B (Steve Allen); 48/49 (Zhen Ge Peng); 53R, 180 (Grant V Faint); 54L (Rob Atkins); 58 (Peter Frey); 59L (B Martin); 64L, 166BL (Harald Sund); 69T (Zao Grimberg); 87, 136TL (Kaz Mori); 96B (Gary Ross); 98T, 99L (Yellow Dog Prods); 106/107 (Pete Turner); 109B, 136BC (Hans Wolf); 109T (Derek Redfearn); 110 (Antony Edwards); 112 (Terje Rakke); 113T (Nick Pavloff); 114L (Gary Cralle); 114R (F Roiter); 116B (Cesar Lucas); 118L (Jun Ling); 136TR (Ancrea Pistolesi); 136BR, 148BL (Steve Dunwell); 138 (Dag Sundberg); 139R (F Rojo Alvarez); 144L (A Choisnet); 144R (Tom Knibbs); 145BR (H Willig); 146CL (Ivor Wood); 146CR (Herb Hartmann); 147L (Stephen Marks); 147CL (Robert Morris); 147CR, 184BL, 207T (Infocus International); 147R (Eddie Hironaka); 153TL (Patti McConville); 157R (Chuck Lawliss); 172/173 (David Brownell); 174 (Patrick Doherty); 178B (Hank de Lespinasse); 179 (Jeff Hunter); 179R (John Banagan); 193B (Miguel Martin); 206 (James Meyer)
Images Colour Library: p.202
The Kobal Collection: pp.203B, 203T
The Stock House Ltd: pp.18; 26 (James Montgomery); 29T (Steve Vidler); 117T (Dallas & John Heaton); 175 (Timothy Liu)
Syndication International: pp.36R
Lillian Too: pp.7, 47
Zefa Picture Library: pp.11R, 19T, 43T, 65R, 69B, 89TR, 105B, 108, 111T, 115R, 117B, 118/119, 120, 126, 127T, 139L, 145T, 168L, 211; 24, 142 (J Becker); 30 (Davies); 115L (Naegele); 127B (Barone); 152L (Grinsven); 153BL (F Thomas); 160 (Schi Aback); 210L (A Edgeworth)

Il remercie tout particulièrement :
Bonsai-Ko, Brighton, East Sussex
Bright Ideas, Lewes, East Sussex
Dixons Ltd, Lewes, East Sussex
Habitat Designs Ltd
Vokins, Brighton, East Sussex